続 わが歌の旅

熊木晟二

津軽書房

続　わが歌の旅　目次

織り込み隊

東奥義塾・聖愛高校

続　わが歌の旅

まえがき

二〇一七年三月十一日（土）十四時四十六分、指揮棒は静かに振り下ろされた。W・A・モーツァルトの「レクィエム」の開演である。

仙台の電力ホールでのこの「祈りのコンサート」は、六年前のこの日、同時刻に起きた、あの東日本大震災による一万八千人以上の犠牲者と行方不明者に想いを寄せ、心からの冥福を祈るもので、これが四回目を迎えていた。

プログラムの最初に、「黙祷に始まり、黙祷に終わるコンサートですので、演奏終了後の拍手はご辞退申し上げます」と記されていた通り、板付の黙祷からのスタートであった。

厳粛極まる雰囲気の中、客電（客席の照明）が少し明るかったせいもあってか、目を閉じてじっと聞き入る人、涙ぐむ人、腕組みをして思い出にふける人……と、客席の反応がとても解り易い。聴衆と演奏がどんどん一体化し、場内は興奮の坩堝《るつぼ》と化していった。そして感動の最中《さなか》昂ぶる感情を抑えてひたすら黙祷を捧げ続けることで、このコンサートは終わりを告げた。本当に、これまでに味わったことのない充実感を覚え、歌わせていただいたという感謝の気持ちで一杯であった。

何を隠そう。この満ち足りた感動をもって、私の歌手生活を終えようとこの時決心したのだった。

楽屋に戻る時、佐々木正利さんが指揮台に立ち、奥様のまり子さんがアルト、そして私がバスで正三角形を作るこの位置関係のステージは数十回を数えるが、一体いつから始まったのかを思い起こしていた。

すると大変な事実が思い浮かんだのだった。なんと不思議なことに、三十三年前の一九八四年三月、この電力ホールで、仙台宗教音楽合唱団の演奏会で、バッハのミサ曲・イ長調と一五〇番のカンタータをこの立位置で共演していたのだった。これが私にとっての仙台デビューのステージでもあったのだった。

古希を迎えんとする今、我ながら天晴な「決断」ができたと自負している。

実に風変わりな前書きになってしまったが、本懐を述べさせていただいた。

次の二点だけお断りしておきたい。

一つは目次をご覧になるとわかる通り、順不同であり、記載年月日の明記も避けた。

二つ目は、東奥義塾と弘前学院の『両校校歌のルーツ』は、各方面からの要望に応えて、研究紀要から転載したものである。

今更めくが自己紹介

改めまして、熊木晟二です

私の名前はセイジです

英語で日本語の一、二、三…と教える時、膝を掻きながらitch《かゆい》 knee《ひざ》 sun she go…と大胆なジェスチャーでやると、彼らは即座に覚えてくれる。動作と密着しているからピンと来るのだろう。私の名前〈セイジ〉を外国人に教える時は「セイジブラッシュ（sage-brush）のセイジです」と告げると一発だ。この教訓は娘の失敗から学んだ。TOMOMIと何回も教えても、しばらくするとTOMATO!と呼びかけられ、いつも口を尖らせて悔しがっていたものだった。外国人の名前を日本語の漢字などに変換（「トミー→富」のように）して覚えようとすることと同じで、日本語も似た発音をする外国語と関連づけると覚えてもらいやすいのだ。

ところで、私はドイツ人によく「ザイジ」と呼ばれる。これは母音のsが濁音化することと、eiをアイと発音することが原因だ。

名前のセイジ

セイジ（セージ）はサルビア（salvia）の英語名でラテン語のsalvus［サルヴス］（健康な）が語源。シソ科の多年草で、長寿を叶える薬草として古くから栽培され、その効用から、『長生きしたい者は五月にセイジを食べるべし』という諺が中世イギリスで生まれたほどだ。原産地はヨーロッパ南部で、香料・薬用として用いられ、『セイジがある家には医者は要らない』と言われるほど重宝されてきた。オランダ商人は中国にセイジを輸出して、代わりに多量のお茶を持ち帰っていたというのだ。

花言葉は、「健康と長寿」・「尊敬と家庭的美徳」。なるほどセイジには、賢明な・思慮深い・賢人・謹厳などの意味があり、英英辞典には植物としてのセイジの記述の他に、次のように表わされている。someone, especially an old man, who is very wise（極めて賢い人、知恵や経験に富む老人―本人訳）

日本に入ってきたのは明治時代で、「緋衣草《ひごろもそう》」・「来路花《さるびあ》」・「撒爾非亜《さるびあ》」などと訳して用いられ、大正には「紫蘇《しそ》」、昭和には「夏頃《し》紫《そ》」という使われ方もした。

世界中にセイジは存在するもので、米国の金融事業家・政治家で、七千万ドルに上る財産を残したR・セイジ（Russel Sage, 1816–1906）、その妻で夫の名を冠した社会事業財団を設立したM・

O・セイジ（Margaret Olivia Sage, 1828–1918）はセイジの代表格だ。

序《つい》でながらセイジは論語にも出てくる。『成事は説かず』で、「出来てしまったことはあれこれ言っても仕方がない。過ぎ去った事は今更言っても元に戻るものでないから、今後繰り返さないようにするのが大事である」という意味だ。（と、ここまで来ると失笑ものかな？）

セイジの力

意外にも薬臭い匂いのするセイジの葉は、ピネン、シネオールなどの精油を含んで香りが強く、万能の薬用効能がある。強い抗菌・殺菌力を持ち、防腐・抗炎症・消化促進・血液の浄化作用・鎮痛・神経安定に加え、強壮の働きにも及ぶ。このため、風邪や消化不良などに効果を表すともに、老化の防止にも有効である。花をつける直前のセイジが最も効果が高いと言われている。

声楽家など喉をよく使う人が愛用する市販の〝のど飴〟にも「世界の高原植物ハーブと葉緑素入り」とうたっているし、ハーブティーでうがいをすれば口内炎・喉の痛みにもよく効くことが知られている。また、精油を入浴剤として使うと、筋肉の疲れが速くとれ、神経痛・リウマチ・しもやけなどにも有効だ。

セイジ味

強くツンとした香りが肉の臭みを消す効果があり、豚・鶏・羊肉料理、ソーセージなどによく合う。市販のウィンナ・ソーセージに、生のセイジの葉を一枚クルクルッと巻いて油炒めをすると、ビールの上等なつまみになる。そのほかレバーや肉のマリネ・挽肉を使った詰め物・白身魚のワイン蒸し・煮込み料理・ハンバーグ・かぼちゃなどのスープにも用いられ、サラダのドレッシングに少量加えるだけでもピリッとしたさわやかさを増してくれる。

また、肉などの油っぽい食事の後のセイジティーは、消化を助け胸やけにももってこいだ。ところで、腸詰めのソーセージ（sausage 英）の語源は salsus, salzicius（塩漬けされた）のラテン語で、厳密には sage が語源になったわけではない。ちなみに salsus（英語の salted）はソース（sauce）の語源でもある。

そう、「セイジは偉大なり」を説きたかっただけのこと。最後に、セイジは陽のよく当るところ（ゴルフ・スキー・釣り）を好む。

熊木物語

序

仮に私が、「『熊木』が万葉集に歌われている」などと口にすれば、眉唾物《まゆつばもの》と訝《いぶか》られ、その上、「『熊木』にかかる枕詞が存在する」に至っては、ほとんど懐疑心を顕《あらわ》にし、一笑に付されるに違いない。ところが驚くなかれ、これはフィクションでも嘘でもない、確固とした史実に基づく話なのである。以下は、現地視察をして確証を得た上での手記である。

熊木川

石川県能登半島に、延長約十二キロメートルの二級河川『熊木川』が実在する。この川は、鹿島郡と鳳至郡《ふげしぐん》との境に聳《そび》える別所岳（三五八メートル、能登半島国立公園に含まれる）に源を発する。別所の中央を南流し、河内川《かわち》・西谷内川《にしやち》・鳥越川《とりこえ》・免田川《めんでん》・大谷川を合流して浜田に至り、七尾《ななお》西湾に注いでいる。比較的水深があるため、昭和三年（一九二八）に鉄道が開通するまでは舟運の便があり、当地の交通の大動脈であった。上流ではやまめ・鮎、下流ではいさき（伊佐木。本州中部以南に産し、全長約四〇センチメートルの硬骨魚）が獲れ、早春にはいさき小屋が風物詩になっていると聞く。

七尾市史によると、七尾市の誕生は昭和十四年の市制施行に遡《さかのぼ》るが、昭和二十九年までは『熊木村』が存在した。その名残か、七尾市中島町上町《かんまち》ヲ部一一三番地に「七尾市熊木公民館」がどっしりと構えている。

序《つい》でながら、七尾市には能登観光の基地・和倉温泉がある。そう、かの有名なホテル加賀谷・能登渚亭なのです。「一度は連れてって!!」の要望に応えての投宿。

（その感想は別の機会に譲ることにして、軌道修正。）

海中から食塩水が涌いたことから「湯浦《ゆのうら》」・「涌浦《わくうら》」といったのが地名の起こりだといわれている。

熊木庄《くまきのしょう》

七尾市中島町の熊木川下流の中島地区から七尾西湾・北湾岸地区は古代熊木郷《くまきのごう》、中世は熊木《くまきの》庄《しょう》と呼ばれていた。「熊来」の由来の一つは、『お熊甲祭《くまかぶとまつり》』（中島町教育委員会）によれば、熊来は熊木とも書き、高句麗（高麗《こま》）よりの渡来人定住地としての「高麗来《こまき》」、或いは「高麗柵《こまき》」の転化であるとするもの。他の一つは、三方を山に隈取《くまど》られた「隈地《くまち》」、「隈城《くまき》」から来たという二説がある。平安期には延暦十四年（七九五）に熊木院が置かれ、正税《しょうぜい》である稲を収納していた記録が残っている。また承平五年（九三五）に編集の日本最初の分類体の漢和辞書『倭名類聚鈔《わみょうるいじゅしょう》』の中の熊木神を「久麻岐《くまき》」と訓《よ》んでいる。

万葉集の『熊木』

「梯立《はしだて》の」が熊木にかかる枕詞だと知ったのは高校時代のことで、「久方の」「たらちねの」「あしひきの」の枕詞一覧に「熊木」の文字を見つけ、感動に浸った時のことは今でも忘れられない。そのうちにじっくりと時間をかけて熊木の由来を探り、その地を訪ねてみたいという夢追い人がそこにいた。

さて、いよいよ現存最古の歌集万葉集に「熊木」が歌われているという実在の検証に入ることにしよう。

其の一。越中諸郡巡行《じゅんこう》九首歌群の六首目。天平二十年（七四八）春の出挙《すいこ》で、諸郡を巡行した時に大伴家持が詠んだ歌。題詞＝能登郡《のとこぼり》にして　香島の津より船を発し、熊来村《くまきのむら》をさして往く時に作る歌二首。

とぶさ立て※1　船木伐《き》るといふ　能登の島山※2
今日見れば　木立《こだ》ち茂《しげ》しも　幾代神《いくよかむ》びそ

（とぶさをたてて祭をしては船材を伐り出すという能登の島々を　今日見ると木立が茂っている。幾代を経ての神々しさなのか。）

注1　とぶさ―樵《きこり》が木を切った時、切った梢をその株に立て山神をまつったもの。鳥総。

注2　能登の島山―能登半島東岸、七尾湾に浮かぶ島で、島の地・袋島・八太郎島・蝦夷島ともいう。

其の二。越中諸郡巡行九首歌群の七首目。天平二十年（七四八）春の出挙で、諸郡を巡行した時に大伴家持が詠んだ歌。

香島※3より　熊来をさして漕ぐ舟の
梶《かぢ》取る間なく　都し思ほゆ

（香島から熊来を目指して漕ぎ進む舟が櫂《かい》の手を休めることのないように、ひっきりなしに都のことが思われる。）

注3　「香嶋」「鹿嶋」「加島」などとも表記され、現在の石川県七尾市、七尾湾に面した港名。

其の三。能登の国の歌三首のうちの一首目。作者不明の長歌。

梯立の熊来のやらに※4・5新羅斧《しらぎおの》落とし入れ
わしあげてあげて　な泣かしそね
浮き出づるやと見む　わし

（はしたての熊来のやらに、新羅斧を落としてしまって。ワッショイ。声を立てしゃくりあげて、お泣きなさるな。浮き出てくるか見てやろう。ワッショイ。）

注4　平成元年（一九八九）、七尾市中島町熊木川水辺公園にこの歌の歌碑が建立された。

注5　やら―海の水が尽きて真菰《まこも》・蘆《あし》などの生えている所。

其の四。能登の国の歌三首のうちの二首目。作者不明の長歌。

梯立の熊来酒屋に　まぬらる奴《やっこ》※6　わし※7

さすひ立て　率《ゐ》て来なましを　まぬらる奴《やっこ》　わし

（はしたての熊来の酒屋で罵《のの》しられている奴さん。ワッショイ。誘って来られたらよかったのに。罵られている奴さん。ワッショイ。）

※6　まぬらる―（マは接頭語、ヌラルは上代北陸方言か）ひどくののしられる。

※7　わし―囃子《はやし》に用いる感動詞。よいしょ。ワッショイ。

熊木城跡

熊木川の川谷が沖積平野にさしかかる地点の丘陵（現・七尾市中島町谷内《やち》）に『熊木城』があったという記録が「鹿島郡誌」に残されている。なにしろ、「城の上《しろうえ》」・「桝形《ますがた》（敵の勢いを鈍らせるため、城の一の門と二の門との間の広く平らな四角形の地）」・「城の跡《しろあと》」などの地名が今なお使われていて、空堀《からぼり》や土塁で画された複数個所の平坦面（郭）が確認されている。またその付近に中世墳墓群の上町マンダラ遺跡がある。かいつまんで表記すると次のようになる。

○読み仮名—熊木城《くまきじょう》
○別名—貝田城《かいたじょう》
○所在地—七尾市中島町谷内《やち》
○形式—山城（山頂や山腹に築いた城）
○築城者　—長谷部信連《のぶつら》（？～一二一八）
○築城時代　—南北朝時代
○遺構（残存する古い建築物）—郭《かく》、空堀《からぼり》
○歴代城主—熊木左近他

お熊甲祭《くまかぶと》

国指定重要無形文化財の『お熊甲祭』は、久麻加夫都阿良加志比古神社《くまかぶとあらかしひこ》（熊甲神社）の大祭で、毎年九月二十日に開催されることから《二十日祭》とも呼ばれている。町内の各集落に鎮座する十九の末社《まっしゃ》（「えだみや」ともいう）からくり出した神輿《みこし》は、猿田彦《さるたひこ》（滑稽な仕草で歌舞などを演じる芸人）の先導で、高さ二十メートルばかりの真紅の大枠旗《のぼり》やお道具（仏具）を従え、「イヤサカサー」の掛け声と、鉦《かね》・太鼓の音も賑やかに熊甲神社に参入する。全神輿が拝殿に参入すると、奉幣式《ほうへいしき》（神に幣帛《へいはく》を捧げる儀式）に移り、若衆が再び鉦・太鼓を打ち鳴らし、それに合わせて猿田彦が境内いっぱいに乱舞する。その後、旅所の加茂原へ移動し、長大な枠旗《わくばた》を掲げて地面すれすれまで下げる「島田くずし」と呼ばれる大技の披露があり、祭りは最高潮に達する。

尚、熊甲神社に奉仕した猿楽《さるがく》集団がいたらしく、猿楽熊木太夫（永禄五年八月二十三日「熊甲宮・気多社造営棟札《きたしゃぞうえいむなふだ》」気多神社蔵）の記録が残っている。今人気絶頂の『ファミリー・ヒストリー』ではないが、ひょっとしたら猿楽大夫の血筋を引く末裔が、オペラ歌手に繋がっていた……などと考えただけでも、わくわく胸が躍る心地するではないか。

『熊木物語』を締め括るにあたり、長年続いてきた熊木姓は私の代でなくなってしまうことを告白しなければならない。致し方ないとは知りながら、実に寂しい限りである。

見もの聞きもの（国内版）

猿・熊一家の北海道スキー・ツァー

念願だった、孫・眞音《しおん》との「ルスツ・スキー・ツァー」が遂にこの冬実現した。思い起こせば、五歳の冬、襷《たすき》掛けの出立ちでスタートした老爺によるスキー・レッスンも、三年目には岩手県安比《あっぴ》高原スキー場の上級コースに挑み、いとも楽しげに滑り降りるものだから、「来シーズンは家族みんなでルスツ・スキー・ツァーと洒落込もう！」と話はトントン拍子に進んだ。

私のスキー初体験については以前にも触れたが、小学六年、スキーのメッカと言われる大鰐町に移り住んだことがきっかけであった。お蔭で、スキーを滑れることは、雪に親しみ、冬期間を明るく楽しく過ごすための大きなファクターになることを実感でき、大鰐での二シーズンに今でも感謝している。ベートーヴェンの《第九》、シラーの頌歌「苦しみから歓喜へ」ではないが、爾来、雪片付けも私にはむしろ楽しみの一つになって現在にいたっている。

ところで、スキーに親しむには、まず親が積極的に山に足を運ぶという心構えが大切である。子供をスキー場まで連れて行く、今流行《はやり》のことばで言えば『アッシー君』の役目を担うのだ。そして、家族スキーの楽しさを満喫するには、全員がある程度の技量を持ち合わせていることが不可欠である。我が家にとっての家族スキーは、妻の両親から感化された。亡父は八十歳、義母は七十五歳を迎える齢までスキーを履き続けた姿を見て、自分たちも肖《あやか》りたいと思い続けてきたのだ。従って、先ず妻から娘、そして娘婿、更に孫へとスキー・レッスンは代々続き、とうとう親・子・孫三代の夢のスキー・ツァーが楽しめるようになったというわけである。

さて、ルスツ・リゾート（旧称「ルスツ高原」）は、二〇〇八年七月に北海道洞爺湖サミットの議長・首脳の記者会見会場になったことから一躍世界中に知れ渡ったが、札幌の南西二百㎞、虻田郡留寿都村にあり、新千歳空港からバスで百十分ほどで着く。留寿都はアイヌ語の「レシュプキ（険しい葦の道の意）」に由来し、かつてはジャガイモ・アスパラガス・スイートコーン（トウモロコシの一種）を中心とする畑作農業で知られていたが、現在では北海道最大規模を誇る通年滞在型リゾート地（大手の加森観光が経営）として、日本ばかりでなく世界中に名が知れるようになった。

何しろ積雪が百五十〜二百二十㎝と豊富な上、索道数（ゴンドラ・リフト）十九、コース数三十七本、総滑走距離が四十二㎞に及ぶ巨大スキー・リゾートで、雪質に至っては国内トップクラスのパウダー・スノー（粉雪）、文句なしの日本一のスキー場である。イギリスの専門誌『The Great Skiing & Snowboading Guide』で Best Small Resort 賞 2008 に選ばれたのも頷《うなず》ける。

ここは周辺環境の利便性に加え、コースメンテナンスなど施設・設備の整備、スタッフの接客サービスが行き届き、利用者の満足度も最高だ。そして、一番人気のエリア、マウント・イゾラの山頂からは、眼下に洞爺湖や有珠山《うすざん》、正面には羊蹄山《ようていざん》の雄姿を一望できるというおまけつきである。（平成十五年度「NPOビュー・コミュニケーションズ調査」で、ユーザー満足度第一位だったことが証明している。）

二〇一〇年一月九日、猿熊隊（娘は「猿賀」姓）一行五名が青森空港から新千歳空港まで飛び、そこからバスに乗り継いで、ルスツ・リゾートに着いたのは午後三時頃だった。それからだと気温も下がるという理由もあって、その日はとりあえず温水プール体験！に決まった。遊ぶことになるといつでも発案者に従うというのも、我が隊の美点なのかもしれない。

眞音一家は熱気球フライトなどの夏季のアクティビティを既に体験済みだったが、冬季や悪天候の日に使用できる室内温泉プールは全員初めてだった。アクアコースター（百《メー》トル。爽快！）付きの造波プールは、競泳用とは異なり水深も腰ぐらいまでで浅いが、真冬に水泳とスキーの両方を堪能できるところがまた良い。さらに、水泳教室に通っている眞音が平泳ぎの次のバタフライの泳法を習い始めたというので、その一コマを見せてもらって大人四人が興奮してやんやと誉めそやしたのは、身内だからのことだろうか。

温水プールの後は、すぐ隣にある「ルスツ温泉」。聞くところによると、ミネラル等を含有するドゴール原石を使っているらしく、多種類にわたる陽・陰イオンが各種疾病に効く他に、心身をリラックスさせる効果があるという。プールに加え、小一時間も「サウナだ」「熱めの湯だ」

と渡り歩いたので、リラックスどころかすっかりふやけてしまった。

部屋の窓から見えるゲレンデでは、ナイター・スキーヤーたちが颯爽と滑っている。「ひと滑りだけでも」と衝動に駆られるが、湯上りで風邪でもひいたら……ということで、そこはウィスキーを楽しむことで我慢した。明日からの好天を祈りながらの宴は大いに盛り上がった。

ルスツ・スキー場は贅沢にもウェスト、イースト、イゾラの三つの山から成り、コース割合は初級（三十％）、中級（四十％）、上級（三十％）とバランスが良い。先ずは足慣らしにとウェスト・マウントに挑戦したが、一通り制覇したところで、果敢にイーストとイゾラに移動することにした。ウェストからイーストまでは、国道230号線を跨《また》いで動くゴンドラがひっきりなしに走っている。その窓からはジェットコースター（八台）、観覧車をはじめ六十種類以上のアトラクションが広大な遊園地に立ち並んでいる。全国各地の閉鎖した遊園地から格安で遊具を引き取る手法で増やしたというから脱帽だ。

「三十七コース中、二、三の最上級を除く全コースを制覇する！」という当初の目標は、案外スムーズに達成されつつあった。どのコースも圧雪が行き届いているし、雪質がいいものだから、眞音も鼻唄交じりの気楽さだ。

問題は、昼食後のイゾラにアタック！と意気込んだあたりから発生した。それは、どういうわけか同じコースを何度も滑る羽目になり、なんとなくつまらないから、黒線で示されている例の最上級を体験してみようかという意見が出たのが始まりだった。「よしましょう。オーパ（私）とママ（娘）とで行ってらっしゃい」と妻の声。私は「いやいや、隊列は最後まで崩さず、ここは諦めよう」の意見。そこへ眞音の「眞音行ってみたいなー！」の一言で、それではと強行作戦に出ることに決まった。

先発をつとめる私は「ううん？」と唸《うな》ってしまった。四十度あまりの傾斜に加え、オフ・ピステ（未圧雪）の状態なのだ。ところがしばらくして見上げると、後続部隊がゆっくりではあるが何事もなかったかのように曲げて降りている。見上げたものだ。この分だと無事滑り降りれるだろうと思いきや、この傾斜はかなり続きそうだ。途中迂回コースを見つけたが、深雪の林の中を通らなければならない。断念。絶体絶命の危機！と思ったところで、眞音が救助隊（妻と娘）に抱き起こされている。這這《ほうほう》の体《てい》で斜滑降を試みるが、ターンが上手く出来ない。いよいよ屁っ放り腰で曲げるのでスキーだけが先に行ってしまい、再度尻餅をついてしまうというスランプ状態が続く。

ここは老爺の出番！とばかりに駆け登り、「谷（下）を見るな！」、「上体から突っ込んで回り込め！」と、スパルタとも言えるような怒声をあげ、誘導を続けるしか他はなかった。涙顔で恐怖におののきながらも歯を食いしばって一心に曲げようとする姿は、健気《けなげ》そのものであった。漸く圧雪状態の緩斜面に滑り出た瞬間、拍手が鳴り止まなかった。その時の娘のことば「こうやってママも上手くなったんだよ。素晴らしい経験なのよ！」は、どんなに私を安堵させたかわからない。困難極まる最上級コースまで眞音を連れ込んだことで、慙愧懺悔《ざんきざんげ》に堪えない心境だったものだから。

翌朝は、他ではめったに見られないダイヤモンド・ダスト（氷晶）を体験できるほどの好天に恵まれた。二日目には、大抵、腰や足にきて上手く滑れないものだが、この日は流石に北海道パウダー・スノーだけあって、まったく疲れを知らない。こんなにも違うものだとは知らなかった。考えてみると、春先の濡れ雪は重くてすぐに足に来る。とまあこんな調子で、結局は目標のコースを大方滑りきり大満足でスキーを脱いだ。

スキーもさることながら、最後に、フロリダ直輸入の音と光の豪華な噴水ショー「ミュージカル・ファウンテン（泉）」に触れないわけにはいかない。

ルスツ・リゾート・ホテルは、次々に増築したため、ハイランド・ロッジ、サウス・ウィング、ノース・ウィングと横に繋がっていて（一番新しいタワー・ホテルとはモノレールで結ばれている）、その中間にあるサウス・ウィンド一階のファウンテンの素晴らしさはこの世のものとは思えないほどだ。音楽に合わせて、見事な水しぶきがあたかもバレリーナが舞う如くに、時には細く時には滝のように吹き上がり、それに色とりどりの照明が効果的に当たる。息を呑むような三十分豪華ショー。すっかり釘付けになってしまった。夕刻から七回、一時間間隔で開始されるのだが、観覧席は正面だけでなく、真後ろそして二階にも散在し、まるでオペラ劇場を思わせるような空間で、ゆったりソファーにもたれながらの幻想的な噴水ショーには心癒されるばかりである。大掛かりなオルガン仕掛けを使っているのだろうか。誰に尋ねてもからくりは教えてもらえなかった。

全行程を終え、家に向かう車の中での眞音の感想はなかなか驕《おご》っている。「スキーが山からはみ出しそうになった」と。この名言は一生忘れられない。

利尻・礼文の旅

はじめに

「最後に利尻・礼文を回って、北海道征服としましょうか」が妻の断弦（あっ間違い！）断言であった。大好物のウニをたらふく食べて、今話題の旭山動物園を巡るのはこれがチャンス、とばかりに話はスムーズに進んだ。

便利な時代になったもので、旅行社が『千歳空港集合！』と募ると、当日には全国各地からの申込者が指定された空港ロビーに屯《たむろ》して早速〝一行様〟の出発だ。

旅程は、空港からバスで出発、旭山動物園を見学し、大雪山の麓のベア・モンテ泊。翌朝、ゴンドラで旭岳の日の出を仰ぎ、一路稚内まで移動し、海を渡って利尻泊。

終日利尻を散策して礼文まで移動。翌日は礼文を一回りして解散。帰路は自由（空を飛ぶコース、海を渡るコースなど各種）。

その一　旭山動物園

日本最北の旭川市旭山動物園は、近年一躍有名になった。上野動物園を抜いて日本一の入園者数を誇ったこともあったという。それは、単に動物の姿形を見せることに主眼を置いた従来の「形態展示」から脱皮し、動物の行動・生活など自然な生態を見せるという「行動展示」を導入したことに拠る。水中トンネルを泳ぎ回るペンギン、冬のペンギンの散歩、レッサー・パンダの吊り橋渡りなどの珍しい展示に始まって、ホッキョクグマ、アムールヒョウ、コノハズクなど、国内で初めて飼育下での自然繁殖に成功したことが、NHKの「プロジェクトX～挑戦者たち～」にも取り上げられ、視聴者の関心を集めた。飼育員たちの発想の転換が、これほどまでの人気につながるとは。天晴れ、天晴れ。

その二　旭　岳

今夜は旭岳ロープウェイ山麓駅隣にあるホテル・ベア・モンテ（思わず最初ベル・モンテと書いてしまったが明らかにベル＝bellとベール＝Bärの捩《もじ》りだろう）泊。

翌朝、旭を仰ぐ（書きながら「うまい！」と口にしてしまったが）コースの一番ロープウェイに乗り、姿見駅まで行く。第一展望台のあたりで丁度旭が昇ってくる。鏡池・すり鉢池の夫婦池を回り、噴気孔を覗き、姿見の池を眺めて姿見駅に戻ると、ぴったり一時間の散歩コースだ。蛇足になるかもしれないが、大雪山は北海道中央高地にある火山群。日本で最も北に位置し、旭岳（2,290 m）・白雲岳（2,230 m）・石狩岳（1,967 m）など大小の山々（連峰）を総称する呼び名。混乱するが、旭岳（通称大雪山）山頂付近では九月中旬（早い年は八月下旬）に日本ではいち早く初雪が見られる。十月下旬には山頂の降雪回数が多くなり、氷点下二十度、風速二十メートルを超えることもある。国内で一番遅咲きの「チシマザクラ」は、六月中旬から下旬にかけて見られるという。沖縄の名護で一月末に桜祭りが始まるから、半年もかけて桜前線が移動することを考えると、日本って意外と大国（いや、長国）？と言えるのかも。

その三　『涙の敢闘賞』

バスガイドが初《しょ》っ端《ぱな》に語ったことは、稚内までの道のりはずっと単調な広原ばかりなので、いかにして乗客を飽かさないようにあれこれ案内するかがガイドの力にかかっているということだ。まだまだ自然豊かな青森に住んでいる私でも、この時ほど北海道の広大さを実感したことはなかった。あまりの退屈凌ぎに、「車窓から犬を見つけたら得点だよ！」などと始めた妻とのゲームも、とうとう発見困難で、次には「人を見かけたら……」にエスカレートするくらい不動の自然また自然なのだ。それでも、以前から興味のある名寄のあたりまでは何とかなった。

名寄市は名寄盆地の中心にあり、農産物の集荷・加工業が盛んな人口二万七千の市である。この出の力士、名寄岩《なよろいわ》を主人公にした映画『涙の敢闘賞』を観たのは小学何年の頃だったろう。もちろん白黒で、名寄岩の他に吉葉山《よしばやま》・羽黒山《はぐろやま》などが登場し、ひたすら土俵に生き抜いた大関名寄岩の半世紀を描いたものだ。

ストーリーは、私の幼少時代にあった実話だが、大相撲春場所千秋楽。一度大関まで昇進した名寄岩だったが長続きせず、平幕陥落を余儀なくされ、とうとう幕内を守れるかと心配された頃のことである。負け続きの原因は三十代後半という自らの体力の衰えもさることながら、妻が結核を患って、その闘病生活による経済的貧困が重なった頃だったように思う。しかし、そんな苦しみの中でも、土俵は相撲取りの生命で、生活の糧を得るためなのだと四股を踏み続けたのである。クライマックスは九勝五敗で千秋楽を迎えた土俵。備州山《びしゅうやま》との手に汗を握る一戦だ。気の毒にも敗北を喫してしまったのだが、観衆は総立ちで〝よくやった〟と絶大な賛辞を送り、敢闘賞の栄冠は驚くべきことに名寄岩に下ったのだ。しかし豈図《あにはか》らんや、そんな名寄岩の晴れの姿も見ず、妻はその日に永久に帰らぬ人となってしまった。遺骸に向かって賞状を読む名寄岩の涙を呑むあのシーンは私の脳裏について離れない。その後、名寄岩は一度関脇に復帰するが、四十歳で波乱に富む力士生活を雄々しく引退した。

かつて大相撲にはこんなに人の心を動かす魅力があったのだが……。

その四　江刺《えさし》・江差《えさし》・枝幸《えさし》

［えさし］と言えば先ずお隣岩手県南、北上川中流東岸、「江刺金札米《きんさつまい》」と「岩谷《いわや》たんす」で有名な江刺市が思い浮かぶ。そして、北海道渡島《おしま》半島の日本海側にある港町江差は、かってニシン漁で栄え、今でも〝ニシン御殿〟と言われる立派な建物が残っている。一九九三年北海道南西沖地震で大災害を受けた奥尻島との連絡港で、桧山《ひやま》支所の所在地でもある。ここは「鴎《かもめ》の鳴く音にふと目を覚まして……」と歌われる『江差追分』のメッカでもある。尺八で伴奏される現在の曲調は明治時代後半に一般化し、前唄・本唄・後唄が付けられて『北海道追分』と呼ばれることもある。

ここまでの「えさし」は誰でも知っているだろうが、「枝幸《えさし》となれば初耳」と言う人も多い筈。

友人の伊藤由紀子さん（板柳町出身）の御主人の出身地というわけで、珍しい地名枝幸町を私は度々耳にしていた。

枝幸は北海道最北の宗谷地方の南部に位置する町で、毛ガニの漁獲高日本一。旬の季節・夏には「枝幸毛ガニ祭り」が開催され、多くの人で賑わう。鮭の水揚げ量も国内で第三位、特に遡上する前の、いわゆる銀毛の鮭が自慢。町名「枝幸」の由来は、アイヌ語（「esausi」エサウシ＝岬の意）に依るという。

オホーツク海沿岸は比較的温暖だが、枝幸町の歌登《うたのぼり》は内陸にあることから冬季はものすごく寒冷で、しばしばニュースに「歌登」が登場する。何しろ氷点下37・9度を記録（一九七八年二月）したことがあるほどなのだ。残念なことに交通の便は極めて悪く、札幌・旭川から宗谷バスと道北バスによる都市間バス「特急えさし号」が走っているくらいである。それだから、長野県松本市に住む伊藤さんは、「交通の便が悪く、一日がかりの里帰り」と嘆く。

北海道立枝幸高校が一校、中学校も小学校併校を含めて五校（枝幸・枝幸南・歌登・志美宇丹《しびうたん》・本《ほん》幌別《ほろべつ》）という小さな町ではあるが、合唱が盛んで、全日本合唱コンクールで何度も金賞に輝いているし、二〇一〇年のYOSAKOIソーラン祭りでは「夢想漣《ゆめのそうらん》えさし」がソーラン大賞を受賞しているほどだ。

キリリ！と輝いている町・枝幸。

その五　トドのつまり

トドの肉、しかも刺身で食べたのは網走。一旦冷凍したものを限りなく薄く（一、二ミリ）スライスした、直径一〇センチほどの肉片。運ばれてきた時は海草と一緒にパリっと皿に載っているので、赤身のスライス・ハムと間違えた。しゃきっとした歯ごたえで、味はと言うと鯨肉とほとんど同じだが、数秒後のドリップ状態の皿（おっと、血か）を見てすぐさまドロップ・アウトしてしまった。

このトドはアシ科の動物の中で最も大きく、雄は体長三メートルを超し、体重は約一トン。海馬とは言い得て妙なりだ。雌十頭も従えてのハレムの広さは二百二十五平方メートルと言うから十五メートル四方にも及ぶ広さだ。何とも羨ましい限りだ。

その幸福なトドでも漁業の害獣として利尻・礼文・羅臼《らうす》などで毎年一定数駆除されるのだが、その捕獲駆除数上限は北海道周辺海域で現在は二百二十七頭と決められているという。地元ハンターの高齢化にともない、従事者が不足して困っているという話も聞いた。何でもハロー・ワークにも募集要項が載っているそうだ。

トドのつまりは、誰か来てー。

その六　利尻・礼文

島名「利尻」はアイヌ語「リシリ＝高い島」に由来し、全島が成層火山・利尻山（通称利尻富士・千七百二十一メートル）から成り、ほぼ円形をなしている。古くからニシン漁で開けた島であるが、今ではリシリコンブの方が全国区だとか。いいものは立派な箱入り。黒褐色で長さ三メートルに達する帯状、マコンブの一変種で、料理に使うのがもったいないという気になる。昆布は寒海の岩礁に養成し、古くから北前船で南方に運ばれ重用された。

船で沖に出て刈り取った昆布を、女子供たちが手伝って浜辺に敷いて乾かす様子は雄大そのものだ。

一方の礼文は、アイヌ語で「レプンシリ（＝沖の島）」と呼ばれ、びっくりしたことに、稚内から航空定期便が飛んでいるのだ。北端のスコトン岬の海驢島《とどじま》には番屋があり、ウニ・昆布の漁期だけ漁民が移住するという珍しい話を聞いた。

「ウニ三昧の旅！」と張り切っていた妻は、二日目には「高級馬糞海胆《ばふんうに》だよ」の誘いにも「もうたくさん！」と拒否反応を起こす始末。稚内《わかんない》。

年越しは温泉で

「今年は赤組断然有利!」、「いや、終わってみないと勝敗はわからない……」などと、暮れの話題は「NHK紅白歌合戦」で持ち切りだった。その〝国民的行事〟とまで言われた歌の祭典、スタートは一九五一年(昭和二六)で、当初は正月三日の放送だったが、第四回目の一九五四年から大晦日の夜九時頃に始まって百八ツの除夜の鐘が鳴る寸前まで続くという、NHKの看板番組になっている(筈だが、近年のことはホトホトわからない)。何しろ視聴率八十パーセント台を記録した時代もあったわけで、我が家も例に洩れずテレビに釘付けで楽しんだものだった。

司会者はそれぞれ江利チエミと宮田輝《みやたてる》。歌手は、紅組、雪村いづみ、こまどり姉妹、吉永小百合、朝丘雪路、島倉千代子、梓《あずさ》みちよ、倍賞千恵子、ペギー葉山、ザ・ピーナッツ、美空ひばり……。白組、北島三郎、アイ・ジョージ、和田弘とマヒナスターズ、立川澄人《たちかわすみと》、橋幸夫、ダーク・ダックス、舟木一夫、春日《かすが》八郎、三波春夫、デューク・エイセス……(この際贔屓《ひいき》のないように十名ずつ)という顔ぶれだった。と、ここまで書くと私の歳がばれるのだが(正直に言えば高校二年生)、かれこれ半世紀近くにもなるのに今でも強烈な印象として残り、次々に名前を空で言えるのだから実に不思議である。（昔のことをはっきり覚えているのは老齢化の証拠？）

とりわけ当時の日本オペラ界のホープ、二期会の立川澄人（後に清登）の紅白登用は驚きであった。ミュージカル《マイ・フェア・レディ》の主役イライザの父ドゥーリトルのナンバーから《運が良けりゃ》を巧みな演技で滑稽に歌い上げ、あまりの上手さに度肝を抜かされたことを今でもはっきりと覚えている。（番組？の途中ですが、ここで『蛍の光』を取り上げることをお許しください。）

《蛍の光》

紅白歌合戦のフィナーレを飾る『蛍の光』は日本唱歌で、原曲はスコットランド民謡「オールド・ラング・サイン（Auld Lang Syne＝楽しかった昔）」であることは誰でも知っていると思う。作詞は国学者で歌人の稲垣千穎《ちかい》（一八四五―一九一三）による。作詞時の曲名は「螢」、後に「螢の光」から、漢字制限により「蛍の光」になり、明治十四年に尋常小学校の唱歌として『小学唱歌初編』に載っている。稲垣千穎《ちかい》は、伊沢修二・大和田建樹《たけき》らとともに「ちょうちょう（二番）」・「君が代（二番）」・「見わたせば」・「釣鐘草」など小学唱歌の作詞に関わった東京師範学校の教員である。

歌詞の冒頭「蛍の光、窓の雪」は、一途に学問に励むことを褒め称える中国の故事「螢雪の功」が由来である。現在は二番までしか歌われないことがほとんどだが、本来は四番まである。

三・四番は遠く離れ離れになり、それがたとえ辺境の地であろうとも、国のため心を一つにして元気にそれぞれの役割を果たそうという内容である。
序《つい》でながら、巷《ちまた》では何となく「蛍の光」と言っているが、閉店・閉館時に流れるＢＧＭは、古関裕而《こせきゆうじ》編曲の「別れのワルツ」である。「編曲＝ユージン・コスマン（Eugene Cossman）・演奏＝ユージン・コスマン管弦楽団」とよく表記されているが、「古関裕而」の名前をもじったものであることは案外知られていないようだ。

蛍の光

作詞・稲垣千穎《ちかい》

一、蛍の光、窓の雪
書《ふみ》読む月日、重ねつつ、
何時《いつ》しか年も、すぎの戸を、
開《あ》けてぞ今朝は、別れ行く。

二、止まるも行くも、限りとて、
互に思ふ、千萬《ちよろず》の、
心の端を、一言に、
幸《さき》くと許《ばか》り、歌《うと》うなり。

三、筑紫《つくし》の極《きわ》み、陸《みち》の奥、

海山遠く、隔《へだ》つとも、
その真心は、隔てなく、
一つに尽くせ、国の為。
四、千島の奥も、沖縄も、
八州《やしま》の内の、護《まも》りなり、
至らん国に、勲《いさお》しく
努めよ我が背《せ》、恙《つつが》無く。

（それでは、この辺で話を戻すことにしまして……と。）

私の「紅白歌合戦」贔屓《びいき》はこれ（つまり高校二年生）を境にディミヌエンドしていった。大学受験で余裕がなかったことが大きな理由だが、それよりも大晦日の《第九》の魅力に取り付かれたからだ。折しもあれ、雑音が少なく音質の良い超短波を使ったFM放送が始まり（NHK・FMは一九六九年頃）、毎週『FMファン』を購入して、まさにFM放送の虜《とりこ》になっていったのである。一旦その番組から離れると不思議にも愛着が薄れ、とうとうここ十五年以上前からは全く「紅白歌合戦」との縁が遠退《とおの》いてしまった。というのは、娘の結婚以来、家族全員（多い年には十一名）で「温泉に浸りながらの年越し」が慣わしになったからである。部屋にテレビが備え付けてあるのは勿論だが、趣向を凝らしたゲームやそれぞれの「十大ニュース」など、一家（四家？）団欒

の楽しい時間を過ごし、気がつけば年が明けていて、新年のご挨拶を終えてベッド・インすると
いった段取りに変わってしまったのである。

温泉地といっても、お年寄りの健康・体力を考えて、車で片道二時間以内という条件が付いているので、せいぜい津軽一円ということになる。思い出すままに記してみると、リピーターを含め、馬門《まかど》温泉（野辺地町）、浅虫温泉（松園《しょうえん》・椿館、青森市）、黒石温泉郷（花禅《かぜん》の庄《しょう》・三浦屋旅館）、鰺ヶ沢温泉（グランメール）、稲垣温泉等々である。

ここでは記憶が一番新しい（つい一か月前だから当たり前？）「椿館」にふれてみることにしよう。

浅虫温泉は青森市の北東約二十四キロメートル、青森湾の海浜・夏泊半島の西の付け根にある温泉で、「東北の熱海」・「青森の奥座敷」と言われている。泉質は弱硫酸塩泉。その昔この辺に住んでいたアイヌの村人が、布を織る麻を蒸すために温泉を使っていたことから「麻蒸《あさむし》」と呼ばれ、後に火難《かなん》（火の災難）を恐れて火に縁のある文字「蒸」を嫌い「浅虫」になったと言われている。浅虫が歴史上に初めて登場するのは鎌倉幕府の史書「吾妻鏡《あづまかがみ》」。今でこそ国道4号線の善知鳥《うとう》トンネルで容易に通過できるが、「……しかうして、外ケ濱（青森市付近）と糠《ぬか》の部《ぶ》（浅虫温泉）の間に於て多宇末井《たうまい》の梯《かけはし》あり」でわかるように、奥州街道の難所であったと言う。この浅虫が温泉地として栄え始めたのは、一八九一年（明治二四）に東北線上野―青森間が開通してからのことで、当時、鉄道停車駅が街の真ん中にある温泉は珍しく、便利なことから人気を呼んだ

という。此の頃は海水浴場「サンセット・ビーチあさむし」、ヨット・ハーバー、海釣り公園、県営浅虫水族館、道の駅「ゆ～さ浅虫」など温泉情緒とリゾート的な賑やかさを併せ持つ、歓楽色濃い温泉街として全国に知られている。特に、ねぶたの発祥地と言われ、青森ねぶた（八月二～七日）、弘前ねぷた（八月一～七日）のシーズンは一年前でもホテル・旅館・民宿ともに予約でいっぱいになるほどの混みようである。

さて、「椿館」は国道4号線の海よりのエリアから山手に入る狭い道を二、三分行った所にある。庭に湯名になったという大椿が植えられているらしいが、すっぽり雪に埋もれて冬季は見ることが出来ない。なにしろ元禄（江戸中期、東山天皇朝の年号）時代の開湯というから三百年は優に越していて、御陣屋《ごじんや》（郡代お代官の居所）、あるいは明治天皇御休息の由緒ある宿として代々受け継がれ、現在に至っている。また、青森市生まれの奇才といわれ、あの強烈な色彩と激情的な筆致《ひっち》が「ひまわり」や「アルルの寝室」で名高いゴッホを慕い、「わだばゴッホになる」の名言で世界的に著名な画匠棟方志功の常宿だったことも夙《つと》に知られている。因《ちな》みに、青森市三内《さんない》霊園にあるお墓は、ゴッホの墓と同じ形に造られている。（有難いことに、熊木家の墓から十メートルも離れていないので良き目印になっていて、感謝でござる。）玄関ホールには、作品展示場が特別に設けられ、大浴場に続く廊下には、ここに投泊中、創作に熱中している画伯の写真なども展示されて、実に興味深い。

もう一人、椿館に投宿した作家太宰治についても触れておきたい。芥川賞に名が挙がり、「人間失格」・「走れメロス」・「斜陽」など高校の教科書にまで取り上げられるほどの文豪について、今更解説がましいことを書くなど畏れ多いことである。が、私の高校・大学の先輩（勿論新制の）であるという因みで許してもらいたい。この度、椿館に泊まった（これが三度目）ことがきっかけで、あらためて『津軽』を読み返してみようと思い立ったのだった。若い頃に、後半の一部分を除いては然《さ》したる感動もなく、読破したつもりになっていたのだが、読んでいくうちに歳のせいだろうか不思議に親近感を覚え、先輩の生き方（おおぎょ～う?!）を詳しく知りたいと考えるようになったのだ。というわけで、（　）に私の解説を加えたことを断っておく。

一九〇九年（明治四二）生まれの太宰治（本名「津島修治」）は、一九二三年十四歳で青森県立青森中学校に入学する。その当時を思い出しながら、太宰は『津軽』（一九四四年五～六月に津軽地方を探訪。十一月刊行。三十五歳。）の中で、浅虫は忘れられない思い出の地であると記している。

……青森における四年間（青森市寺町にある遠縁の豊田太左衛門方に下宿）は、その故に、私にとって忘れがたい期間であったとも言えるであろう。青森に就いての思い出は、だいたいそんなものだが、この青森市から三里ほど東の浅虫という海岸の温泉も、私には忘れられない土地である。やはりその「思い出」（東京帝大仏文科在学中に同人誌『海豹《かいひょう》』に発表。二十四歳。）という小説の中に次のような一節がある。

「秋になって、私はその都会から汽車で三十分ぐらいかかって行ける海岸の温泉地へ、弟（三歳下の弟、礼治）をつれて出掛けた。そこには、私の母（夕子《たね》、当時五十三歳。『津軽』には、……私の母は病身だったので、私は、母の乳は一滴も飲まず……とある）と病後の末の娘（一番近い三歳上の姉、きょう。病気がちで街の県立病院内科に入院し、退院後の湯治。四十歳、青森で死去。）とが家を借りて湯治していたのだ。私はずっとそこへ寝泊まりして、受験勉強をつづけた。私は秀才というぬきさしならぬ名誉のために、どうしても、中学四年（当時、旧制中学校は修業年限五年）から高等学校へはいってみせなければならなかったのである（後に中学四年から官立弘前高等学校文科甲類〈英語〉に入学）。私の学校ぎらい（入学当時級長を務めクラスの第六席。一年後半から学業急激に下降。）はその頃になって、いっそうひどかったのであるが、何かに追われている私は、それでも一途《いちず》に勉強（一六二人中第四席）していた。わたしはそこから汽車で学校へかよった。日曜ごとに友人たち（青森中学在学中、阿部合成《まさなり》、中村貞次郎、小館保等と同人雑誌を作っていた）が遊びに来るのだ。私は友人たちと必ずピクニックにでかけた。海岸の平たい岩の上で、肉鍋《にくなべ》をこさえ（「こしらえる」の転）、葡萄酒《ぶどうしゅ》をのんだ。弟（生来健康に恵まれず、青森中学在学中の十七歳、敗血症で死去。）は声もよくて多くのあたらしい歌を知っていたから、私たちはそれらを弟に教えてもらって、声をそろえて歌った。遊びつかれてその岩の上で眠って、眼がさめると潮が満ちて陸つづきだったはずのその岩が、いつか離れ島になっているので、私たちはまだ夢から醒《さ》めないでいるような気がするのである。」（中略）

今年の「温泉に浸りながらの年越し」は、思いがけず大雪に見舞われた。一夜のうちに五十センチも降り積もった車の雪を前もって掃《はら》ってくれた女将さん（感謝！）に別れを告げ、ふと気が付いてみるともう善知鳥《うとう》トンネルにさしかかっていた。

「失敗！」久慈良餅《くじらもち》を買うのを忘れていたのだった。

浅虫を通る度に立ち寄ることが常だったが、この大雪の中引き返すのも……というわけで今回は諦めることにした。

クジラの肉は入っていない久慈良餅（永井《ながい》久慈良餅店）は、創業明治四十年（一九〇七）という老舗《しにせ》。名前の由来は「幾久しく慈しまれる良い餅」。上質の津軽米を使った蒸し菓子で、甘さを抑え、ところどころに入った胡桃の風味が特徴なのだ。この店の板かりんとうの大のファンが助手席に乗っているというのに……。

《シー・ハイルの歌》と大鰐温泉スキー場

その一　《シー・ハイルの歌》の巻

岩木の下ろしが　吹くなら吹けよ
山から山へと　われ等は走る
昨日は梵珠嶺《ぼんじゅね》　今日また阿闍羅《あじゃら》
煙立てつつ　おおシーハイル

ステップターンすりゃ　たわむれかかる
杉の梢《こずえ》の　未練の雪よ
心は残れど　エールにとどめ
クリスチャニアで　おおシーハイル

夕陽は赤々　シュプール染めて
たどる雪道　果てさえ知れず
町にはちらほら　灯《ともし》がついた
ラッセル急げよ　おおシーハイル

一年半大鰐町に暮らした私は、「二度のスキー・シーズン（小六、中二）」阿闍羅山通いができた。隣に住む二歳年下の山崎誠悦君（元・弘前市立石川小学校校長）が私の師匠だったが、いつの間にかスキーの虜になって、来る日も来る日もスキー場に流れる《シー・ハイルの歌（林征次郎作詞・鳥取春陽《しゅんよう》作曲）》を耳にした。シー・ハイル［Schi Heil-独］は「スキーに幸あれ」とか「スキー万歳」の意で、スキーヤーが互いに挨拶がわりに用いることばであるが、スキー用語には実に多くのドイツ語が使われていることに今更ながら驚く。参考までに列挙してみることにしよう。

・ヤッケ［Jacke］＝防風用の上着。ウィンド・ヤッケの略。
・ストック［Stock］＝シュトックの訛。スキー杖。
・ヒュッテ［Hütte］＝スキー小屋。ゲレンデの休憩所。
・リフト［Lift］＝エレベーター。架空ケーブルに椅子を吊るした登山用装置。
・アイスバーン［Eisbahn］＝一度溶けて氷となった雪面。

・シュプール［Spur］＝スキーの滑った跡。「白銀にシュプールを描く」という。
・ボーゲン［Bogen］＝制動回転。
・プルーク［Plugbogen］＝プルークボーゲンの略。スキーを逆V字形に開いたまま回転すること。
・シュテム［Stemm］＝（「止める」stemmen から）方向転換などのためにスキー板を逆V字形に開くこと。
・ウェーデルン［Wedeln］＝（「尾を振る」の意から）連続小回りの回転技術。
・ラッセル［Russel］＝深雪の際、身体で道を開きながら進むこと。ラッセル車の略にも用いる。

中学一年の頃、スキー距離競技の応援に出掛けた折に初めて知ったことば「バフライ！」は、前の走者に追いついた時に「バーン・フライ Bahn frei（道を開けろ）」のかけ声で、走路を開けさせる合図だったことも後にドイツに暮らしてみていたく納得したスキー用語だった。三回「バーン・フライ」と声をかけても応じない場合、前走者は失格となるし、スキーを折ったり締め具を壊した場合は、片方だけなら途中で取り替えられるというルールがあることは、スキー王国東奥義塾スキー部の選手から教わったのだった。他にも、大きな滑り台のような助走路を時速百キロメートル内外のスピードで滑り降り、踏切から颯爽と空中に飛び出し、飛行曲線に沿った着陸斜面に着地するあの緊張度満点のジャンプ競技で、飛距離のほかに空中姿勢の安定性、優美さの合計点などで競い合う（五人のジャッジが採点し、最高・最低を除いて三人の合計点を出す）ことも、ジャンプ選手直伝のルールだった。スキーの盛んな地域でなければ決して耳にすることのない、貴重な見聞ではある。

話は《シー・ハイルの歌》に戻るが、作詞者の林征次郎は五所川原の出身で、一九二八年（昭和三）の作。文才豊かで東奥日報記者時代に手がけたものだが、ダーク・ダックスのレコードによって瞬く間に全国に広まり、愛唱歌として親しまれるようになった。《籠の鳥》（千野かおる作詞）などで名高い作曲家の鳥取春陽（本名「貫一」、一九〇〇—三二）は、大正から昭和にかけて大衆音楽界の巨星ともてはやされた音楽家であるが、人並みはずれた才能に恵まれながら三十一歳の若さで夭折《ようせつ》した。

原曲の大正時代の演歌《浮草の旅》（鳥取春陽作詞・作曲）に、林征次郎が新しい歌詞をつけたものであることを付け加えておこう。

浮草の旅

一、三年《みとせ》の昔　故郷を出でて

旅から旅へと　さすらう吾が身

二、昨日は東　今日また西に
行衛《ゆくえ》定めず　浮草の如《ごと》

三、流れ流れて　落ち行く先は
何処《いずこ》の国やら　果てさえ知れず

尚、《シー・ハイルの歌》の二節、「杉の梢の」は「杉の梢よ」、「クリスチャニア」は「屈伸滑降」と歌われる場合もある。ちなみに「クリスチャニア［Christiania,Kristiania］」は「オスロ［Oslo］」の旧称である。また、一節の「梵珠嶺」は青森市浪岡大釈迦にある標高四六八メートルの山。かつてはスキー場があったが、現在は「県民の森・梵珠山」として親しまれている。

その二　大鰐温泉スキー場の巻

大鰐温泉スキー場が今季も全面営業することが二〇〇九年十一月五日の議会で決まり、十二月二十六日オープンすることになった。

阿闍羅高原エリアと国際エリアの二つの営業エリアを擁する同スキー場は、十数年前から多額の借金を抱え、特に阿闍羅高原エリアの運営に当たる指定管理者が決まらず、事の成り行きによっては片肺飛行も止む無しかとささやかれていた。しかし、シーズン間近になり、ようやくのことで第三セクター「大鰐地域総合開発」に落ち着き、これまで通りの営業が可能になったのである。これには財政が逼迫《ひっぱく》する中で四千万円程の補正予算が計上されたことと、返済協定の見直し案を受け入れた青森・みちのく両地方銀行と、日本政策投資銀行の理解と協力があったと報じられていた。

改めて記すまでもないが、大鰐温泉スキー場は、JR大鰐温泉駅からおよそ二キロ、東北自動車道大鰐・弘前インターから十五分と実にアクセス良好で、八十五年もの歴史を誇る老舗のスキー場である。FIS（国際スキー連盟）公認の雨池《あまいけ》国際コースをはじめ、全十七本（初級五十%、中級三十%、上級二十%）、ヴァリエーション豊富なコース割合を持っている。

阿闍羅山麓がスキー場にぴったりだと目をつけた油川貞策《ていさく》中尉（大鰐町出身、弘前第八師団歩兵第五十二連隊配属で、日本で最初に専門的スキー技術講習会に派遣された）は、早速青森営林局、大鰐営林署などに働きかけ、青森県第一号（国内初は一九一一年・山形県五色温泉スキー場）のスキー場に仕上げた。一九二四年（大正一三）、第三回全日本スキー選手権大会を誘致、一九二八年には秩父宮をお迎えして第一回全日本学生スキー選手権大会を開催し、三万人もの観衆を迎え、これを機に一躍脚光を浴び、その名は全国に広まった。JIS公認コースを抱えるだけに、その後も一九五六年（昭和三一）、六七年、七七年、九〇年（平成二）のスキー国体をはじめ、全国高校総体スキー大会など多数の大会を開催して今日に至っている。

蛇足になるが、このスキー場には全国で唯一のスキー神社がある。ゲレンデの中腹に杉並木に囲まれ、一九三四年（昭和九）に建てられたという小さな神社がそれである。植林の道を教えたという須佐之男命《すさのおのみこと》や、山をつかさどる神・大山祇神《おおやまつみのかみ》などを祀《まつ》っているというが、スキー場特に滝ノ沢シャンツェ（ジャンプ台）の祭神《さいじん》として大切に守られている。現在は、大鰐スキークラブが管理し、大鰐スキー功労者を合祀《ごうし》している。

大鰐町の著名俳人増田手古奈《てこな》が昭和六十年に詠んだ句「今日祀る　スキー神社の　五十年」は、手古奈句碑二十三基のうちの一つで、このスキー神社の前に建っている。

その三　スキーの歴史の巻

そもそもスキーは、狩人が獲物を追って雪の山野を移動するために、雪の上を滑らせて歩行したり、斜面を滑走したりしたことから始まった。ノルウェー語で「スキー［ski］」は、雪の上を歩き、滑り進むために履いた細長い板状の道具を指した。紀元前二五〇〇年頃の壁画に、狩りをする人がスキーを履いた姿が描かれているのが確認されている。また、十世紀から十一世紀にかけてバイキング（八〜十一世紀にかけてスカンディナヴィアおよびデンマークから海洋を渡ってヨーロッパ各地に侵攻した北ゲルマン族）がスキーを軍用に用いたという記録が残っているという。

その後、スキー板と靴を固定するビンディングが考案され（一八六〇年代）、一八七九年にはノルウェーのオスロで初の大規模なスキー大会が開催された。また、ヨハネス・シュナイダー（Johannes Schneider）によってオーストリアのザンクト・アントン（インスブルックの西方）などにスキー学校が設立され、シュナイダーによってシュテム（ドイツ語で「止める」stemmen）などの技術が体系化された。繰り返しになるが、シュテム・ターン（和製語）は、シュテムの技術を用いて方向を転換することで、シュテム・ボーゲンは、シュテムの姿勢でする回転で、制動回転ともいうが、見る見るうちにスキー技術は習得されていった。

ＦＩＳが結成されたのは一九二四年で、同じ年、第一回冬季オリンピック大会（フランス・シャモニー）が開かれた。この大会では、クロスカントリー、ノルディック複合（距離とジャンプ）、スキージャンプが採用されたが、アルペン競技（滑降・回転・大回転競技）は第四回のドイツのガルミッシュ・パルテンキルヒェ（一九三六年）の冬季オリンピックに初めて採り入れられた。

日本では、一九〇九年（明治四二）、八甲田山雪中行軍遭難事件を聞いたノルウェー王国国王のホーコン七世が明治天皇宛にスキー二台を寄贈したのが日本人とスキーとの出合いである。一九一一年（明治四四）、新潟県の高田市（現・上越市）において、オーストリア陸軍のテオドール・

エードラー・フォン・レルヒ少佐が日本軍人に技術を伝授したことが、日本におけるスキー普及の第一歩とされている。この中に前出の大鰐出身・油川貞策中尉が加わっていたのである。

その四 《大鰐小唄》の巻

話は前後するが、ここで大鰐町について触れることにしよう。

大鰐町は津軽地方の南端にある温泉地で、数百年にわたる長い歴史を持ち、特に明治二十八年奥羽本線「大鰐駅（現・大鰐温泉駅）」が開業してからは、湯治・療養地として広く親しまれてきた。昔ながらの温泉情緒漂う銭湯や湯宿が建ち並ぶ中に近代的なホテルや旅館が入り混じる温泉街は、昔懐かしさと新しさが共存する独特の雰囲気である。

大鰐町は、高浜虚子の門下で俳人の増田手古奈（本名義男・大鰐町名誉町民第一号）や、第五十六代横綱若三杉（のちの若乃花幹士《かんじ》）の出身地としても名高い。いささかおこがましい話だが、手古奈先生（私たち家族はそう呼んでいた）の病院の二階を間借りしていた姉を訪ねて何度か泊まりに出かけた私は、直接お目にかかったし、奥様の淹《い》れてくれたお茶がやけに美味しかったことを子供心に覚えている。また、歴代横綱を張り、現在間垣部屋親方の二代目若乃花（本名・下山勝則）は、大鰐小学校時代の六年後輩で、「カンボ」と親しげに呼べるのも同窓生の好《よしみ》だろうか。

それでは昔懐かしの《大鰐小唄》といこう。

一、いでゆ恋しい　津軽の娘よ
花のりんごを　ヨイトサノセ
花のりんごを　髪にさす
大鰐ャ湯の町　ヨイヨイヨイ

二、阿闍羅山こし　スキーでくればョ
宿のあたりの　ヨイトサノセ
宿のあたりの　灯が見える
大鰐ャ湯の町　ヨイヨイヨイ

三、カラリコロリコ　相生橋《あいおいばし》はョ
湯気に白々《しらじら》　ヨイトサノセ
湯気に白々　月がさす
大鰐ャ湯の町　ヨイヨイヨイ

四、日暮れこいしい　馬そりの鈴にョ
あねこなつかし　ヨイトサノセ
あねこなつかし　湯のかおり
大鰐ャ湯の町　ヨイヨイヨイ

五、岩木お山に　霞がかかりゃョ
茶臼《ちゃうす》城跡　ヨイトサノセ
茶臼城跡　花ざかり
大鰐ャ湯の町　ヨイヨイヨイ

六、時雨《しぐれ》きたかよ　泣面山《なきづらやま》にョ
林檎《りんご》むきましょ　ヨイトサノセ
林檎むきましょ　炉のはたで
大鰐ャ湯の町　ヨイヨイヨイ

七、願《がん》をかけよと　大日如来《だいにちにょらい》ョ

くれば花さく　ヨイトサノセ
くれば花さく　萩桂《はぎかつら》
大鰐ャ湯の町　ヨイヨイヨイ

八、ひばの林を　スキーでゆけばョ
津軽娘の　ヨイトサノセ
津軽娘の　山のうた
大鰐ャ湯の町　ヨイヨイヨイ

《大鰐小唄》は一九三〇年（昭和五）の年の暮れに、国井淳一作詞・中山晋平作曲で世に出た。中山晋平（一八八七—一九五二）は、日本民謡を基調とした大衆歌謡の作曲家で、一九一二年東京音楽学校卒でピアノを幸田延《こうだのぶ》、理論をドイツ人ユンケル（A. Junker 一八七〇—一九四四）に師事している。《カチューシャの唄》・《ゴンドラの唄》・《出船の港》・《鉾をおさめて》・《波浮《はぶ》の港》・《てるてる坊主》、更には《東京行進曲》などで殊に有名。また、作詞の国井淳一は、東洋大学の文人・農民文学者として著名人。この《大鰐小唄》は、大鰐ホテルの経営者油川忠男（後の大鰐町助役）が私財を投げ打って制作したものだと聞くが、立派な篤志家であった。

茶臼城跡＝茶臼山の展望台のあるあたりにかつて（室町時代末）あったと思われる館跡。

花＝春から夏にかけて咲き誇るツツジは今でも圧巻で、ツツジ祭りが行われている。

大日如来＝国指定重要文化財の大日堂阿弥陀如来座像が正式名。

萩＝夏から秋にかけて、紅紫色又は白色の蝶形花を多数総状につけるマメ科の小低木。秋の七草の一つ。

桂＝葉に先立って暗紅色の小花をつけるカツラ科の落葉高木。一七九六年（寛政八）当地を訪れた菅江真澄《すがえますみ》は、次のように「すみかの山」に書き記している。

『大日堂新田は桂町と同じで、ここに俗に萩桂と呼ぶ　桂の老樹があり、萩桂とて　旧《ふ》りたる一もとたれり。尚めづらしければ　これをあふぎみるに、ちよふる大槻と根は生え雑《まじ》りてあれば、これを槻桂ともいふとか。』

この桂の幹は三本に分かれ、このうち一本は一七三九年（元文四）に倒れたとされる。後に、大正十二、昭和十八年に一本ずつ倒れたとされている。

最後になったが、中学一年生の夏、大鰐町で体験した怖い水害について触れておこう。

一九六〇年（昭和三五）八月二日から三日にかけて津軽地方を襲った集中豪雨により平川が氾

濫し、大鰐町は大打撃を受けた。これは、歴史的な大洪水（一九三五年）に匹敵するほどの被害をもたらし、橋の流失、堤防決壊、道路の破損、鉄道の寸断にまで及び、九十パーセントの家屋が冠水・流失に見舞われた忘れられない災害だった。

　夏休み中の出来事だったが、何日にもわたって復旧作業に駆り出されたことと、教科書・通信簿・アルバムなど一切を失った悲しみは、時々思い出しても辛いものがある。

抱返り《だきがえ》渓谷

「いつか抱返り渓谷に連れて行ってね」と妻にせがまれた時、私は咄嗟に老齢なる病人が抱きかかえられてどこかへ運ばれるようなわびしい渓谷（警告じゃなかった）ってどこにあるのかなあ。姥捨て山は今の時代でも残っているんだ。それにしても、まだまだ予見するには暇があるなあと高を括《くく》っていたのは大きな誤解だった。

「この夏、土・日曜、休日は高速千円均一！」というわけで、往復二千円でどこまでも行ける幸せにあずかろうという目論見《もくろみ》から、「抱返り」案が実施されるに至った。

ねらいは、たざわこ芸術村で劇団わらび座のミュージカル観賞、田沢湖地ビール賞味、温泉ゆぽぽに浸り、樺細工《かばざいく》伝承館を観てみようと盛りだくさんだ。

朝食は例によってパーキングで、と定刻通り七時出発。生憎《あいにく》の雨模様だが、渓流散策は明日に延ばすことも可能な筈だと語りながら、三百メートルほど走ったところで早くも問題発生。ヤッケを忘れたのだ。そういえば昨夜「忘れずに持ってね」と念を押されたッケ。

近頃は、後回しにしたことはおよそ忘却の領域に入ってしまっていることを、恥ずかしながら告白せざるを得ない。いやはや寄る年波には勝てない。止む無く途中で引き返して再出発したが、気まずい空気が車中に満ち、いつになく花輪サービス・エリアまで小一時間も続いた。白けたムードは空腹を満たすことで一掃できる筈と踏んで、勇んで車を出たが、妻の様子がおかしい。後部座席からトランクまで行ったり来たりして何やら探し物をしている。どうやら財布・カード・チケット入りのハンドバックを家に置き忘れたらしい。「こんなトンマな話ってあるか？」とは思いながらも、口では「ドン・マイ、ドン・マイ」と叫んで肩を抱いて慰め、取り敢えず腹ごしらえをしてから引き戻そうということに決めた。車中、物忘れはお互い様だとか、高速千円均一は何だったのかの話に花が咲いたどころか、涙が出るほど大笑いしている間に家に戻っていた。

（ここでリセット・ボタンを思い切り押す）

秋田県の東部中央、岩手県と隣接する仙北市《せんぼく》は、今から四年前の平成十七年に田沢湖町・角館町・西木村《にしきむら》が合併してできた市で、地域の八割が森林地帯である。水深日本一（四百二十三メートル）を誇る典型的なカルデラ湖の田沢湖。桜並木で飾られ、みちのく小京都とまで呼ばれる角館武家屋敷は、これまで何度か訪れたが、いずれも陸奥の観光の要地である。

今回は二時間遅れ（アッ、口にしない約束だった！）と雨降りのため、散策は二日目に回して、先ずは温泉ゆぽぽにたんまり漬かってゆっくり寛《くつろ》ぎ、全て地物の山菜料理、山女《やまめ》を主にした川の幸、比内鶏《ひないどり》などの名物料理に舌鼓《したつづみ》を打ち、地酒もたっぷりすぎるほど味わうことができた。ところで、このホテルの食事処「ばっきゃ」と喫茶「かたんこ」に少し触れよう。（外は雨、館内学習！）

「ばっきゃ」は津軽の「ばっけ」、ふきのとうの秋田弁である。ふきのとうは、春先いたるところで目にするが、蕗《ふき》の花茎に当たり、葉の出る前に多数の鱗《うろこ》状の苞葉《ほうよう》に包まれたあの球状の植物で、そのうち花茎が伸びてくる。球状の蕾《つぼみ》をてんぷらにしたり、刻んで水にさらしてから炒め物にしたり、灰汁《あく》を抜いて汁に散らしたりもするが、この春初めてその花茎を佃煮や炒め物にする料理法を覚え、何度も楽しんだ。広辞苑の末家【ばっけ、分家。まっけ↕本家】と関係がありそうに思えるが如何なものだろう。

「かたんこ」は「片栗花」とカッコ付きで表示してあったが、カタクリの異名を「かたこ【片子】」と呼ぶことからすれば、なるほどと容易に理解できた。

翌朝は昨日と打って変わって打って（「うって」は、すごく・とてもの津軽弁）付けの散策日和。芸術村の「ホテルゆぽぽ」から車で僅か十分ほどで「抱返り渓谷」のスタート地点に着く。ここは「東北の耶馬渓《やばけい》」（大分県北西部、山国川《やまくにがわ》の上・中流沿岸五十キロメートルの景勝地）と称されるほどの名所で、この日も早朝から十組ほどのパーティーが往来し、「お早う！」「お疲れさん！」と交わす挨拶は最高に清々《すがすが》しい。全行程歩道が整備され、途中奇岩や急流、切り立った断崖に感嘆しながら進むと、眺めのよい吊り橋「神の岩橋」に差し掛かった。高所恐怖症の私をからかって、この時とばかりに妻は橋を揺らして怖がらせようとするが、なぜかこの時ばかりは全く平気であった。真っ赤なペンキが塗られ、新調したばかりに頑丈そうな橋だったからなのだろうか。いや、むしろ、橋に差し掛かる直前に耳にした、「帰路の運転は任せて！だからお昼は地ビールたっぷり楽しんでね」という、えも言われぬ魅惑の暗示にかかったのかもしれない。

渓谷の圧巻は、何と言っても「回顧《みかえり》の滝」だった。高さ三十メートルほどの絶壁からゴーゴーと流れ落ちる水塊は、そのまま渓谷に流れ落ち、豪快そのもので、私をしても「振り返ってもう一度見たい！」と思わせるもので大満足だった。が、途中ですれ違った巡視中の山守のおじさんの「紅葉《もみじ》どきに又おいで」の含蓄ある一言が耳について離れず、リピーター（予備軍）になりそう。

抱返り渓谷散策を終え、次の目的地、角館樺細工伝承館まではアッという間の距離だ。

幼少から茶筒の独特の色合いと模様に興味を持っていたが、こうして実際に腰を落ち着けて説明を聞きながらじっくりと工程を見ると、樺細工はこんなにも細かい作業を通して出来上がるのかといたく納得した。

原材料の山桜の樹皮特有の光沢を生かして細工し、渋くて奥深い名品を作り上げるのだ。茶筒の中蓋の取っ手のどんぐりは、樹皮四十枚を貼り合わせ、それを巧妙に削り、細かい葉脈まで表現していて本物のどんぐりの姿を醸《かも》し出す。膠《にかわ》とコテの微妙な熱加減を駆使しての模様造りの工程は、正に匠の技とも言えるものであった。

さて愈々《いよいよ》お待ち兼ね、地ビール利き酒の巻。予約席にどでんと構え、美味しいイタリアンとグイグイやる、この上ない幸福の時だ。

ドイツの伝統的なスタイルを受け継ぐアルト（古いの意味）、ケルンで愛されているすっきり味のケルシュ、芳醇なホップの香りとモルト（麦芽）風味のピルスナー。

そして、妻も思わず「美味しい！」と叫んでしまった黒ビールのダーク・ラガーの四種類の飲み比べの結果は……。

優勝は深いコクとほどよい苦味のダーク・ラガー！　何しろビールのメッカ、チェコ産のザーツ・ホップ（ファイン・アロマホップ＝ほろ苦い香りの麦芽【名訳だねっ！】）を使って何とも言えない味を醸し出しているのだ。二位以下は、個人情報保護条例により発表は控えさせていただきます。

ただわこ芸術村劇団わらび座は、ホテルゆぽぽの道路を挟《はさ》んだ向かいで、地ビール館に隣接している。秋田県北に本格的なミュージカルを公演する劇団が誕生したという話を耳にし、うちの学校の芸術鑑賞教室に招いて移動公演をしたこともあったが、一度は本場で観てみようと心待ちにしていた。

わらび座は、創立以来「地域文化功労者表彰」をはじめ、「秋田県文化功労章」・「河北文化賞」などに輝き、その実力は全国に知れ渡るようになっていった。

「棟方志功〜炎じゃわめぐ」・「銀河鉄道の夜」・「坊ちゃん」・「大草四郎」・「小野小町」・「奥のほそ道」など歴史的な人物や名作にスポットを当て、それをミュージカルに作り上げる、オリジナリティ溢れる芸術作品で人々に親しまれてきた。近年は、「人間と出会い」、「人間の生き方に触れ」、「自分や仲間を再発見すること」を目標に、芸術鑑賞ばかりではなく、役者との交流会、バック・ステージ・ツァー、舞台のバラシ体験から踊り教室、農業体験まででき、修学旅行で訪れる学校まで現れてきたと聞き、なるほどと納得した。

今回の演目は「竜馬が行く」。勝海舟のもとで航海術を学び、長崎に商社を設立した幕末の土佐藩郷士坂本龍馬の物語である。客席よりも広く設計されたステージいっぱいに繰り広げられる劇・民族舞踊・素晴らしいテクニックのタップ・ダンスに見惚れてしまった。

舞台装置・音響効果・メイク・衣装ともに素晴らしかったが、限られた人員をフルに宛《あて》がって、舞台番（場内整理など）も含めて一人二役は当たり前、三役までこなす得意技には脱帽だった。そして、舞台が引けると、すぐに玄関口に列を作って、客の見送りに当たる。写真撮影に駆り出される者、感想に耳を貸す者、おばあちゃんの手を引いてエスコートする者……。「お疲れさまでした」と早々にその場を退散しなければ、迷惑しちゃいそうな雰囲気だった。車に乗り込もうとした時、腰に道具を下げた二人の女性の道具屋さんとすれ違った。

「愈々バラシが始まる。オ　ッ　カ　レ　サ　ン　！」

食いしん坊の旅

我が家はどうやら旅癖《たびくせ》があるようで、年に一度は旅心《たびごころ》がわく。ある年、信じ難いような不思議な出会いを経験したので、思い出しながら綴ってみることにしよう。この旅は、全行程妻の立案計画によるものだった。宇都宮の餃子、喜多方ラーメンを賞味して、あこがれの塩原温泉の芳《ほう》紀庵《きあん》泊。仙台経由で、海の幸の宝庫、女川《おながわ》の民宿に泊まって戻るという、二泊三日の「食いしん坊」の旅日記である。

その一 「昼食は宇都宮餃子を！」の巻

宇都宮駅構内の餃子の看板のすごいこと、「ついついつられてふらふらと♪」と、その気になってしまうのも無理はない。駅前には、何と、餃子の形をした「餃子像」なるものがドデンと置かれているのには吹き出してしまった。以前泊まったホテルの真向かいに、夜遅くまで営業している餃子専門店があり、そこの三センチほどのミニ餃子の味にハマッてしまい、驚くなかれ、その店に三年続けて通ったのだ。と言っても、一年に一回限りの話だが。

宇都宮餃子の創始者は中国まで出掛けて研究し、現在の製法の基を思いついたのだという。その後、あるテレビ番組の企画で取り上げられ、餃子ブームに火がつき、一躍その名が日本中を駆け巡るといった、いわゆる「マスコミ効果」で拡大したのだ。ここは、昔から奥州街道の要衝として栄えたところだが、今でも都心に近いこと、交通の利便性も加わって、ますます繁栄の一途をたどっている街として名高い。

一口に宇都宮餃子と言っても、あまりにも種類が多すぎて的を絞るのは難しいし、客の好みもさまざまであろうが、基本は水《すい》餃子・焼き餃子・揚げ餃子の三種。大きさも三センチ弱のミニから、でか！と驚くジャンボ餃子までまちまちだ。そして、なんといっても宇都宮餃子のこだわりは『素材選び』だ。

香りと風味を誇る栃木県産のニラや舞茸《まいたけ》、太陽いっぱいに育った那須豚、味自慢・食欲増進の青森にんにく、嬬恋《つまごい》高原栽培の新鮮キャベツと並ぶ。更に加えて、日光の美味しい水仕込みのまる七《しち》醤油、独自の風味を醸し出す岡村の味噌、地元栃木の地場産の卵！と思い入れは深い。

「最初はタレなしで食べるのが通」という店長のアドヴァイス通り、試してみるとウマッ。ジューシーで絶妙な具の味が、薄皮と相まって口中に広がる。辛味好きの私は、その後、酢・醤油・ラー油と次第に加えて、しそ味、スタミナにんにく、もちっこ（ふわとろ味）餃子……とガイドブックお薦めの店をハシゴして味わったのだった。「予は満足じゃ」。

餃子っ腹で市内観光も上の空。夕刻到着を目指して一路塩原温泉へと出発！

その二　芳紀庵と津軽美人の巻

東北自動車道西那須塩原インターから国道を二、三十分ほど走ると、間もなく塩原温泉郷にさしかかる。この地帯は、日光・那須高原・鬼怒川《きぬがわ》温泉などの観光地へのアクセスも容易なことから、車の往来も激しい。どうりで行き交う車の多くが首都圏ナンバーであることからも、便利さがうかがえよう。

塩原温泉「芳紀庵《ほうきあん》」は箒《ほうき》川渓流沿いにあり、千二百年という古い歴史の温泉郷の中でも、最高級の格調高い旅館である。何しろ立派で大きな建物だが、客室が十四だけというだけあって、団体客は泊まれず、とにかくに静かで寛げる。男女一つずつの展望露天風呂のほかに貸切風呂まであり、小粋《こいき》にも小さな酒樽が置かれ、せせらぎを耳にしながら温泉を満喫できるのだ。聞くところによると、湯本が十一か所に点在することから、古くから「塩原十一湯」と呼ばれ、日帰り露天風呂もたくさんあるので、各温泉で温泉手形を利用して湯めぐりも楽しめるのだそうだ。

さて、芳紀庵に着いて荷物を降ろし、駐車場から玄関に戻ってみると、妻が和服姿の女性と何やら親しげに話している。なんと彼女は弘前市の出身で、実家も我が家とあまり離れていない同学区だと聞いて、驚くとともにうれしくなった。フロント係のその女性が部屋係の女性を呼び出し、部屋へと案内してもらった。が、それが『絶世の美人』とはこのことを言うのだろうか。歌《うた》川豊国《がわとよくに》の浮世絵にでも出てくるような、色白でほっそりとして背が高く、実に和服の似合うモデルといったところだった。

さらに興奮したことは、このビューティも津軽（弘前市津賀野《つかの》）の女《ひと》であったのだ。市内の高校を出ており、つい話題は故郷の昔話に移っていくのだった。こんなに遠くに離れた塩原で、会う人会う人が弘前出身だというのだから、一体ほかにどれくらいいるのかと尋ねると、実はこの二人だけで、しかも偶然担当したのだという。同郷のよしみでいろいろお世話になったが、国外も含めてこの旅居《たびい》は横綱格といこう。

翌朝、別れしなには、かたじけなくも当地のお土産物まで用意してくださった。「旅は情け、人は心」というが、その温かさがいつまでも忘れられない。

帰路、塩原ダムにかかる三百二十メートルという本州最長の大吊橋を渡る儀式?がやってきた。空中に張り出したケーブルで路床《ろしょう》を吊り下げたものだが、とにかく長い。その分、揺れも大きいし、湖面が床の隙間から覗いて見える。こうなると、美しいとか眺めの良さとか味わう余裕などあるわけもなく、ひたすらゴールを目指して歩くしかない。復路は妻の悪ふざけに恐れをなして、何度も欄干にへばりつくものだから、証拠写真まで撮られる始末だった。

その三 「昼食は喜多方ラーメンを!」の巻

「笑わないでね。今回は『食いしん坊の旅』と名付けて食べ歩きを計画したのだから」の通り、次に登場するのは喜多方ラーメン。空腹時だったらなんだか怨まれそう!

福島県北西部、会津盆地北部に喜多方市はある。喜多方は「北の方・北方《きたかた》」と呼ばれたことに由来するらしいが、元々は漆器・清酒などで有名な街であった。

そもそも、いつ頃から、喜多方ラーメンの名が全国に知れ渡るようになったのだろう。「蔵とラーメンの街」の起こりは、昭和五十年代の半ばまでさかのぼるという。街の近代化にともなって、壊れゆく蔵々を写真に残そうと、ある写真家が個展を開いたことがきっかけで、それがマスコミに取り上げられ、全国的に有名になった。そのうち蔵を見学する観光客が増え始め、彼らが食べたラーメンの評判が瞬く間に口コミで広がり、グルメブームやラーメンブームに乗って、全国規模の人気を博するようになったのだ。

　喜多方ラーメンにもいろいろあるが、概して次の特徴があるようだ。先ず、豚骨のベースの割にはあっさり味で、九州ラーメンのように煮込まないからスープも濁らない。そして旨味の秘密は「美味しい喜多方の水」にあるのだ。スープの原料となる野菜も、更には醤油や味噌もこれを使っているという。

　この日は「昼食は喜多方ラーメンを！」の梯子《はしご》版だ。カップラーメンならぬラーメン・マップで予め調べておいた候補から、著名な店を選んで捜索開始！よくもまあこんな小さな町に、百二十軒以上ものラーメン店が軒を並べているものだとまず感心。やっと車が擦れ違えるような狭い坂道で、ようやく見つけた第一候補は「本日休業」だ。営業日が不定休（休みが決まっていない）なのは、家族単位で店を営業していて、シフトなど組めないので、いつ休みになるか見当がつかないからなのだ。第二候補に電話を入れるが、一向に繋《つな》がらない。この際だから、第三候補の予約を取ってそこから次の店に唾《つば》をつけようという戦術に切り換えた。そして、遂に一軒目は見つかった。満車状態の道路の片隅に何とか頑張って駐車して、店に入ろうとしたら「忌中」の貼り紙がしてある。が、中に入ってみると二十人は優にというほどの客がいる。「靴を脱いで和室へどうぞ」と案内されたが、敷物の上に並べられた下足の数も二十足ばかりだ。いやあ大繁盛だ。「ところでどなたがお亡くなりになったのですか?」の問いに、「ああ、おばあさんです。今夜通夜です。」と平然と答える。思わず顔を見合わせた私たちは、驚愕で目が飛び出そうになった。「ところ変われば品変わる」と一度は納得したつもりだったが、待っている間中、「もしかして隣が遺体安置場所だったり……」とか、「シッ〜。あまり大声でしゃべらない方が……」とか異常に気を遣った。

いよいよ運ばれてきた本場喜多方ラーメン。想像していたよりはるかに小さめのどんぶりに盛られた中太縮れ麺。チャーシュー・メンマ・ネギ……と、ありきたりの具が並んでいる。「散蓮華《ちりれんげ》が付いていないのは?」と語りながら、どんぶりから直にスープを啜《すす》ってみると旨い!見た目にはこってりしていそうな感じではあるが、さっぱり味!薄目のチャーシューも脂身がなくホロホロっと口の中で溶ける。麺にスープがほどよく絡んで、あっという間に完食。

さあ、時間をおくと胃が満腹感を覚えて梯子《はしご》ができないからと、急いで次なる店に駆け込む。店頭で働くご主人といろいろ話している中に、奥から「ラーメン一丁!」と威勢のいい奥方の声がして、中華そば（六百円）のお目見え。少し濁り気味の醤油スープは、豚骨や煮干しなどのダシに、いろいろな秘密のダシ素材を使っていると見える。が、煮干しだし特有の魚臭さや苦味は全くない。わずかな甘味は組み合わせの野菜汁のせいだろうか。一杯目のラーメンだというのに不思議に引き込まれる感覚で、大満足。天下の喜多方ラーメンの美味しさを再認識した「昼食」だった。と、これまでひたすら美味《おい》しんぼの話に夢中になってしまったが、閑話休題。喜多方で覚えた四字熟語「春夏冬中」について一言。これ読めますか？これは、「あきないちゅう」と読んで「商い中」の意味とか。

その四「信じられない出会《でくわ》し」の巻

喜多方から再び東北自動車道を北上して、一路仙台へ向かう。仙台は伊澤長俊《ながとし》君の墓参りが目的だった。東北学院大学教授・オルガニストで二〇〇三年に病気のため四十三歳の若さで亡くなった彼のお墓には事ある毎に立ち寄るのだが、今回はまさに女川への通り道ということもあって、予め旅程に組んでいたのだった。

折しも昨年（二〇〇六年）五月に、彼が愛用した遺品のチェンバロが「弘前メサイア」に寄贈され、そのお礼を兼ねたお披露目演奏会が、遺族のお母様をお招きして十月に開催されたのだった。幅八八センチ、奥行き二二〇センチのドイツ製〝コンコルディア〟は、まるで彼の遺志が込められているかのように美しく響き渡り、満員の聴衆から盛んな拍手がわき、いまや「弘前メサイア」の宝物になったのだ。

さて、仙台駅前にある「ロフト（Loft）」は私が好んで買い物に行く店である。「ゴルフボールを高く打ち上げること」も容易だし、「倉庫などの上階や屋根裏部屋」の意味もあるが、まさに階下にパチンコ店があることから、ロフトと命名されたことがよく理解できる。

仙台で一時間の自由行動（妻は例によってショッピングらしい）の間に、私は墓前に供える花と、長俊君が大好きだったこだわりのビールを求めて店内に入った。ロフトは唯一私が自由に歩き回れるストアで、珍しい文房具や「無印良品」が入っていて見て回るだけでも楽しい。その「無印良品」を覗いてみようと向かっているその時、長俊君のお母様・智恵子さんにバッタリ出会《でくわ》した。でっくわしたという感じだ。幻だろうか。偶然とは言え、あの広い大都会仙台での邂逅《かいこう》。しかもこれから長俊君の墓詣でをしつつある（現在神経痛-ing）途中でお母様と……。「全く神様の思し召し以外には考えられませんね」と再会を喜び、涙ながらに別れを告げた。

私がロフトに出かけることは折々あるとしても、お母様はここに初めて入ったのだという。信じられなーい！出来事だったのだ。

その五　「あわびの踊り焼き」の巻

『旅を十倍楽しむ方法』の一つは、一日目はホテル、翌日は旅館、そして次には民宿といった風に、上手に組み合わせて泊まることである。海の幸の宝庫で、潮騒がやさしい港町女川《おながわ》には、恰好の民宿があることをネットで調べ早速予約した。事前に申し込めば、一定料金プラス千五百円でアワビの炭火焼と殻付きのウニの特別サービスを予約できると聞いて楽しみにしていた。

テーブルに次から次へと運ばれる、この土地自慢の新鮮な魚介類。太平洋の荒波で鍛えられた、身の厚いアワビの刺身のコリコリ感は、歯の丈夫な私にはたまらない食感である。妻は蒸しアワビの刺身の方が美味しいと言うが、何れにしても素晴らしい環境で育った旬の高級食材「鮑《あわび》」には変わりないなどと舌鼓をしているところへ、活きたアワビ（直径十センチ以上だろう）が七厘《しちりん》に載せられ、眼の前で炭火焼が始まった（ちょっと残酷な気もしないわけでもない）。またの名を「アワビの踊り焼き」とも呼ぶらしく、まともに見ていられないほど淫《みだ》らな形で、こちらが何となく恥ずかしく感じていたら、炭火焼を手伝っていたお女将さんが、私を見てニヤリとした時は複雑な気持ちだった。磯の香りと肉汁がうまくハーモニーして、これだけで満腹感を覚えるほどのボリュームであった。

そして、最後のダメ押しは、三十センチほどの籠に山と積まれた活きウニの登場だ。見ると黒光りした棘《とげ》がピクピク動いて触れあい、カサカサと音を立てている。それほど元気（新鮮）なのだ。南三陸の滋養豊富な昆布を食べているから、味もよく逸品なわけだ。食べ易いように半分に割られた毬《いが》付きのウニを巧みに摑《つか》まえてスプーンでしゃくりながら口へ持っていく、妻の幸せそうな顔はこの上なく美しい。よっぽどの好物なんだと再認識した。ほっぺたが落ちそうな笑顔に釣られて、止せばいいのに、次々に粒ウニを皿に並べている私に「もう降参！」とタオルを投げたのには驚いた。大の好物も「過ぎたるは猶及ばざるがごとし」の論語が当てはまるものだといたく納得したのだった。まだ籠に残されたウニ（約半分）さん、ごめんなさい。

最後に食べた新鮮なウニとアワビを使った吸物「いちご煮」は、青ジソと刻み海苔の香りがほどよく効いて絶妙の品だった。

その六 「熊熊同舟」の巻

「わざわざ女川まで来たのだから、金華山を観て帰るべき！」とのお女将さんの提唱で、翌朝コバルトラインを走って鮎川《あゆかわ》まで来た。海の青さのコバルトブルーから名付けられたというこのバイパスは、道幅こそ広くないがなかなか走り心地がよい。「……秋田県西部にあるのは男鹿《おが》半島。今走っているのが牡鹿《おしか》半島。しかし、女鹿《めか》に対して牡鹿《おか》とも言うので混乱してしまうのですよ……」と教えてくれたのは中学一年の地理の時間、西田京一先生だった。掛図と指示棒を使って両半島を指して復唱させられた授業の光景が、今でもはっきりと目に浮かぶ。などと昔話をしている中に半時間ほどで鮎川に着いた。

生憎の小雨まじりで視界が悪かったが、フェリー埠頭に見える大きな建物を目指して進むと、先端に電灯の付いた棒で誘導してくれる人がいた。親切な駐車場係のおじさんに誘われるまま駐車完了。すると運転席の窓側から、「金華山まで遊覧船よりも二百円高いが十五分速いし、今すぐにでも出帆《しゅっぱん》できる。今がチャンス！」と、個人ボートへの勧誘だ。てっきり駐車料金の前払いを請求されるものとばかり思っていただけにギャフンとなった。待ち時間が少ない方が便利だというわけでO・Kした。

間もなく、向い側に駐車していた車からカップルが近づいてきた。一見して同年輩らしい。「青森の方ですか？」が第一声で、あわてて「ハイ！」と答えたが、どうして話もしないうちに青森出身だと分かるのかと妻に小声で聞くと、車のナンバーで判断したらしい。「なるほど」と感心するほどのものではないかと思っている中に、形式的ではあるが乗船名簿に名前だけでも記載するように言われ、私が先に書き始めた。「熊木晟二、熊木美…」と書いている時、その夫婦がケラケラ笑っている。「無礼千万！」とむっとなるが、初対面だから顔には出さずに…と我慢していた。私からペンを受け取ったその男性は私たちの連名の下に「熊本…」と書き始めた。「いくら形式的とはいえ、ここまでふざけて書かなくても！」と思っていると、その奥様がのたもうに、「一本違いの苗字なんですね。それにしても熊木さんと熊本ですか」ときた。いやー、世に呉越同舟なる言葉があるが、熊熊同舟とは偶然もここまで来るとなかなか味があるではないかと笑って握手をした。しかも、奥様は弘前市の住吉《すみよし》町の出身ときたもんだ。これはもう偶然ではなく、偶然が重なった状態、すなわち偶然の二乗だと大笑いした。結局、熊本さんは九州熊本私どもの出身で東京在住。子供に手がかからなくなり、定年を迎えてのいわば旧婚旅行……と、私どもと全く同じ回《まわ》り合わせなのだった。

「熊本を訪れた時、見るもの見るものに熊木と書かれている錯覚で、ずっと緊張しぱなしだった」、「熊本城のセミは北国の倍の大きさで、鳴き声の喧騒は半端じゃない」とか、「弘前の紙漉《かみすき》町の清水（津軽弁でスンッコ）はいまもそのままか」、「ねぷた祭りで隣の町内と喧嘩して石打《いしうち》をした」、「秀峰岩木山をいつも思い出す」などなど次から次へと和気藹藹と語り合い、いつの間にか金華山到着と相成った。

神秘の島「金華山」は、標高四五〇メートルほどで、山頂に大海祇《おおわだつみ》神社、山腹に黄金山《こがねやま》神社がある。この島に棲息するシカは神の使いとされ昔からここの神社に飼われてきたという。

神社近くにある売店で鹿煎餅を買って、二、三頭集まってきた小鹿に分け与えているのを、カメラマンの妻が面白がって撮影していたが、交替して写すことになった。ところ、が煎餅を全部使い果たしていたので、店に買いに入るとどうだろう。大人の鹿がどこからともなく集合して店前に待っている。店内を右に左に動くと、鹿も同じようになびく。店の中に入ると店員に竹箒《たけぼうき》でぶたれることを知っていて、ギリギリ戸口で待ち伏せするのだ。賢い！いよいよ妻が外に出ると、今度はぞろぞろ後をついて動きだし、ついには周りを取り囲んで餌をねだる。すると立派な角の牡鹿まで集まってきた。一枚目の煎餅を与えているその隙に、反対側にいた鹿がモデルの胴を突っついたものだから「ギャー！」の悲鳴とともに袋ごと放り出してしまった。鹿どもは何事もなかったかのように袋から煎餅を出して、あっという間に食べ終えると、さっさと退散して、空の袋しか残っていなかった。

その七　「牡鹿ホエール・ランド」の巻

空前絶後の邂逅で二つのカップルは旧知の間柄のように喋りまくり、気がついてみたらもう船は鮎川港に戻っていた。熊熊カップルはそこで再会を約束して別れた。結局、わざわざ金華山まで船で渡ったのに、鹿と戯れただけで、あとはひたすら駄弁《だべ》っていたことになる。

牡鹿半島のもう一つの見どころは、日本有数の捕鯨基地として栄えた鮎川にある「牡鹿ホエール・ランド」だ。広場には七十メートルもの大きさの本物のキャッチャー・ボート（捕鯨船）『第十六利丸《としまる》』がデンと置かれ、船内を見学できるし、船首の捕鯨台に立ち、砲手《ほうしゅ》気分も味わえるのだ。私がどうしてもクジラ博物館に立ち寄りたかったのには訳がある。

あれは何年前になるのだろう。そうそう結婚三十周年記念のハワイ旅行のことだった。費用三十万、ルーム・ナンバー三十…と、なんでも三十づくしの旅で、おまけにホノルル空港とワイキキのホテル間はリムジンで送迎！という、ある旅行社企画による豪華キャンペーンがあったのだ。あの大型高級車に二人きりで乗る気分は最高で夢心地だった。

あっ、ついつい話がそれてしまったが、軌道修正してホェール・ウォッチング（勿論これは三十の枠には入らないオプショナル・ツァー）に戻そう。

ハワイ沖には十二月から四月にかけて何百頭ものザトウクジラの群れが集まってきて、エキサイティングにクジラのダイブを間近で見れる。とは言っても、クジラとの遭遇率は八〇パーセント程となれば、魚釣りと同じで当たりのないこともあり、運を天に任せるしかないわけだ。ホノルルからハワイ島まで飛んで、そこからホェール・ウォッチング・クルーズが始まる。船内でザトウクジラの生態や習性、動きやクジラの見つけ方、さらには写真を撮るコツなどのレクチャーを受けながら、いよいよウォッチング・エリアに到着だ。船のエンジンを静かにして、クジラ様のお出ましを待つこと小一時間。なかなか当たりは来ない。その中「今日は諦めて引き返す」というアナウンスが流れ、船内には「ア〜ァ」・「ブー」という落胆のどよめきが聞こえたその時だった。はるか遠くの沖合にしぶきの上がるのを、はっきり確かめることができた。何を隠そう、第一発見者は私だったのだ。ド近眼のこの私が。透《す》かさず「ホェール！ホェール！」と吠えるものだから、案内係が驚いて「リアリー（本当か）？」と言いながら面舵《おもかじ》（船のへさきを右に向けること）いっぱいとりながら、その水しぶきのエリアに近づき、船内はにわかに大騒ぎになった。

いやぁ　マジ・スゴイ！　クジラのダンスだ。

大歓声と拍手にあおられてか、体長十メートルを優に超すザトウクジラのパートナーが織りなす大スペクタクルは、生まれて初めて見る感動のシーンで興奮度も絶頂だった。この前日に体験した、海底三十メートルの世界を探検したアトランティス潜水艦（これもオプショナル・ツアー）から、海中のクジラの勇姿と曲舞《くせまい》（歌いながら舞うこと）が見られたら申し分ないのにと思ったが、欲の皮が張りすぎる願いかも知れない。ともかくも、この時以来私はクジラへの興味が高まり、親近感を覚え始めたのだった。

幼少の頃、恐らく高校時代までは、よくクジラ料理が食卓に出たものだった。生姜《しょうが》・わさび・にんにく醤油で食べる刺身をはじめ、クジラの大和煮《やまとに》（缶詰だったかも知れない）、クジラの竜田揚《たつた》げ、クジラの味噌焼きなどの料理が主なもので、今はほとんど食べられない、幻の『クジラのベーコン』も実に懐かしい。（昔懐かしと言えば肝油などは、今の人たちは聞いたこともないかも知れないが……）

ところで鯨肉は他の食肉に比して「高タンパク」・「低脂肪」・「低カロリー」と三拍子揃った、実に体に優しくヘルシーな食料で、おまけにコレステロールの含有量も少ない。更には『バレニン』という抗疲労効果のある成分が豊富に含まれていて、生活習慣病（成人病）、アトピー等のアレルギー症状を軽減する作用があることで注目されている。しかし、残念なことにＩＷＣ（国際捕鯨委員会）条約により、ザトウクジラ・シロナガスクジラ・ナガスクジラなどのかなりの種類が捕獲禁止になったことから、最近ではお目にかかれない代物になってしまったのである。

それにしても日本における捕鯨の歴史は古く、院政時代には「クジラ」という仮名遣いも見られたというし、民謡の『よさこい節』（高知県）に「おらんちの池には潮吹く魚が泳ぎよる♪」と唄われるくらいである。

広辞苑をひもといてみると鯨の付く言葉がいかに多いことか驚くが、それほど日本人はクジラに依存してきたことを物語るものだろうと思う。参考までに列記してみることにしよう。

ア、食料・料理

・鯨油（くじらあぶら、げいゆ）・鯨汁・鯨鍋・鯨熨斗《くじらのし》（鯨の筋肉を精製したもの。三杯酢にし、また吸物などにして食する。博多の名産。）

・鯨の蕪骨《かぶらほね》（鯨の上顎の軟骨を細かく削って乾燥したもの。刺身のつまや三杯酢などで酢の物にする。粕漬けにした松浦漬は北九州の名産。）

イ、捕鯨

・鯨捕り・鯨組（江戸時代に発達した捕鯨のための経営組織。従事者数は二、三百人で大規模な例では三千人を数える。）

・鯨銛《くじらもり》（捕鯨に用いる銛。手投げから始まり、大砲から発射する平頭銛《へいとうもり》になる。）

ウ、用途・その他

・鯨髭《くじらひげ》（プランクトン食の鯨の口に、櫛の歯のように並んで生えている繊維性の角質板。餌と水をこし分けるのに役立つ。弾性があり工芸用とされた。）

・鯨帯《くじらおび》（帯の裏と表との生地の違うもの。鯨の皮と脂肪層との黒白が重なっているのに似ているから。）

・鯨幕（白と黒の布を一幅おきに縦にはぎ合わせ、上縁に横に黒布を配した幕。凶事用。）

・鯨尺（物差しの一つ。もっぱら民間で布を計るのに用いられ、その一尺は曲尺《かねじゃく》の一尺二寸五分―約37・9センチメートルに当たる。もと鯨鬚で作ったからこの名がある。＝鯨差《くじらざし》）

・鯨座（牡羊座の南。初冬の夕刻に南中。）

・鯨車（四つの輪をつけた台の上に張子の鯨をのせたもの。高知の郷土玩具。）

話は国内でも珍しい鮎川のホェール・ランドに戻るが、この博物館は捕鯨地として栄えた歴史・文化、捕鯨に関する資料など豊富に展示され、実に興味深い。中でも鯨のおなかの中をイメージしたトンネルを通ると、クジラの進化の過程・人間の進化と環境の変化がわかりやすく描かれ、入口右側のテレビ・モニターの前に立つと、見学者と一緒に大海原へとスタートし、鯨の回遊や分布が大型パネルに点滅し、一日で回遊コースが分かるようになっていて鯨博士になれること請け合いである。また、天井から吊るされた十七メートルもある日本最大のクジラの骨格や巨大な雄鯨のペニスの標本などなど、そのスケールの大きさにはただただ驚くばかりだった。特にコマーシャル料をいただいているわけではないが、修学旅行先にもってこいの訪問地と考えるのは私だけだろうか。

その八　「松島オルゴール博物館」の巻

松島にオルゴール博物館を訪ねた。ここにはベルギーのピエール・ベルベック作の、高さ七メートル、幅九メートルの世界最大級のコンサート・オルガンがあり、実際に音が聴けるとあって興味津々だった。

オルゴールという言葉はドイツ語の「オルゲル（Orgel）」が訛って使われた日本語である。一般にオルゴールと言えば、櫛の歯型がぜんまい仕掛けのとげ付きの円筒に触れて自動演奏するシリンダー（円筒）・オルゴールや、円盤型のディスク・オルゴールをイメージするが、欧米では広く自動演奏楽器を指すものとして用いられている。つまり、ベル・ドラム・カスタネット等の打楽器を組み込んだミュージック・ボックスに自動演奏オルガン、自動演奏ピアノもすべて含めてオルガンと呼んでいるのである。

さて、二階の展示場には、二百年も前にスイスで製作されたオーケストラ・ボックスや、王侯貴族が特別造らせたというオルガンなど、極めて貴重な作品が百五十点余り展示してある。オルゴールの音色とはとても思えない迫力と巧みな仕掛けに驚かされたかと思うと、次には、ヨーロッパの街角を歩くとどこからか聞こえてくるストリート・オルガン（手廻しオルガン）の懐かしい音色も楽しめる。輸入先はベルギーをはじめドイツ・フランス・スイス・イギリス・スペイン製のものがほとんどで、歴史的・芸術的にも極めて貴重な作品ばかりである。特に、腰をかけるとオルゴールが鳴る仕掛け物のオルゴール・チェアや、籠の中の鳥が首や羽を動かしながら囀《さえず》る、からくりのシンギング・バードは、めったに見ることがない珍品で、大いに楽しめた。

階下には、修理中・組み立て途中のオルガンが何台も置かれてあり、専従の技術者が音の調整や補修に余念がない。これらの楽器を保存・管理することはいかに難しいことかを思い知らされたと同時に、こんな夢とロマンを求めて働ける職業も面白そうで、ちょっとだけ羨ましかった。

『斉太郎節』と松島湾

「エンヤートット　エンヤートット」と威勢のいい艪漕《ろこ》ぎの掛け声で始まる「斉太郎節《さいたらぶし》」（宮城県民謡）は、北海道の「ソーラン節」と並んで男声合唱の十八番《おはこ》として最もよく知られた曲。私はこの曲を耳にする度に、国内は勿論のこと、アメリカのカリフォルニアやオレゴン州の演奏旅行のステージを思い出す。客席から自然に湧き上がる手拍子の中で得意げに歌い上げるグリ・メンの笑顔はいつまでも忘れられない。
この曲は、元々「大漁唄い込み」という一種の組曲で、〈どや節〉を前唄に、〈斉太郎節〉を中唄、〈遠島《としま》甚句〉を後唄に構成されたものである。宮城県出身の民謡研究家後藤桃水《とうすい》（一八八〇―一九六〇）が、〈銭吹き唄〉をもとに〈斉太郎節〉を作り、他の二曲と繋げたという。後に〈どや節〉の部分が廃れ、今では〈斉太郎節〉と〈遠島甚句〉或いは〈斉太郎節〉単独で歌われるようになってきた。
「どや節」は、手漕ぎの和船時代から松島港界隈で唄われてきた大漁祈願の唄。「どや」の語源は、この唄が炉に風を送る、たたら（ふいご）職人たちの製錬場を意味する、「と屋（どうや）」から生まれたとか、祈願を捧げる際の当屋《とうや》（神事宿）の音韻変化だとか、艪押しの掛け声トーヤトットから出たなどと諸説がある。
《今朝の凪《なぎ》で　端島《はじま》の沖で　大鮪《おおしび》小鮪
唐丸《とうまる》に　満船させて　塩釜港に　走り込む》
ア・カペラで一人が「今朝の凪《なぎ》で」と唄うと大勢で「エーエエ　ヨーイトコラサ」と返す。次に一人が「端島の沖で」と唄うと又大勢で「エーエエ　ヨーイトコラサ」と返して行くという、正にゴスペル調の応唱形式を用いている。
「斉太郎節」は、元は松島湾一帯で漁師たちが鰹《かつお》漁に出る折、海の神に大漁を願って唄い、大漁の際には湾内に漕ぎ戻る時に唄ったという。「斉太郎」は掛け声の「サイドヤラ」「サイタラ」に「斉太郎」を当てたものと言われている。たたら職人で伝説的な人物であったと言われる斎太郎は、伊達藩が起こした銀座の暴動で捕らえられ、後に漁師となり、〈銭吹き唄〉を漁での〈艪漕唄〉として唄い、それが今日まで愛唱されているという説もある。

北海道の鰊《にしん》の豊漁も有名な話だが、宮城県の鰹漁も聞き捨てならないスケールである。大量の鰹を何とか保存・加工しなくてはと考えられたのが鰹節。素早く身をおろして茹《ゆ》でたり蒸したりした後に、焙《あぶ》って乾かし日に当てる。この過程で陸で、沖にいる船が待っている人々に「何本鰹が獲れたからお湯を何個沸かしてくれ」という通信のために唄われたのがこの唄で、二番から唄い始めると二百本、三番からだと五百本という風に合図を兼ねた唄であったと伝えられている。

掛声（エンヤードット　エンヤードット）
一、松島の　サーヨー　瑞巌寺《ずいがんじ》ほどの
（ハ　コリャコリャ）寺もないとエー
アレワエー　エトソーリャ　大漁だエー
前は海　サーヨー　後ろは山で
（ハ　コリャコリャ）小松原とエー

アレワエー　エトソーリャ　大漁だエー

（以下唄い方囃子同じ）

二、石巻　其の名も高い　日和山《ひよりやま》とエー

西東　松島遠島《としま》　目の下に

三、富山は　高さも高い　名所山

見渡せば　八百八島《はっぴゃくやしま》　目の下に

四、塩釜様の　御門《みかど》の前　八重桜

咲き乱れ　浮名たつみ　西の町

五、汐汲みが　織り来る波に　桶取られ

桶返せ　戻せや沖の　白波よ

「遠島甚句」

掛声（ハヨーイヨーイヨーイトサ）

ハアー　押せや押せ押せ（ハーヨーイトサッサ）

ア　二挺艪《にちょうろ》で押せや

押せば港が（ア　コラサノサッサ）

アレサ近くなる
（ハーヨーイヨーイヨーイトサ）
ハアー　三十五反の　ハア　帆を巻き上げて
行くよ仙台　アレサ石巻
ハアー　泣いてくれるな　ハア　出船のときは
沖で艪櫂《ろかい》が　アレサ手につかぬ
ハアー　沖を流るる炭すごさえも
鴎に一夜の　アレサ宿を貸す
ハアー　是非に一度は来てみやしゃんせ
わしが国さの　アレサ松島

「大漁歌い込み」の後唄に用いられ、金華山の漁場では艪漕ぎ唄として、更に酒盛り唄として古くから唄われてきた。金華山近辺の大小十の島を「十島《としま》」と呼び、いつの頃からか「遠島」の字が当てられたという。

男声合唱のための「大漁唄い込み」（斉太郎節変奏曲）は宮城県民謡で、竹花秀昭（東北学院大学グリークラブの学生指揮で、一九六六・六七年、第十回、十一回定期演奏会で指揮をした）の編曲によるものである。

序でながら、私は東北学院大学とは『宗教音楽の夕べ』、『クリスマス・メサイア』などで三十年来のお付き合いをさせていただいている。従って、東北学院大学グリークラブとの共演も随分な回数になるが、この稿を書くにあたり、その歴史を調べて改めて驚かされた。それは、客員指揮者として岡崎光治（作曲家・現東北学院大学メサイア指揮者）、斎藤泓《ひくし》（元全日本合唱連盟東北地区理事長）、石川浩《ひろし》（中新田《なかにいだ》バッハホールで『マタイ受難曲』、『ヨハネ受難曲』をはじめとする数々の宗教曲で共演）、石見普二男（弘前メンネルコール、ブルンネンコール指揮者）各氏が名前を連ねていることである。

加えて、オルガニストの伊沢長俊氏が、定期演奏会の伴奏者として長年弾いていたという事実であった。

そうそう、アメリカの演奏旅行で男声合唱の「斉太郎節」を聴いた彼が、「この際だから、元唄になった正調『大漁唄い込み』を仙台弁で聴衆に披露すっちゃ！」と、本気で練習し出したことを思い出した。残念ながら、彼の歌唱を耳にしたのはこの時が最初で最後だった。

松島湾

天橋立・厳島《いつくしま》と共に日本三景に数えられる松島は、宮城県の松島湾内外にある二百六十余の諸島、又はそれらの諸島と湾周囲を囲む松島丘陵を含めた景勝地区を指す。この地形はリアス式海岸が更に進んだ沈降海岸で、溺れ谷に海水が入り込み、山頂が島として残った多島海《たとうかい》と呼ばれている。驚くなかれ、この二百六十島全部に名前が付けられ、二〇〇七年、日本の地質百選に選定されている。

昨年の二〇一一年（平成二三）三月十一日の「東日本大震災」は、モーメントマグニチュード9・0の大地震と、それに伴う津波によるもので、死者一万五千八百七十人、行方不明者二千八百十四人（二〇一二年三月十一日現在）を数えた。これは阪神・淡路大震災の六千四百三十四人を大幅に上回り、戦後最悪の災害だった。宮城県は、死者九千五百二十七人、行方不明者千三百九十四人と、総数の半数余りを占めたわけで、自然災害の恐ろしさに今更ながら驚く。

この震災（特に津波による）における松島湾界隈（七ヶ浜町・塩釜市・利府町《りふちょう》・松島町・東松島市が含まれる）の被害は、周辺自治体と比較してなぜか軽微の数値が出ていた（東日本大震災における死者・行方不明者数：isobe@isobesatoshi.com）。その大きな原因は、津波が浅い海に入ると速度が落ちて急激にエネルギーを失うこと、湾内に点在する島々が緩衝材になって津波の勢いを弱めたことによるのだという。
これぞ『瑞巌寺ほどの寺もない』の証左なのだろうか。恐れ入谷《いりや》の鬼子母神《きしもじん》。

『シルク・ドゥ・ソレイユ』

数年前のことだが、『トロカデロ・デ・モンテカルロバレエ団』の仙台公演を見る機会に恵まれた。筋骨隆々の〝男性バレリーナ〟たちがトウシューズで踊るコミック・バレエのために、わざわざ仙台まで出掛けたのには理由《わけ》があった。それは、私が同行しなければ妻が一人でも車で走ると言ってきかなかったからで、言わばアッシー君の役目を担ったにすぎない。豈図《あにはか》らんや、世界中で喝采を博すだけあって、ついついのめり込んでしまう程の「笑撃《しょうげき》のステージ」で、大満足で帰路に着いたのだった。

今回の『コルテオ』シルク・ドゥ・ソレイユの噂は何度か耳にはしていたが、いつの間にか妻がチケットを予約していたのには正直驚いた。まあ、どこかで読んだ「定年の、夫は重宝、ちょっと邪魔」の川柳ではないが、たまにドライヴも悪くないか、くらいの気持ちで運ちゃんを務めることにした。『休日高速千円！』にあやかる機会でもあったが……。

シルク・ドゥ・ソレイユ（太陽のサーカス）は、今から二十六年前の一九八四年、二十名ほどからなるストリート・パフォーマーからスタートしたという。カナダのモントリオール発のこのアーティスティックなエンターテイメント集団の名は、たちまち世界中に広まっていった。出し物の『コルテオ（イタリア語で行進）』をもってのツァー・ショーは、二〇〇五年のモントリオール公演を皮切りに全米二十五都市で多くの人々を魅了し、ヨーロッパに先立って日本に上陸したという。二〇〇八年十月東京ディズニー・リゾートに二千二百席を誇る巨大シアターが誕生し、当時小学校に入学する直前の孫が、青森—羽田間を単独飛行して鑑賞し、爺婆を羨ましがらせたのが正にこの年だった。東京（再・再々公演を含む）・名古屋・大阪・福岡と続いて、ラスト仙台公演の幕開けは二〇一〇年四月二一日。それから約一か月半で六十四ステージをこなし、私たちが見たのはまさしく六月六日のこのツアーの最終日。

会場は仙台市のＪＲ長町《ながまち》駅の北部、広瀬川に掛かる広瀬橋の近く『新ビッグトップ』に建てられた特設シアター（ドーム）。開場前はわんさわんさの人溜まりで、ざっと千人前後はいただろう。二十メートル以上に亘る仮設トイレの数からも収容人員が予想できよう。シアターに隣接した白亜の建物はキャスト・スタッフの集合住宅だろうか、その辺のマンション顔負けの規模なのだ。詳しくはわからないが、六、七十人は優に住める代物だ。昔、弘前桜まつりにやってきた、あの巡業のサーカス団のテント住まいとは、比較にならないたまげた話だ。

会場に一歩足を踏み入れると、さながらヨーロッパの宮殿にでも迷い込んだかと思ってしまうほどの豪華さだ。シーリングから吊り下げられた紗幕《しゃまく》には美しい絵が描かれ、その向こう側には、円形のステージを挟むように対面する観客が透けて見えたり消えたりと、実にファンタスティックだ。いよいよ客電が消え、序曲が鳴り響く。単なるパフォーマンスの羅列と言ったこれまでのサーカスとは趣を異にし、一人の道化師が思い浮かべる過去・現在・未来、そして夢の世界を、ストーリー性を持って楽しく賑やかにパレードするというわけだ。ここまで来ると、もうミュージカルやオペラと変わらぬ芸術と言って過言ではない。

ステージで繰り広げられる数々のパフォーマンスは創造性に富み、完成度も高く、舞台装置・美術・照明・音楽と相俟《あいま》って素晴らしい夢の世界に浸らせてくれる。『人間ヨーヨー』・『人間鯉のぼり』・『人間シャンパン・タワー』、そして可愛らしい操り人形を演じる『マリオネット』…と見事な曲芸が次から次へと惜しげもなく同時進行していく。その中でも特に感銘を受けたいくつかを列挙することにしよう。

先ずはパジャマ・ルックの六人のアーティストが、回転する（回り舞台だったのです）二台のベッド上を縦横無尽に跳ね回る『ジャンパー』。あわや接触！と思わせ、寸分たがわぬコンビネーションが目を釘付けにして離さない。

次に、高いところへ寄せかけて登る道具の、どこにでもありそうな梯子《はしご》を自由自在に操り、抜群のバランス感覚を発揮する『ラダー』は、危険すれすれのパフォーマンスでもはや人間技の限界を超えている。

興奮高まる中、四方に向かい合った四本の鉄棒による、オリンピックの鉄棒競技さながらの大車輪。段違い平行棒と空中ブランコがミックスされたようなウルトラ〝C〟級の技を、一・二・四・八・十二人とアーティストを加え、目にも留らぬスピードで飛び回る。一寸の油断も許されない、ぴったりと息の合った「円舞」は固唾《かたず》を含ませ、手に汗を握って瞬《まばた》きも忘れ、上を見上げて口も開いたままにさせてしまう。オリンピック・メダリストたちの曲芸と知って納得したこの演目はまさにフィナーレにふさわしく、スタンディング・オヴェイションへと昂《たかま》るのだった。

超絶技巧を駆使した口笛と、神秘的なサウンドのグラス・ハーモニカは、マイクを使っているにせよ、民俗性を遺憾なく発揮したドラマティック・ソプラノ歌手など全て〝生《なま》〟演奏。「たかがサーカス」と見くびっていた私がガツンと頭を叩かれたようなショックを受けるほどの水準で、生命《いのち》あふれるユニヴァースへとぐいぐいと誘い込まれてしまうのだった。

異次元の空間に誘引されての二時間半はあっという間に過ぎ去った。カーテンコールに並んだメンバーは想像した数の三分の一に満たない。ということは、一人で何役もこなしているというわけで、超人的なスタミナと運動感覚が要求されることを改めて知らされた。それに加え、あの白亜のマンションで共同生活をするとなれば、よほどの協調性を持ち合わせていないとやっていけない。ステージから強い〝絆《きずな》〟がみてとれた。

私の心には今も〝絆《きずな》〟の一語が残ったままでいる。

ハンカチの木

最初に私が「ハンカチの木」を知ったのは、二〇〇一年（平成一三）の冬のことである。一九八三年（昭和五八）に東北学院大学多賀城キャンパス礼拝堂新築記念に植樹した「ハンカチの木」が、十八年の歳月を経て初めて五月に花を咲かせたという話を、佐々木哲夫宗教部長（現学院長）から聞いたのだった。翌日そこで《メサイア》を演奏することになっていたので、折角のチャンスだからリハーサルまでの間に見てみようということになった。

オルガニストの伊澤長俊君が、「桃・栗三年、柿八年と言うけど、開花まで十八年もかかる木って珍しいね」などと笑いながら話し、季節外れで葉っぱしかつけていない「ハンカチの木」の下で一服したのが忘れられない。

長俊君で思い出したが、この間お母様の智恵子さんを訪ねた折には本当に驚いてしまった。彼と別れてもう七年にもなろうとしているのに、玄関すぐ左側の音楽室はグランドピアノが部屋を占領して、壁には幼少時代に得賞した賞状からトロフィー等々が生前のまま残されていた。そして仏間には写真、CD、本、新聞記事、プログラム……と、彼にちなんだ記念の品が所狭しと陳列されている。忘れられない・忘れたくない母親の心情が痛いほどわかり、複雑な気持ちで仙台を発ったのだった。

さて、話は飛んで今年の春・弘前である。二百六十万人の観光客で賑わった、日本一を誇る弘前桜祭りも終わりを告げ、弘前公園も当たり前の人口密度に戻った頃、植物園を開放する日（所謂無料の日）に合わせ園内を散策することにした。

三の丸の一角に一九八八年（昭和六三）に開園した弘前植物園は、八ヘクタールの広大な地に樹木類七百四十種・二千七百本と草木類七百六十種十万本が植えられ、四季折々の風情を楽しませてくれる。時あたかも牡丹やツツジなどがこの季節を待ち焦がれたように咲き誇り、スケッチする人、撮影する人、中には俳句の会の催しとかで団体で訪れる人たちにも出会った。天気も良く、春の花が彩り天国とも言える至福の一日だった。

そのうちに、『ハンカチの木』という立て看板が目に入り、不意にあの多賀城キャンパスの礼拝堂前のシーンが蘇《よみがえ》った。初めて目にする本物の「ハンカチの木の花」！

なるほど、噂《うわさ》通りで、白いハンカチが何枚も葉陰に吊り下げられたような格好で、よくぞ「ハンカチの木」と名付けたものだと感心した。近づいてみると、白い（正確にはステージ愛用のポケット・チーフの色に似たアイボリーに見えたが）ハンカチの部分はどうやら薄黄色の花を包み込むようにしている。ということは、ハンカチは花ではなく葉っぱなのだろうかと近くの係員に尋ねると、正式には苞《ほう》と呼ばれる部分で、葉が変形した大変珍しい木だという。「ホウ、ホウ（苞）なんだ」と言って妻と笑いながら帰宅して調べてみた。

「苞」とは花や花序《かじょ》（花が茎や枝につく並び方。あるいは花をつけた茎または枝）の基部につく葉のことで、通常の葉に比して小型で時に鱗片《りんぺん》状をなすが、種によっては色彩の美しい花弁状を呈すると説明していた。学名を発見者に因んで「Davidia（ダヴィディア属）involucrate（総苞のある）」という。ちなみに英語では白鳩に似ていることから「Dove（鳩）tree」と呼ぶ。フランスの神父「ダビットさん」はパンダの発見者でもあることを知り、またまた驚いた。「ハンカチの木」も「パンダ」も中国の四川省、雲南省付近が原産で、ダビット神父は宣教活動で訪れた地で、生物学者としての力量も発揮した優れた人物だったのは、その昔長崎に来たシーボルト（一七九六―一八六六）に似ている。昔の人は偉いッ。

静岡・愛知の旅

【静岡県】

孫の眞音《しおん》が小学校三年生の頃、静岡県の地図を一目見て「金魚みたい！」と言ったが、いかにも頭を西側に向け尾鰭《おびれ》を大胆に広げて遊泳する金魚そのものだ。単独の県の形として見ることはめったにないのでこれまで気付かなかったが、子供の眼は鋭い。目を凝らすと、陸は神奈川・山梨・長野・愛知の四県に隣接し、南の海は相模灘・駿河湾・遠州灘《えんしゅうなだ》に囲まれて、東西に広がる大型金魚と言ったところか。歴史的には一八七六年に行われた県の合併によって、令制国《りょうせいこく》の伊豆・駿河・遠江《とおとうみ》の三国が現在の静岡県になった。

広大な台地を利用した緑茶・みかんに代表される農業や、マグロ・カツオ・桜エビなどの漁業、伊豆半島・赤石山脈（南アルプス）・浜名湖などの観光等のサービス業が盛んで、県民一体となって『住んでよし・働いてよし・訪れてよし』の「富国有徳《うとく》の日本の理想郷」を創るための施策に取り組んでいるのだ。

東西に広がる県だけに、中央を縦断して流れる大井川で分割され、東部では東京スポーツ・日刊ゲンダイ東京版が、西部では中京スポーツ・日刊ゲンダイ名古屋版が売られているという珍しいケースだ。ナンバープレートも西部は浜松、中部は静岡だが、東部は沼津・伊豆・富士山と三区に分けられている。序でに県のイメージキャラクターは、二〇〇三年開催NEW!わかふじ国体マスコットキャラクターの「ふじっぴー」。

『細うで繁盛記』

「正吾《しょうご》!ふぎゃーなーズラ」は私の学生時代に大流行した台詞《せりふ》である。花登筐《はなとこばこ》の『細うで繁《はん》盛《じょう》記(原作『銭の花』)』は伊豆・熱川《あたがわ》が舞台で、大阪料亭の娘加代(新珠三千代)が嫁ぎ先の貧乏旅館『山水館』を幾多の困難を乗り越えながらも盛りたてて行く物語である。

「ちょっくら!加代、おみゃーの出る幕じゃーにゃーズラ!」とか「犬にやる飯はあっても、おみゃーにやる飯はにゃーだで!」など、ヒステリックで意地悪な小姑正子役《まさこやく》で人気を決定付けた富士眞奈美(鰐淵晴子《わにぶちはるこ》・小林千登勢と共にNHK三人娘と呼ばれていた)は、生粋の静岡県出身であったことを最近知った。どうりで覚えたての台詞とは思えないほどの隠しきれない訛りが感じられ、強烈な印象を与えた。牛乳瓶の底のような近眼鏡をかけた(実は美人女優!)憎まれ役の正子と、番組の最初のナレーション「銭の花の色は清らかに白い。だが蕾《つぼみ》は血がにじんだように赤く、その香りは汗の匂いがする」は四十年を経た今でも脳裏に焼き付いて離れない。一度『山水館』に泊ってみたいと真面目に考えていた私がいたのだ。

『修禅寺物語』

もう一つ伊豆に因んだ歌劇『修禅寺物語』に触れないわけにはいかない。

歌劇『修禅寺物語』は『半七捕物帳』などで知られる岡本綺堂《きどう》（一八七二—一九三九）の戯曲に清水脩《おさむ》が作曲した一幕三場の歌劇。伊豆の面《おもて》作《つくり》夜叉王《やしゃおう》の作った源頼家《よりいえ》の面に死相が現れることから、娘かつらと頼家の最期にいたる物語。歌舞伎としては一九一一年二代市川左団次の初演であるが、オペラの初演は一九五四年で、芸術祭受賞作として脚光を浴びた。

修禅寺（修善寺とも）は、伊豆半島田方《たがた》郡修善寺町にある曹洞宗の寺。空海又はその弟子杲隣《こうりん》の建立と伝わる。初め真言宗で、鎌倉時代には臨済宗・北条早雲《そううん》の時に曹洞宗。源範頼《のりより》・源頼家が幽閉・殺害された所として名が残っている。

作曲家清水脩（一九一一—一九八六）は『修禅寺物語』の他に『ヤロ弾きのゴーシュ』『吉四六《きっちょむ》昇天』など八曲のオペラを作曲し、自身が大学時代グリー・クラブに所属していたこともあり、男声合唱曲も数多く作曲している。「最上川舟唄」・「そうらん節」・合唱組曲「山に祈る」・「アイヌのウポポ」など、今でも口を衝いて歌詞が出てくるが、中でも合唱組曲「月光とピエロ」（堀口大学作詞）は名曲中の名曲で、感激して胸が詰まる思いをしたのは一度や二度ではない。

月の光の照る辻に
ピエロはさびしく立ちにけり。
ピエロの姿白ければ
月の光に濡れにけり。
あたりしみじみ見まわせど
コロンビイヌの影もなし。
あまりの事のかなしさに
ピエロは涙ながしけり。

『みかんの花咲く丘』

リンゴの木に囲まれて育ち、リンゴもぎ（リンゴ狩り）・リンゴの袋かけまで経験済みの私だが、みかん狩りは六十七歳にしての初体験。数十軒ものみかん園から当てずっぽうに「泰山園」を選んで訪れた。みかん狩り体験四百円・お土産付き六百円とあるが、一週間の旅行中の楽しみにと二人分のみかんをゲット。普通の品種は六月頃白色五弁の花を咲かせるというから三月下旬にみかん狩りができるはずもないと半ば諦めていたが、早生温州をはじめ様々な品種があることを知った。そう言えばリンゴだって早生種があったもんな。

今でこそユズ・スダチ・ポンカン・ハッサク・ブンタン・デコポン……と数えきれないほどのヴァリエーションが日本全国の店頭に並んでいるが、みかんと言えば普通は黄橙色で果皮が薄く種子もなく食べやすい美味の温州蜜柑を指す。中国チョウチアン（浙江）省のウェンチョウ（温州）はミカンの産地で有名だが、日本の温州みかんとは無関係。偶発実生としてできたもので、日本の中部・南部の暖地の他アメリカ・スペインでも栽培されていることを知り、迂闊にも長い間中国から渡来した果物とばかり思っていたことを恥じた一瞬だった。

伊東市には、宇佐美海岸と宇佐美みかん園を見下ろすように、童謡『みかんの花咲く丘』の歌碑が建っている。作詞の加藤省吾と作曲の海沼実《かいぬまみのる》直筆の歌詞（一節）と楽譜が刻まれている。

一、みかんの花が咲いている
　思い出の道丘の道
　はるかに見える青い海
　お船が遠くかすんでる

二、黒い煙をはきながら
お船はどこへ行くのでしょう
波に揺られて島のかげ
汽笛がぼうと鳴りました

三、いつかきた丘母さんと
一緒に眺めたあの島よ
今日も一人で見ていると
やさしい母さん思われる

戦後間もない昭和二十一年、NHKのラジオ放送で当時としては珍しい二元放送（二つの場所を同時に使って行う放送）番組で、川田正子《かわだまさこ》（童謡歌手一九三四―二〇〇六）が伊東市の西国民学校から中継し大ヒットしたのだという。軽快な八分の六拍子で書かれたこの曲は、ヴェルディのオペラ『椿姫』にヒントを得てメロディーを一気に作り上げたようだが、正にヴィオレッタが第一幕で歌う「この世をいつものんき気に生き〈花から花へ〉」と「このわけを知らないで」が記憶にあったに違いない。尚、海沼実はこの他にも「里の秋」「からすの赤ちゃん」「あの子はだあれ」「ちんから峠」など数々の童謡を残している。

伊豆の踊子

美しい海岸と山間に湧く秘湯、幕末から明治・大正の面影を残す風情ある街並みの伊豆下田は、親切なガイドさんたちが歩きながら案内してくれる。

「伊豆の踊子」は、言わずと知れた日本人初のノーベル文学賞を受賞した川端康成の短編小説。作者は伊豆によっぽどの愛着を持っていたのだろう、「春景色」「温泉宿」などこの地を題材にした作品を数多く書いている。川端康成が旧制第一高校二年の伊豆旅行で、湯ヶ島・天城峠《あまぎとうげ》を越えて下田に向かう旅芸人一座と道連れになり、薫に淡い恋心を抱くこの物語は、清潔感にあふれほんのりと心を暖めてくれる。

田中絹代・美空ひばり・鰐淵晴子・吉永小百合・内藤洋子・山口百恵と私の知る限りでも六回（他にラジオ・テレビドラマ化した作品もあるようだが）、その時代のアイドル的な大女優が演じて映画化されている。私が観たのは吉永小百合の薫で、初々しい十七歳の踊子の着物姿が目について離れない。

下田港は、ペリー率いる黒船来航により、わが国最初の開港場として知られるが、一方「伊豆の踊子」では、踊子との別離の港でもある。ここから船で百キロ程東に伊豆大島（東京都大島町）が浮かんでいるが、そこの波浮港《はぶこう》が踊子たち旅芸人一座の出身地で、踊子薫が踊っていたという旧港屋旅館は現在資料館として残され、当時の様子を再現した人形や関係資料が展示してあるという。

ところで、伊豆大島では二〇一三年（平成二五）十月の台風26号により、大規模な土石流被害が発生し、死者三十余名の大惨事だった。この台風は中心気圧九五五ヘクトパスカル、最大風速四十メートルの強い勢力で関東などを襲い、各地に記録的な（三時間に三五五ミリという国内統計史上稀にみる）大雨を降らせた。それによって島西部にある三原山（古くから「御神火《ごじんか》」と呼ばれ『波浮の港』にも唄われている）外輪山の中腹が崩落し、長年の噴火によって堆積した土石が、西の海側に向かって沢を沿うように河口部まで押し寄せたのであった。その爪痕は住宅地をのみ込み、長さ一キロにもわたっていた。

近年は地震・津波・竜巻・台風などによる被害が相次ぎ、心が痛むばかりだが、テレビに映し出される若者たちの復興にかける「絆と前進」の精神を目の当たりにしてほっとする。私なんぞ、今更ボランティアで支援に赴いても、ひたすら邪魔になるばかりで用が足りないと僻《ひが》み心を抱くようになった。ということは老いの証拠なのだろう。つい二、三年前までは伊豆大島の「踊りの里」にも行ってみたいなぁと思っていたのに……。

蛍の話

伊豆半島を抜けて富士川を通った時「ん？どこかで聞いた名前だぞ……」と思ったが、しばらく運転するうちに、「そうだ！『フォッサマグナ』だ」と思い出した。高校の地理で習った、日本を縦断する大断層線が新潟県の糸魚川《いとい》とここ富士川を結ぶラインだったことを妻に語ると、「よく記憶してるね。私はすっかり忘れちゃった」と感心された。「それじゃ」と調子に乗って、次は東と西の五十ヘルツと六十ヘルツの周波数の境界線もほぼこのラインに一致していることも付け加え、ついつい天狗咄《てんぐばなし》になってしまった。序でながら、東日本に生息するホタルが光る間隔は約四秒に一回だが、西日本ではその倍近く約二秒に一回発光するという話を聞いたことがある。しかも、その東西の分岐線がこの『フォッサマグナ』と重なるときたらちょっと信じ難いと思うでしょう。が、このウソホントなのです。それもこれも夏は蛍の光で冬は雪明かりで勉強を続け、旺文社刊行の『螢雪時代』（一九三二年刊行）を読んで大学受験に備えたからに他ありません。どんどん昔のことを思い出してきたが（年取った証拠だって）、『高三コース』（学研）が競合誌としてあったが…今は見かけない。いつまで続いていたのだろう。私が大学に入学した頃、一九六六年（昭和四一）までは小判の『螢雪時代』だったが翌年一九六七年四月号からは大判化して、現在と同じ大きさになったのだ。つまり「私は古い」という結論になってしまった。

ほう　ほう　ほたるこい
あっちのみずはにがいぞ
こっちのみずはあまいぞ
ほう　ほう　ほたるこい

『富士の山』

さて、「日本一の山・富士山（二〇一三年六月、世界文化遺産に指定された）をどこから眺めるのが一番美しいか」で議論していた番組があったが、雄大な富士山を車窓から拝みながら、しばらくは歌番組と参りましょう。

葛飾北斎の浮世絵『富嶽《ふがく》三十六景』の赤富士や、『万葉集』、『古今和歌集』の歌枕として詠まれる富士山。〝かみなりさまを下に聞く〟という表現は正に霊峰として畏敬に値するということだろう。昔から駿河の国の諺で、「一富士二鷹三茄子《なすび》…」と、縁起の良い夢を並べた語があるが、ここに来て実感が湧いてきた。

旋律は日本独特の五音音階ではなく、四音「ファ」・七音「シ」も使ういわゆる西洋七音長音階であるが、どことなく日本的な情緒にあふれる曲である。三島市の信号にこの曲が使われている。

富士の山　作詞　巌谷小波《いわやさざなみ》
作曲者不詳

一、あたまを雲の　上に出し
四方の山を　見下ろして
かみなりさまを　下に聞く
富士は　日本一の山
二、青空高く　そびえ立ち
からだに雪の　着物着て
霞のすそを　遠くひく
富士は　日本一の山

『茶《ちゃ》摘《つみ》』

小児二人組で向かい合って、「せっせっせーの　よいよいよい」で始まる手遊び歌として歌われる「茶摘」は、一九一二年（明治四五）に刊行された『尋常小学唱歌第三学年用』に載り、二〇〇七年に「日本の歌百選」にも選ばれた。茶摘みは素手の作業なので指先を怪我することが多く、襷《たすき》の茜《あかね》の成分（止血剤）を擦り込みながら継続するという説明を初めて聞いて驚いた。

今では、刃が摩擦しながら芽を伐採していく特別な機械を使っていて、のどかな茶摘みのイメージは失われてしまったというが、残念至極。

茶《ちゃ》摘《つみ》　文部省唱歌

一、夏も近づく　八十八夜、
野にも山にも　若葉が茂る。
「あれに見えるは　茶摘みじゃないか。
あかねだすきに　菅《すげ》の笠。」

二、日和《ひより》つづきの　今日此頃を、
心のどかに　摘みつつ歌う。
「摘めよ摘め摘め　摘まねばならぬ。
摘まにゃ日本の　茶にならぬ。」

『ちゃっきり節』

「ちゃっきり節（茶切節とも）」は、今では静岡県民謡になっているが、北原白秋作詞・町田嘉《か》章《しょう》作曲のコマーシャル・ソングだった。現在は閉園しているが、一九二七年（昭和二）静岡市近郊に開園した狐《きつね》ケ崎《がさき》遊園地（静岡電鉄、現静岡鉄道経営）宣伝用に制定されたものである。言わばイタリア民謡の「フニクリ　フニクラ」がフニクローレ（登山電車）の宣伝のために募集した曲だったということの日本版なのだ。

このたびの旅行で、白秋が囃《はや》しとして使った「蛙（きゃある）が鳴くんて　雨ずらよ」は「蛙が鳴いているから（明日は）雨だろうね」の方言だったということと、「鳴くんて」と録音されてあるのは、昭和期の芸者で美声の持ち主市丸《いちまる》（一九〇六―一九九七）が吹き込みの際に〝て〟を標準語風に〝で〟と歌ったことに起因していることも理解でき、長年の痞《つか》えがおりた気分で実にさっぱりした。

ちゃっきり節

作詞　北原白秋
作曲　町田嘉章

一、唄はちゃっきり節　男は次郎長
花はたちばな　夏はたちばな
茶のかおり
ちゃっきり　ちゃっきり　ちゃっきりよ
きゃアるがなくんて　雨ずらよ

二、茶山茶どころ　茶は縁どころ
ねえね行かずか　やあれ行かずか
お茶つみに

三、さあさ　行こ行こ　茶山の原に
日本平《だいら》の　山の平《たいら》の
お茶つみに

四、お山見れ見れ　あの笠雲を
ねえて着て出や　けさは着て出や

菅《すげ》の笠

五、帯はお茶の葉　うぐいす染よ
　赤いたすきの　そろたたすきの
　　ほどのよさ

『背くらべ』

「鯉のぼり」とともに五月の端午の節句の季節に歌われる日本の童謡。一九二三年（大正一二）に発売された『子供達の歌第三集』が初出。二〇〇七年（平成一九）に「日本の歌百選」に選ばれた。

柱のキズは去年ではなく何故一昨年《おととし》なのか。それは、去年は作者の海野《うんの》が東京在住（早稲田大学在学）で帰省できず、弟の背丈を測ってあげられなかったことが理由。そういえば、昔我が家でも柱にキズを付けて名前を書いていたなあ。平和な家庭だった。

二節の歌詞に富士山が登場するのは、海野が静岡の出身だからである。結核のため、二十八歳の若さで亡くなったが、母校の静岡市西豊田小学校には『背くらべ』の歌碑が建てられている。

背くらべ

作詞　海野《うんの》　厚《あつし》
作曲　中山晋平

一、柱のきずは　おととしの
五月五日の　背くらべ
ちまき喰べ　喰べ　兄さんが
はかってくれた　背のたけ
昨日くらべりゃ　何のこと
やっと羽織のひものたけ

二、柱にもたれりゃ　すぐ見える
遠いお山も　背くらべ
雲の上まで　顔だして
てんでに背のびしていても
雲の帽子をぬいでさえ
一はやっぱり　富士の山

沼津御用邸

沼津御用邸は、大正天皇が皇太子の当時御静養の別殿として明治二十六年（一八九三）造営開始し、三十八年に完成した。以来明治・大正・昭和の三代に亘って皇室に親しまれてきたが、昭和二十年の空襲で本邸が焼失、東西両付属邸を残すのみとなった。昭和四十四年大蔵省が沼津市に無償貸与し、七十七年の御用邸としての歴史を閉じたが、現在沼津御用邸記念公園として愛護している。

本邸正門は、刃物の製造で世界的に有名なドイツのゾーリンゲンで特別に造らせた鋳鉄製の門。御用勤務医のベルツ博士（Ervin von Bälz）の縁なるもの。皇族が御車から降りて玄関にお入りになる御車寄《おくるまよせ》には、紋章入りの鬼瓦が復元されている。調理室から料理を運び、食事の盛り付けや配膳をした部屋・供進所《くしんじょ》に入ると当時の様子が伺える。御座所《ござしょ》とは居間・御寝室・御着換所の三つの部屋の総称で、御玉突所《おたまつきじょ》即ちビリヤード室まで当時のままの姿で残されている。それにしても、御用邸敷地内に防空壕まで敷設してあるとは正に驚きで御座いました。

また、公園内にある沼津市歴史民俗資料館二階の常設展示室には、駿河湾を中心とした漁具類、かつお節などの干物作りの道具、湿田農耕関係の資料などが展示されとても興味深く見て回った。

登呂遺跡

登呂遺跡は弥生時代の集落・水田遺跡の一つ。静岡市駿河区にあり昭和二十七年に国指定特別史跡に指定されている。これは戦争中の一九四三年軍事工場建設中に発見されたもので、戦後一九四七年に発掘調査をした。八万平方キロメートルを超える水田跡や井戸の跡、竪穴式住居・高床式倉庫などが見つかったのである。二〇一〇年一月に市内の中学生四人がこの竪穴式住居の屋根から茅材約五百本を引き抜き、チャンバラ遊びをしていたという特筆すべき事件があったが、無知にしても無茶苦茶な話ではないか。

楽器の街浜松

音楽に携わる者にとって浜松は、「日本最初の国産ピアノが生まれた楽器の街」のイメージが強い。が、何と言っても歴史が古く、もと徳川家康の居城で、水野・井上氏六万石の城下町である。楽器の他に綿織物業・オートバイ製造業も盛んな人口七九万を持つ市なのだ。

浜松市楽器博物館はＪＲ浜松駅から徒歩で七分ほどの所にあり、公立の楽器博物館としては日本初で、一九九五年に開館した。当初は収蔵資料の偏りからヨーロッパの楽器が七割を占めていたが、二〇〇六年のリニューアルで「世界の楽器を偏りなく平等に展示する」という基本コンセプトに近づき、世界中の楽器の展示がなされている。

ヤマハ（株）は世界最大の楽器メーカーで、「ＹＡＭＡＨＡ」は外国でも広く知れ渡っている。現在でも一日六、七十台のピアノが生産されているほどだ。

一八八七年（明治二〇）、医療機器技師で〈国産楽器の父〉と称される山葉寅楠《とらくす》（一八五六―一九一六）がたまたま浜松小学校のオルガン（米国メーソン社製）修理を頼まれ、これがきっかけで国産オルガン製作が始まり、ピアノ生産へと繋がって現在に至っている。

関東大震災で大きな被害を受け、一時経営不振に陥ったが、戦後見事に復帰。その後、ヤマハ発動機を設立してオートバイ製造に進出し、以後一九六〇年代を通して日本初の電子オルガン「エレクトーン（和製語 Electone＝登録商標名）」・ステレオセット・家具・スポーツ用品など様々な製品を手掛け、一躍世界のＹＡＭＡＨＡに成長したのである。

また、日本各地にヤマハ音楽教室を開設、更に財団法人ヤマハ音楽振興会を設立し、音楽教育と音楽の普及に努めるなど積極的な活動を展開して、オルガン・ピアノはもとより、ハーモニカ・ギター・メトロノームに至るまで世界第一位の総合楽器メーカーとして君臨しているのだ。

掛川市にあるヤマハ掛川工場での、ガイド付き「グランドピアノができるまで」の見学は、期待を遥かに上回る充実感を味わうことができた。

その一つは、側板《がわいた》の微妙な曲線の製法。これは、何枚もの薄い板を型に合わせて曲げながら、強い圧力をかけて接着して行くのだ。その工程を見て、ついつい「合点！」と声を出してしまった。

次は、ハンマーのフェルトの魔力。未整音の状態では正に硬く、これが羊の毛で作られているとは思えないほどの金属音のような固い音がする。ところが、このハンマーに、三本の針の付いたピッカーという器具を刺して、何回も何回も耳で確かめながら弾力を加え、『いい音』を求めていく。気が遠くなるような作業は感服の至りであった。

そして、最後にガイド嬢の語った、「人間の声に例えると、喉が開いて、おなかの底から出ている、重量感のある明るく伸びのある音こそ、ヤマハが求める『いい音』なのです」には、声を呑んでしまう私であった。

ウナギの浜名湖

夏負けをしないようにとウナギを賞味する土用の丑の日が、今年（二〇一一年）は七月二十一日に当たる。立夏の前の十八日の春の土用とて四月十七日で、どうにもこじ付けようもないが、この際、浜名湖まで足を運んでいながら、『鰻重《うなぎがさ》ね』を食しないわけにはいかんだろうと、「うなぎ藤田」を訪ねた。妻は（そう言えば娘も離乳期にパクパク口にしていたなあ）蒲焼の大のファンだが、私はどちらかと言うと秋刀魚《さんま》のそれの方があっさりして好みなのだ。しかし、今回はそんな負け惜しみは言っておられない。蒲《かば》を待つ間に品書きを読んで学習する。

日本のウナギは台湾・フィリピン東方の海域が産卵場となっていて、その稚魚はシラスウナギ・ハリウナギなどと称し、春に川に上り、河川・湖沼・近海に生息するとある。浜名湖では、その稚魚を懇《ねんご》ろに育て上げ食卓に届けるのだという。

♪来たョ来まーした!。ウナギ本来の味が判るように若干薄目のタレで、とろけるようなうまさは絶品!と、ついつい散漫な文章になってしもうた。サンマサン、ごめんなさい。

姫街道

本街道に峠・川越などの難所・厳重な関所等々の面倒があった場合、それを避けるため、人通りが少なく犯罪に巻き込まれる可能性の少ないといった事情を考えて利用した「姫街道（女街道）」という別ルートがある。これは、寺社参道に勾配がきつい「男坂」と、多少大回りになるが斜度の緩やかな「女坂」とがあるのと同じような発想と考えて間違いない。

東海道見附宿（静岡県磐田市）と御油《ごゆ》宿（愛知県豊川市）を結ぶ約六十キロの脇街道がそれで、本坂通り（本坂越え）とも言った。要するに、花恥じらう姫様たちが、特に「女改め」が厳しかったという新居《あらい》の関所を避けるため、舞浜―新居の浜名湖を渡らずに北側を歩くコースと言えば解り易いかも知れない。

箱根八里

「箱根八里」は、一節の歌い出しの文句の影響からか「箱根山」の題で呼ばれることもあるが（標準音楽辞典・音楽之友社）、正しくは「箱根八里」であろう。その理由の一つには、原典の『中学唱歌』（明治四十三年三月刊）にはっきり「箱根八里」で出ていること、その次に、箱根・芦ノ湖畔に建つ石碑にも「箱根八里」と刻まれていることである。

また、有節歌曲の場合、一番、二番の歌詞とか、一節、二節と記すが、「箱根八里」は【第一章　昔の箱根】・【第二章　今の箱根】と実に厳かな題が付されていて、何かしら時代の重みを感じるのは私だけだろうか。

二〇一二年五月に、ヘンデルの生地・ドイツのハレ市での「ジョイント・コンサート《メサイア》」の際に訪れたライプツィヒは、この「箱根八里」の作曲者滝廉太郎の留学地でもあり、とても興味深く各地を見て回った。今の時代、十時間余りの飛行時間でドイツの地を踏めるが、滝廉太郎の留学した頃は船で渡るしかなかったことを考えると、過酷な長い船旅こそが病気につながったのだろうと今更ながら口惜しい限りである。

ここでは、現代人には難解な歌詞の訳（日本語の邦訳とは不思議な気がするが）と、作詞・作曲家の紹介を取り上げよう。

『箱根八里』

鳥居　忱《まこと》　作詞
滝廉太郎作曲

（現代語訳：筆者）

【第一章　昔の箱根】

箱根の山は　天下の嶮《けん》
箱根の山はこの国中で一番険しい所

函谷關《かんこくかん》も　物ならず
中国長安の関所もものの数ではない

萬丈《ばんじょう》の山　千仞《せんじん》の谷
非常に高い山　大層深い谷　万丈の山が

前に聳《そび》え　後《しりえ》に支《さそ》う
そそり立ち千尋の谷が八里道を支える

雲は山を巡り
雲は山を横切って流れ

霧は谷を閉ざす
霧は谷底を隠して沸き立っている

昼猶闇《なおくら》き　杉の並木
日中でも木《こ》の下《もと》闇で暗い関所前の杉並木

羊腸《ようちょう》の小径《しょうけい》は
山羊《やぎ》の腸のようにくねった小径は

苔滑《こけなめ》らか
苔むして滑りやすい

一夫關《いっぷかん》に当《あた》るや
兵が護り着くや軍勢が攻めても

萬夫《ばんぷ》も開くなし
関所を落とせない

天下に旅する
国中を旅する

剛毅《ごうき》の武士《もののふ》
意志の強い武士は

大刀《だいとう》腰に
足駄《あしだ》がけ
八里の岩根
踏み鳴らす
斯《か》くこそありしか
往時《おうじ》の武士《もののふ》

刀を落とし差しに
素足に高下駄をつっかけて
岩だらけで険しい八里に及ぶ道を
堂々と闊歩する
このようなものであったのだろう
昔の侍は

【第二章　今の箱根】

箱根の山は　天下の阻《そ》
蜀《しょく》の桟道《さんどう》　数ならず
萬丈の山　千仞の谷
前に聳え　後に支う
雲は山を巡り
霧は谷を閉ざす
昼猶闇き　杉の並木
羊腸の小径は

箱根の山はこの国中で一番険しい道
四川の要害の地蜀道もものの数ではない
非常に高い山　大層深い谷　万丈の山が
そそり立ち千尋の谷が八里道を支える
雲は山を横切って流れ
霧は谷底を隠して沸き立っている
日中でも木の下闇で暗い関所前の杉並木
山羊の腸のようにくねった小径は

苔滑らか
一夫關に当るや
萬夫も開くなし
山野に刈する
剛毅の壮士《ますらお》
猟銃肩に
草鞋《わらじ》がけ
八里の岩根
踏み破る
斯くこそありけれ
近時の壮士《ますらお》

苔むして滑りやすい
兵が護り着くや軍勢が攻めても
関所を落とせない
山中で狩りをする
意気盛んな若者は
元込《もとこ》め式の猟銃を肩に
素足に草鞋を履き
岩だらけで険しい八里に及ぶ道を
堂々と闊歩する
このようであってほしい
近頃の壮士は

作詞者の鳥居忱《まこと》は明治十三年、二十五歳の時に東京音楽学校の前身である「音楽取調掛《おんがくとりしらべがかり》」第一回伝習生となり、西洋音楽の手ほどきをお雇い外国人メーソンから受ける傍ら、教師らと外国の曲に日本語を付けたり、唱歌を作ったりした。これが『小学唱歌集』（明治一四年）にまとめられ、日本人が西洋風の歌曲に親しむための足掛かりとなった。鳥居は唱歌担当の助手として取調掛に残り、二十年に東京音楽学校に改組された後、教授として国語と音楽理論を教えるようになった。「秋のあわれ」も作詞した。（一八五三—一九一七）

作曲者の滝廉太郎は、一八九六年東京音楽学校専修部卒業。一九〇一年六月ドイツ留学、ライプツィヒ王立音楽学校でヤーダスゾーン、クレッチマールに師事し作曲・ピアノを研究したが、同年秋病気となって一九〇二年一〇月帰国、故郷大分で静養中二十五歳で死去。洋楽黎明期にピアニスト及び作曲家として才能を示し、すい星のごとく世を去った。「箱根八里」を始め「荒城の月」、「花」は一九〇〇年、「鳩ぽっぽ」、「お正月」は渡独の一九〇一年に作曲されており、誠に早すぎる夭折だった。（一八七九—一九〇三）

【愛知県】

「日本灯台五十選」には、北海道（九台）に次いで多い（四台）のが我が青森県だと紹介されている。三方海に囲まれているのだから当たり前と言えばそれまでだが……。というわけで、観光案内を多少。

先ずは下北半島の尻屋崎灯台。明治九年に創設されたレンガ造りの日本一光度の高い灯台として有名。越冬する寒立馬《かんだちめ》の様子を見たいと、多くの観光客が訪れる。

竜飛《たっぴ》崎には、太宰治の小説『津軽』の一節を刻んだ文学碑があり、青函トンネル（一九八八年開通）の本州側の工事基地が置かれていた。

マグロの一本釣りで有名な大間は本州最北端にある町。国道279号線が通じ、函館港へフェリーが就航している。大間川上流に薬研《やげん》温泉があり、奥戸《おこっぺ》川上流はニホンザルの生息北限地である。大間崎から八百メートル沖合の弁天島に大間灯台がある。

最後は八戸市の東部海岸の鮫灯台。江戸時代廻船《かいせん》寄港地としてにぎわったが、江戸末期には、港としての機能は西部の港（陸奥港）に移った。ウミネコの繁殖地。国の天然記念物ウミネコは早春に飛来して、蕪島《かぶしま》で産卵し、夏の終わりに南へ飛び去る。鳴き声が猫にそっくりだにゃー。

と、まあついつい寄り道をしてしまったが、話を元に戻してと。伊良湖岬は愛知県田原《たはら》市にあり、太平洋と三河湾を望む渥美半島先端の岬。この先に先般登場した「日本の灯台五十選」に選ばれた、伊良湖岬灯台がある。近くには「日本の渚百選」・「日本の道百選」・「日本の音風景百選」・「日本の白砂青松百選」に選ばれた恋路ケ浜がある。ここがあとに出てくる『椰子の実』の出どころなのだ。日出園地には「やしの実博物館」や「椰子の実」詩碑も建っている。

電車や飛行機の旅と違って、気の向く所に容易に行けてしまう車の旅。実はいつの間にか愛知県に入ってしまっていたのだ。

愛知県は大きく尾張・西三河・東三河地方に分けられ、面積比は丁度一対一対一の割合になっている。尾張には三菱・川崎・富士重工業・IHI エアロスペース・東レなどの航空宇宙産業関連主要メーカーの生産拠点が集中し、西三河にはトヨタ自動車などの自動車産業が集中立地しているのである。〝トヨタが風邪をひくと愛知県は尾張（違った！）終わり〟と言われ、東海旅客鉄道・中部電力とともに〈御三家〉と呼ばれるほどの愛知県の経済産業の要となっている。仮に愛知県内でトヨタ自動車の自動車生産がゼロになれば、県内の製造品出荷が三十四兆円から一気に半分になり、八十五万人の雇用が失われ、失業率が二十ポイントも増えるというのだから驚きだ。

私が初めて名古屋を訪れた時、片道六車線！という交通ラッシュのものすごさを目のあたりにして身の竦《すく》む思いをした。今回は自家用車で……と勇んで市内に入って見たものの、慣れない田舎者には到底無理であることを逸早く悟り、かてて加えて交通事故死亡者数日本一と知ればすっかり怖気《おじけ》づいてしまい、ホテルに車を預けて出掛けるしかなかった。それにしても名古屋ナンバーはおろか、尾張小牧・一宮・三河・豊田・岡崎・豊橋と県内ナンバーだけでも七種、加えておびただしい数の県外ナンバーの車が群雄割拠している。

名古屋城

「伊勢は津で持つ、津は伊勢で持つ。尾張名古屋は城で持つ」と伊勢音頭にまで歌われる名古屋城は、姫路・熊本城と共に日本三名城に数えられる。天守閣上の金の鯱《しゃち》により「金城」とも呼ばれ、国の特別史跡になっている。本来ならばここで鯱鉾《しゃちほこ》ばった話になるべきなのかもしれないが、実に砕けた間抜けな事件を一つ。

一九三七年（昭和一二）一月、天守閣の鯱の鱗《うろこ》五八枚が盗難に遭った。当時のお金で四十万円とか。犯人が大阪の貴金属店にこの鱗を売ろうとして警察に発覚し、三週間後に逮捕されたという話。他にも金の鱗に関する盗難事件は何件も発生したが、いずれも逆鱗《げきりん》に触れて？未遂に終わっている。昔から『竜のあごの下の逆さ鱗に触れると怒ってその人を殺す』という故事があるわけで、この後も先人の教えをよく守って、儚《はかな》い盗み心など抱くにあらずだ。

その金鯱は国内でも実に珍しいとあって、様々なネーミングに使われている。名古屋市西区に本社があるスタンプ・メーカーのシャチハタは、シャチホコが描かれた旗・すなわち『鯱旗』から名付けられたブランド名。グランパス（grampus. 英）はシャチ・ゴンドウクジラのことで、名古屋市内にはホテル・喫茶店などにも多くみられるが、何といってもJリーグの『名古屋グランパス』が全国区だろう。

また、二〇一一年に六十回目の「メサイア」演奏会をやってのけた金城《きんじょう》学院は、一八八九年に名古屋の市立女学校からスタートした、歴史の古いキリスト教主義の名門校である。ちなみに、ここの学院は附属中学からの入学者を『純金』、附属高校からの入学者を『十八金』、大学からの入学者を『金メッキ』と格付けして呼ぶ。地元の人でなければめったに耳にしないことだろう。

「愛・地球博」で親しまれた愛知万博（二〇〇五年）以来全国版になった名古屋嬢は、名古屋城と名古屋のお嬢様を掛けた俗称であることは承知のこと。しかし椙山《すぎやま》女学園・愛知淑徳・金城学院のローマ字の頭文字をとった『ＳＳＫ』なる呼び名が存在することは？ベトナム戦争で話題になったソ連製の半自動カービン銃は『ＳＫＳ』だったか。わたしのイニシャルは『S.K』だけど。文句あっか。

徳川美術館

名古屋市の徳川園にある徳川美術館は、財団法人徳川黎明会が運営する私立美術館。実業家や大企業のコレクションを母体にしたものがほとんどの日本の私立美術館の中で、ここは旧藩主家伝来の道具類がまとまって遺されている、極めて珍しいケースの一つである。ことに国宝『源氏物語絵巻』（絵十五面・詞書《ことばがき》二十八面—残りは東京の五島《ごとう》美術館収蔵）は、美術館の目玉になっている。『源氏物語』の本文から絵画にふさわしいと思える個所を抜き出した詞書は、なだらかで美しい仮名文字で書かれている。また、墨絵に色を施す『作り絵』で描かれた絵は色付けも鮮やかで見る人の心を魅了して離さない。

明治村

愛知県犬山市にある明治村は、明治時代の代表的建造物を移築展示している、全国で唯一の野外博物館。一九六五年（昭和四〇）に開村されたが、経営する名古屋鉄道の土川元夫《もとお》の「次々に破壊されていく明治建築を残そう」という目の付けどころに先ず脱帽した。

入鹿《いるか》池西岸の十平方キロメートルの広大な土地に、重要文化財九点を含む六十余りのとても一日では回りきれないほどの魅力ある建物が並んでいる。というわけで、二、三時間の『重要文化財コース』を選ぶことにした。

＜旧品川灯台と旧菅島《すがしま》灯台附属官舎＞

現存する最古の洋式灯台の旧品川灯台は、円形・煉瓦造り（現在は鉄筋コンクリート）で明治三年（一八七〇）造。当時、東京湾品川沖で船舶に港口を案内したり、陸地の遠近・所在・危険箇所を指示した立役者である。

同じく旧菅島灯台付属官舎は、地元の煉瓦を使って伊勢湾入り口（現・鳥羽市菅島町）に建てられたものだが、同じ年に造られた菅島灯台の方は、今も現役最古の煉瓦造り灯台としてその役目を果たしている。船乗りは光によってどこの灯台かが判るようになるという話を耳にしたことがあるが、その灯を燈《とも》し続ける灯台守の苦労も並大抵ではなかろう。ひたすら灯台の灯を守り、「身を尽くし」続ける夫婦の哀歓を描いた『喜びも悲しみも幾年月』という感動的な映画を思い出した。原作者木下恵介の弟木下忠司《ちゅうじ》が作詞・作曲した同名の曲は、仕事にかける情熱と家族の絆がひしひしと伝わってきて胸を打たれる。

喜びも悲しみも幾年月

木下忠司・作詞作曲

一、俺ら岬の　灯台守は
妻と二人で　沖行く船の
無事を祈って　灯をかざす
　　灯をかざす

二、冬が来たぞと　海鳥啼けば
北は雪国　吹雪の夜の
沖に霧笛が　呼びかける
　　呼びかける

三、離れ小島に　南の風が
吹けば春来る　花の香便り
遠い故里　思い出す

思い出す

四、朝に夕《ゆうべ》に　入船出船
　妻よがんばれ　涙をぬぐえ
　もえてきらめく　夏の海
　　　　夏の海
五、星を数えて　波の音《ね》きいて
　妻と過した　幾年月の
　よろこび悲しみ　目に浮かぶ
　　　目に浮かぶ

その昔、ザ・ピーナッツが出演していた『シャボン玉ホリデー』という人気番組があった。その中でフォークダンスに使われるあの『オクラホマミキサー（藁《わら》の中の七面鳥）』のあとで、突然短調に転調し、この「喜びも悲しみも幾年月」のメロディーが流れると、灯台守に扮した植木等が登場し、「お呼びでないね、こりゃまた失礼いたしました！」のオチで締めるコントが大流行した。確か植木等は新作『喜びも悲しみも幾年月』での好演で、日本アカデミー賞最優秀助演男優賞に輝いたと記憶しているが……。多少話が脇道にそれたかな。
　こりゃまた失礼いたしました！
＜日本聖公会京都聖約翰《よはね》教会堂＞
　日本聖公会京都聖約翰教会堂（聖ヨハネ教会堂）は、京都五条教会堂としてアメリカ人ガーディナーによって設計された。立教学校の校長を勤めたガーディナーは、他にも立教大学校舎・明治学院ヘボン館も手がけた建築家。一階は幼稚園として使われていたが煉瓦造りで、二階の会堂は木造になっている。中世ヨーロッパ・ロマネスク様式を基調に、細部にゴシックのデザインを交えた外観は、居ながらにしてヨーロッパを満喫できるというもの。
＜西郷従道《つぐみち》住宅＞
　西郷隆盛の弟従道は在日外交官との接触も多く、「西郷山」と呼ばれる東京目黒の敷地内に建設した二階建の洋館が西郷従道住宅。フランスの建築家レスカスの設計というが明治の初期にこれほどの洒落た洋館が日本に存在したということ自体驚きで、大切に保存してほしいものだと痛感した。
＜札幌電話交換局舎＞
　携帯電話の世の中になってからめっきり電話ボックスが減り、残存する何十枚ものテレフォンカードが恨めしい。「電話局」も、加入者の電話線を相手方のそれに接続していた「電話交換

（手）」も、最早死語だ。

「電話の父」と言われるグラハム・ベルが助手のワトソンに「Mr. Watson, come here, I want you.（用があるからちょっと来てくれ）」と話した人類最初の通話が、今から百三十五年前の一八七六年（明治九）三月の出来事だった。翌年には日本にも紹介され、赤坂御所内の宮内省と赤坂溜池《ためいけ》葵町《あおいちょう》の工部省との二キロ間で実験したのが、日本初の電話だったとか。

時々『手廻し電話機』の話題で妻と大笑いをするが、しばし電話昔話にひたってみよう。

私が思い出せるのはせいぜい小学生の頃で、壁掛け式だった。本体の左側に下向きにぶら下がった黒っぽい受話器を左手にとって耳に当て、本体右側に突き出たハンドルを右手でギーコギーコと回すと、美声の交換手が応対してくれる。送話口に向かって相手番号を告げると繋いでもらえるという代物。受話器を置いて呼び出し音が鳴るまで何分も待たされたのは、市外通話だったからなのだろうか。近所の家への電話もよく我が家に掛かってきて、呼び出しに走るのが末っ子（パシリ）の私の役目だった。新学期毎に配布されるクラス名簿一覧のTELの欄が空白だったり、（呼）と付いたりしているのは当たり前で、番号が記入されているのは何人もいなかった。金持ちでなければ敷設できなかったのだ。しかし、我が家に限っては職業（警察官）上の理由からだったと知ったのは、かなり大きくなってからだった。

そんな事を話しながら、札幌電話交換局舎（レトロ極まる）に入ってみた。明治二十三年に東京と横浜で電話交換業務がスタートし、徐々に全国に普及していく。線を繋ぐわけだから〝デンハ急げ！〟と言ってみても、海を越えて札幌に到達したのは八年後の一八九八年（明治三一）だった。「津軽海峡を電話線が走る」って、想像しただけで面白い。

＜三重県庁舎と東山梨郡役所＞

一八七八年（明治一一）に、一年半もかけて建築費一万四千九百円を費やして建てたという三重県庁舎。これが百三十年前の建物かと疑いたくなるような美しさと壮大さにただただ圧倒されてしまった。羽織袴にシルクハットでの列席？がぴったりという気分になる。流石に映画のロケ地として幾度も登場するわけだ。

一方、一八八五年（明治一八）に『郡』のための庁舎として建設された東山梨郡役所は、いわゆる地方行政組織の効率化による廃藩置県で、ブドウで有名な勝沼・塩山町などが合併して甲州市が誕生したことで廃止された郡役所である。建物中央棟が二階建て、左右シンメトリーの平屋の両翼を持ち、入母屋《いりもや》造《づく》りの屋根で桟瓦葺《さんがわらぶき》。しかも至る所に洋風の意匠が施され、これが地元の職人の手になるものかと信じられなかった。

＜東松《とうまつ》家住宅と芝居小屋呉服座《くれはざ》＞

木造三階建てと聞いただけで、地震に耐えられるかな？などと要らぬ心配をしてしまうが、東松家住宅は倒壊などどこ吹く風で、百年も雄姿を保ち続けて現在に至っている。建築当初（江戸末期）は平屋建てで、一八九五年（明治二八）二階建て、一九〇一年（明治三四）三階建てに増改築をしている。名古屋の油商人が時代の先を読んで銀行に転換し、鉄製の防御保護を付したという建物。商人なので、茶室は表立って持てなかったためか二階に設えられている。豪商の証だ。

一方の芝居小屋呉服座《くれはざ》は明治の初め池田市（大阪）の戎《えびす》神社近くに建てられ、戎座と呼ばれていたが、一八九二年（明治二五）西本町に移り、名称も「呉服座」と改められた。いわゆる歌舞伎・落語・浪曲・講談・漫才などを演じる寄席だが、回り舞台（勿論人力の）や二階席まであり、当時の面影を残している。額入りのミヤコ蝶々・浪花千栄子・長谷川一夫・藤山寛美などのブロマイドが懐かしい。ここは尾崎行雄・幸徳秋水らの演説会にも使われていたことを聞いて、単なる遊び場・社交場にとどまらず、マスコミの重要な役割も果たしていたことが伺える。昨年、名称も「くれは座」から「ごふく座」に変えて池田市には四十一年ぶりに「呉服座」が復活したというニュースが流れていた。

国指定重要文化財コースの他にも、森鴎外・夏目漱石・幸田露伴などの旧邸、旧制八高正門、帝国ホテル玄関、ハワイ移民集会所（ヒロ市）、日本最初の京都市電など、興味をそそられる物件ばかりだ。

明治村歴代村長の徳川夢声《むせい》・森繁久弥、現村長（執筆当時）の小沢昭一各氏の偉業に敬服すると同時に、大切な遺産を末永く引き継いでほしいものと願いながら村を出た。

茶臼山

愛知県の最高峰「茶臼山」（愛知・長野両県境）は千四百十五メートル。茶臼山は形状が富士山のように末広がりで、茶の湯のてん茶を抹茶に挽く茶臼に似ていることから名付けられるが、同名の山は全国に二百以上もある。高いのは長野県塩尻市と木曽町の境にある二千六百五十三メートルのそれ。最も低いのは十メートル級の山（広島県江田島市の東能美島）に及ぶ。青森県にも西津軽郡深浦町の八百九十メートル、隣町のツツジ（一万五千本！）祭りで有名な大鰐町の茶臼山《ちゃうす》（公園の下をトンネルが通る）と、沢山ある。そう言えば、熊本市の熊本城の建つ丘陵地は「茶臼山」と呼ばれていたと聞くし、愛知県新城市《しんしろ》にはＪＲ飯田線茶臼山駅があるんですよ。

山手町メロディー・トンネル

長野県との県境に近い豊田市の国道257号の川手トンネルに『山手町メロディー・トンネル』がある。曲は青木存義《ながよし》作詞・梁田《やなだ》貞《ただし》作曲の『どんぐりころころ』で、設置距離はおよそ三百メートル程のものだが、ついつい聴いてみたいという気が起こって、ゆっくり車を走らせる。平成十九年十一月に設置したばかりだという。メロディー・ロードは篠田興業の登録商標らしいが、「鮭の街」・「酪農の街」で知られる北海道標津町《しべつ》では環状線を利用して、しゃべるロード、メロディーロードの実証実験が行われ、近い将来全国で耳にすることができるようになるかもしれない。そうナルとこのドーロは交通安全に繋がるだろうか。

名古屋名物

名古屋名物と言えば、ひつまぶし・味噌カツ・手羽先・きしめん・味噌煮込みうどん・エビフライ（車蝦は県の魚）・あんかけスパ・小倉トースト・台湾ラーメン・天むす・カレーうどん・モーニング・名古屋コーチン・どて煮・味噌おでん……と続くが、その中から当地特有の物を挙げることにしよう。先ずは「ひつまぶし」。

「ひつまぶし（櫃まぶし）」とは主に名古屋近辺で食べられているウナギを用いた郷土料理。なんで「暇潰し」あっ、元へ！「ひつまぶし」と呼ぶのかは諸説があるようだが、どうやらウナギをまぶした、あるいは関西で「鰻飯《まんめし》」を意味する「蝮《まむし》」の転化からきているのではという二説が有力なようだ。ウナギの蒲焼を細かく刻んで飯に載せるところまではわが家でもよくやる（青ジソなど特に合う）が、三つの異なる食べ方をするという点がミソラ。それでは参りましょう、ドーレ。

ご飯の上に刻んだウナギが載ったまま出てくる。これをしゃもじで〝＋〟の形に切り分け四等分する。

最初の一杯はそのまま味わい、二杯目は葱《ねぎ》・山葵《わさび》・海苔などの薬味を載せて、三杯目は御茶漬け風にして楽しみ、最後はご自分の好みで……と、ざっとこんな具合。

次に「台湾ラーメン」。豚の挽き肉・ニラ・長ネギ・モヤシなどを唐辛子で辛く味つけて炒め、醤油ベースのスープを加えて茹でた麺にかけたもので、ニンニクを沢山入れるのも特徴の一つ。台湾ラーメンが急激に広まったのは、激辛ブームに沸く一九八〇年代中頃からで、痩せる・スタミナが付く食品として、人気に火が付いたのだという。

「どて煮」は赤味噌で牛スジを煮込んだ食べ物。モツを入れたり野菜を加えたりそれぞれバラエティーがあるようだが、赤味噌で煮るのがポイント。名古屋の居酒屋や食堂ではごく普通に食べられ、一般家庭でも作るメニューらしい。

最後に「名古屋コーチン」。名古屋コーチンは鶏の一種で、卵をよく産み肉も美味しいため、卵肉兼用種として飼育されている。まあ、比内鶏と思えば中《あた》らずと雖《いえど》も遠からずだ。名古屋コーチン鍋・刺身・手羽焼き・焼き鶏・名古屋コーチン親子丼など数えきれないほどの料理法があると聞く。

また、現在では名古屋名産として全国的に知られている守口《もりぐち》漬は、守口大根（岐阜市守口が原産）を粕漬けにした奈良漬の一種。この守口漬を初めて口にしたのはいつのことかはっきり覚えていないが、ちょっとばかり酒の匂いの、歯ごたえパリパリ感は、私の大好物になってしまった。

ある年、名古屋のデパート地下で、樽入りのとぐろを咄嗟に「蛇の生殺し？」と思い、近寄って確かめたことがある。直径二センチ、根の長さ一メートル以上の長大根は他の土地では見られない。肉質が硬すぎるので、漬物用にしか使われないが、長芋を抜く時のように（青森県三沢市付近で偶然見かけたことがあった）、一度機械を使って深く掘りこんでから採集するということを、今回は現地で確かめることができた。

序でにお楽しみ方も教わってきた。一つ、サラサラ　パリパリッとお茶漬け、二つ、季節のサラダのアクセント、三つ、ちょっとばかり贅沢なお茶うけに！と。（私の描いたメロディーが読者に伝わることを祈りつつ）

弥富《やとみ》金魚

「きんぎょ～え―、金魚」の売り声は懐かしい風物詩だ。夏、涼しい時間帯に、天秤棒を掲げた盥《たらい》の中に金魚を入れ、独特の甲高い売り声をあげながら街中を練り歩いていた。中学時代だったと思うが、面白半分に金魚売りの真似をしたら、家族からNGが出た。声が違いすぎるというのだ。あの、遥か彼方から響き渡ってくる哀愁を帯びた、適度なビブラートの付いた美声は、なぜかみんなテノールなのだ。結構な重労働だからソプラノやアルトはあり得ないとしても、バスの金魚売りは存在しないのだろうか、しからばこの商売は私には無理なのかと、つまらぬ心配をしたことがある。

そしてもう一つ。不思議に「きんにょ～えー、金女」と聞こえたのだ。だから、真似た時、発語のまずさも手伝って拍手をもらえなかったのかもしれない。nに続くgはギョ［gyo］ではなくニョ［ngyo］の軟音のgに変わる関係で、「ンギョ」が「ンニョ」に聞き違えられ、「金女」になっていたのかもしれない。

ところで、愛知と三重の県境に金魚で名高い弥富市がある。一九九四年（平成六）向井千秋宇宙飛行士が、スペースシャトル「コロンビア号」で弥富金魚を用いて宇宙酔いの実験をしたことで、全国に知れ渡ったのは記憶に新しい。そもそも金魚の祖先は千七百年前に中国で発見された「赤い鮒《ふな》」だった。そのフナの突然変異体を繁殖させて現在に至るわけだが、日本一の金魚産地弥富は三拍子揃った恰好の地であったのだ。即ち、良質で豊富な木曽川の水。金魚の発色に好都合な粘土質の土壌。名古屋市に近い交通の利便性。

『ナイショ話』

（題名からあらぬ想像をするかもしれないが、ご期待に添えず御免なさい。）

『ナイショ話』（結城よしを作詞）を作曲した山口保治《やすはる》（一九〇一―一九六八）は、愛知県豊川市出身の作曲家で、「かわいい魚屋さん」・「かかしのねがいごと」の作曲で知られる。東京音楽学校を卒業し、福井高等師範学校の教員の後国府《こう》高等女学校（現・県立国府高等学校）の教員を勤めた。「ピアノを習ったことはないが、この曲だけなら弾ける」という「猫踏んじゃった」（ドイツ版の曲名「ノミのワルツ［Flohwalzer］」）は、山口保治がこの曲のピアノ練習曲に数小節を付け加えたという説も残っている。

ナイショ話　　結城よしを作詞

一、ないしょ　ないしょ　ないしょの話は
あのねのね
にこにこ　にっこり　ね　母ちゃん
お耳へ　こっそり　あのねのね
坊やのおねがい　きいてよね

二、ないしょ　ないしょ　ないしょのおねがい
あのねのね
あしたの日曜　ね　母ちゃん

ほんとにいいでしょ　あのねのね
坊やのおねがい　きいてよね

三、ないしょ　ないしょ　ないしょの話は
　　　　　　　　　　　あのねのね
お耳へ　こっそり　ね　母ちゃん
知っているのは　あのねのね
坊やと母ちゃん　二人だけ

と、まあ、あとは、無イショ。

紀伊半島の大縦断

「二〇一二年九月七日から四日間、青森空港から往復航空機で行く」を目にした時、航空機？

飛行機？どこが違うのかな？と、ちょっとばかり気にかけていた。「成程、そうか最近耳にする格安便だったのか」と納得したのは、旅程表でＦＤＡ（フジ・ドリーム・エアラインズ）の文字を見つけた時だった。ところがどっこい、これが最高！何故って、トランジットなしの八十分で名古屋小牧空港まで飛べるし、しっかりドリンク・サーヴィスもあるのだ。序でながら、美人のフライト・アテンダントでしたヨ。

猿賀勝代（娘婿の母）さんと三人の旅、高野山での宿坊《しゅくぼう》体験、伊勢神宮、熊野本宮大社、青岸渡寺《せいがんとじ》などの神社仏閣巡り、那智《なち》の滝、鬼ヶ城、的矢湾《まとやわん》などの名所旧跡など思い出多い、何分にも楽しい旅であった。

加えて、驚くばかりの知識人で稀者《まれもの》のガイドさん、いつもウィットでホットな添乗員片山さんの存在も忘れられない。

瀞《どろ》峡めぐりと飛び地村

この旅のハイライト。熊野川上流の志古《しこ》で、噂のウォーター・ジェット船に乗り込み、いよいよ待ちに待った瀞《どろ》（河水が深く、流れが静かな所）峡《きょう》巡りのスタートだ。なんと両側ガラス張りで、原生林や絶壁のパノラマを眺望できるように開閉式の屋根付きという快適さだ。時速五十キロは出ているだろうか、亀岩・獅子岩・天柱岩・屏風岩・夫婦岩《めおといわ》などと名付けられた奇岩・巨岩が次々と現れる瀞八丁（銀座街？）に辿り着く。

船内に流れるガイドのままにキョロキョロしていると、おもむろに自動で（当たり前か！）幌《ほろ》が滑り込んでいくではないか。まさにオープン・トップだ。「ワーッ」、「オー」と一斉に感嘆の声が上がる。これなら殿様気分で踏ん反り返ったままで見物できるわけだ。楽ちんじゃわい。

それから十分ほど進むとウォーター・ジェット船の休憩場・田戸《たど》に着く。下船してみやげ物店で舌鼓を打った本場ものの鮎の塩焼きは、えも言えぬ美味しさだった。

ここから見上げる創業百年の歴史を誇る『瀞ホテル』は、本館が奈良県、吊り橋で行く別館が和歌山県という信じられないほど険しくそばだった所に建っている。

県境《けんきょう》はお世辞にも堅強《けんきょう》とは言えない吊り橋の途中らしいが、こともあろうに昨年の洪水で無惨にも破壊されたままの現況《げんきょう》で、空恐ろしい心地であった。

瀞峡めぐりはここからスタート地点に戻っておしまいだが、ここでどうしても触れておきたい名所がある。

田戸の数キロ上流に、全国で唯一の飛び地村があるのだ。近年筏下《いかだくだ》りで名高い北山村《きたやま》がそれである。三重県（熊野市）と奈良県（十津川村）の中にポツンと和歌山県の北山村が存在する。

古来、この北山村は林業が盛んで、ここで伐採した材木を北山川経由で熊野川を使って新宮《しんぐう》に運んでいたことから、和歌山県とのつながりが強かったという。時に奈良県に属する機運もあったが、住民の希望で飛び地村ができたわけである。その中にダム建設によって熊野市までの道路が整備され、現在はむしろ熊野市との結びつきが強くなり、市町村合併の際、飛び地村がなくなりかけたが、住民投票の結果、和歌山県に残ったのだという。

人口五百人に満たない小さな村であるが、林業のほかに筏下りなどの観光産業、世界一の生産量を誇る〝花粉症に効く〟「じゃばら（ゆずやカボスのような高酸柑橘）」などでどんどん有名になり、まさに「人が群がる飛び地村」なのである。

話が奈良県にまで及んだ序でに、聖徳太子の開基創建で、現存する世界最古の木造建築「法隆寺」について少し触れることにしよう。

法隆寺五重塔の天井裏の組木に残された落書きは、驚くなかれ『古今和歌集』の歌の一部だったというのだ。しかもそのいたずらが、大工たちの仕業だったというから脱帽だ。

その落書きとは、『奈《な》尓《に》波《は》都《つ》尓《に》佐《さ》久《く》夜《や》己《こ》（「難波津に咲くやこの花冬ごもり　今は春べと咲くやこの花」の上の句の九字）』の墨書。私がこの落書きの写真をある本で見つけた時、咄嗟に「これこそ後世に遺した偉大なるプレゼント！」と思った。

その理由は、先ず知性と教養の高さである。その歌が仮に当時の手習いの詞だったとしても、不意の落書きに和歌を記したのだ。近頃目にする、芸がない単記・連記の相相傘とは桁が違う。

次いで、このいたずらが、いつかばれはしないか……というサスペンスが何とも言えない。いくら天井裏の組木とはいえ、聖徳太子の開基創建なる法隆寺のこと、万一施工者の特定などに至れば打首の刑に至らなかったとは誰が言えようか。

そして、何といってもこのいたずらは、文学的あるいは歴史的な事実を証拠として残していることである。建築に従事した大工たちが自ら覚えた新しい仮名の文字は、千五百年余の史実を物語っているのだから。

谷瀬の吊り橋

十津川《とつかわ》村は日本一大きい村で、奈良県南端に位置する。ここの観光名所「谷瀬《たにぜ》の吊り橋」は、全長二九七メートル、高さ五四メートルの日本一長い鉄線の吊り橋。昭和二十九年（一九五四）に上野地《うえのじ》と対岸の谷瀬《たにぜ》を結ぶ生活用の吊り橋として、八百万円掛けて架けられたという。

聳え立つ山々に囲まれ、眼下にはエメラルド・グリーンの十津川（熊野川）が流れ、まさに絶景だ。今回もこの危険極まりない吊り橋を、高所恐怖症でおののく私の醜態の観覧を心待ちにしている人が約一名いた。

それにしても、スタート地点には五十人を超す団体客が橋をバックに記念撮影をしたり、膝の屈伸をして準備したりと落ち着かない。高さや揺れに対する恐怖心（でいっぱい！）はともかく、何人もの団体客が、もし、もしもですヨ、偶然に歩調が合い、同じタイミングで同じ方向に一斉に荷重したら……などと、ついつい考えてしまうのは私だけなのだろうか。

いよいよ順番が回ってきた。板幅は約一メートルあるが五枚の板（二〇×一八〇㎝）の間に隙間があり、ひび割れの目立つ板目板を使っているので、割れはしないかと恐怖におののき、ミシミシと軋《きし》む音も心臓によくない。時折目に入る赤ペンキの×印はまた妙に気にかかるんだな。屁《へ》っ放《ぴ》り腰・及び腰などはこの際当たり前で、恐る恐るの摺《す》り足の宇宙遊泳型、初体験の平均台で両手を広げて必死にバランスを取る平衡感覚型、前を歩く男性の腰にしっかりと捉《つか》まり歩調まで合わせる電車ごっこ型、そしてすれ違い際《ぎわ》に思わず重心を失ってしゃがみ込み、挙句の果てに四つん這いで匍匐《ほふく》前進を試みる方（型？）……と何でもありだ。

向こう岸の吊り橋茶屋に貼ってあった『揺れ太鼓』のポスターは八月四日夕刻よりと書かれ、橋の上で十人ほどの若者が一列に並んで太鼓を叩いている。よく見ると、右足を橋の端に、左足と太鼓は中央部に置いてある。これでは重心が片寄り過ぎはしないかと、復路の案内係に尋ねてみた。すると、「なんも心配ないんじゃよ」と、太鼓判を捺《お》された。

「十津川」で思い出すのは、北海道空知《そらち》地方の「新十津川町」である。

明治二十二年（一八八九）八月、奈良県十津川村を襲った集中豪雨により百六十八人もの死者が出、村は壊滅状態になった。翌年一八九〇年、六百戸・二千四百八十九人は新天地を目指し北海道に移住することを決意したのだった。熱い開拓精神の甲斐あって、次第に原野を開墾し、見事に集落を発展させ、現在の新十津川町を造り上げたのである。後に、寒さに強い水稲品種「玉置坊主《たまきぼうず》」を開発し、道内の稲作に多大な影響を及ぼすにいたったと同時に、道内初の「新十津川酒造株式会社」を設立し、現在も「金滴酒造《きんてき》」として『白鳳・新十津川』とか『北の微笑』といった「新十津川町」の旧時を彷彿させる銘柄で広く親しまれている。あっぱれ！

沖縄・八重山四島の旅

二〇一〇年三月末、四十年の教師生活を全うした記念にと、『沖縄・八重山四島の旅』に出かけた。長きにわたって善くも弁当を作り続けてくれましたと、感謝を込めた妻との二人旅だった。この旅行は日本私立学校振興・共済事業団が企画し、東北海外旅行（株）によるもので、参加者のほとんどが退職を迎えた同じ境遇のカップル。少しばかり年をとってはいるが、和気藹々《あいあい》の最高の修学旅行団？であった。

昨年、仙台駅と空港を結ぶ仙台空港線が通るようになって実に便利になった。これで新幹線が青森まで繋がったら……などと未来（老後？）を語るうちに、気が付いたら那覇空港行きの機内であった。

信用のおける天気予報によると、沖縄は最高二十八℃、最低二十四℃と青森の真夏状態。「何処でどのように夏服に替えていくかが南国へ飛ぶ際のコツなんだよ」と知ったか振りしてしゃべってきたからか、携行品も実にコンパクトだった。

その一　宮良殿内《みやらどんち》と笹森儀助

私達が連泊した「ホテル日航八重山」が、石垣市大川五五九番地にあることは事前に送られてきたパンフレットで知っていた。その同じ地名の大川一七八番地に、琉球王国時代の邸宅で県内唯一の士族屋敷の国指定・重要文化財、「宮良殿内」があるのに気付き、散歩がてらに探してみることにしていた。第一日目、石垣到着から夕食までの間、ホテルから十五分ほどの処に見つけることができた。

宮良家八世宮良当演《とうえん》が一八一九年に建造したというこの殿内（地頭職の者の邸宅）は、現在も住居として使われているため、家の中には入られないが、外回りや素敵な庭は見学できるようになっている。『入館料二百円』とあるので「こんにちは！」と家の中を覗くと、小柄な老翁が何やらぶつぶつ言いながらの登場だ。耳を欹《そばだ》てると、「どこから来たのか？」と質問している。

「青森県です」と答えると、そのあとは立て板に水のごとく、笹森儀助は一八九九年にこの部屋に宿泊した。北海道や青森の方言は八重島のことばによく似たところがある。更には人頭《にんとう》税や貢《こう》布《ふ》制度などの暗黒のドラマに至るまで、とても九十歳とは思えないほどのしっかりした話し振りで淀みなく熱弁をふるうのだった。初めのうちは「これは大変な人に捕まってしまった」と思ったが、次第に話に引き込まれ、気が付いてみると一時間は優に説明を受けていたのだった。しかし、このままだとここから当分離れられないだろうと思い、和風の枯山水庭園の美しさを褒め、日も暮れてきたので……と言って別れた。

いやー、縁とは不思議なもの。弘前藩士笹森重吉の息子で、稽古館（現・東奥義塾）卒後、探検家・政治家・実業家として名をなし、特に奄美大島の島司《とうし》や第二代青森市長を務めた笹森儀助とゆかりのある宮良殿内とは驚きでした。特に今回は三十八年間勤めた東奥義塾の退職記念旅行だっただけに、この巡り合わせを不思議に思った。

その二　西表《いりおもて》島

西表島は沖縄本島に次いで二番目に大きく、石垣島の西にある面積二百八十四平方キロメートルの島。島の大部分は山岳で、湿潤亜熱帯のジャングルに覆われ、秘境と呼ばれる。この島だけに生息し、特に特別天然記念物の西表山猫（夜行性だけに、実物と面会できなかったが）や、ヘビやカエルなどの小動物を食べる冠鷲《かんむりわし》も観察できたし、亜熱帯・熱帯の泥地に発達する特異な植物群落マングローブ（紅樹林《こうじゅりん》）も見ることができた。

「日本の滝百選」で有名な「マリユドゥ（丸い淀みの意）の滝」は、西表島の観光の名所になっている。ジャングルの中の遊歩道を抜けると、幅二十メートル、落差が十六メートルの滝が三段に流れ落ちるダイナミックな自然の光景が現れ、そのスケールの大きさには度肝を抜かれる。このマリユドゥの滝から更に十分ほど奥に進むと、「カンピレー（神々が座するの意）の滝」に到着する。その昔、西表島の十五か所の神々が集まって島づくりの話し合いをしたという伝説が残る聖地で、落差こそないが幅広の急流は今にも吸い込まれそうな、瀑川《ばくせん》ということばがぴったりのスポットである。ここが「浦内川《うらうちがわ》トレッキング」の折り返し地点。道すがら立ち止まっては三人のガイドさんから植物や動物の詳しい説明を聞き、流石は大人気のプログラムだといたく感動したのだった。その中のただ一人の若い女性ガイドが青森県の下北半島・大間町の出身であることを知り、特別に話に花が咲いたことは言うまでもない。

二時間に亘る快いトレッキングの後は、西表島に隣接する由布《ゆぶ》島まで水牛車に乗って渡るという八重山観光の目玉を体験した。

由布島は、西表島から四百メートルしか離れていない、周囲が僅か二キロメートルの、普通の地図上では点に過ぎないような実に小さな島である。海流によって堆積した砂地の浅瀬は、潮位の低い時には徒歩や自動車でも渡れる。元々台湾から連れてこられた『大五郎』と『花子』のつがいの水牛が繁殖して、これまで何代にもわたって観光客を楽しませてきたという。二歳からトレーニングを始め、三歳からは本格的に車を引っ張れるようになるのだという。私たち十六名を乗せた水牛の『海《かい》』君は、飼い主のことばによって実に賢く仕事をする。平均体重六十五キロとしておよそ一トン以上の重量を牽引している計算になる。驚きだ。二十五分ほどのんびりゆったり車に揺られ、御者の弾く三線《さんしん》に合わせて八重山地方の古謡『安里屋《あさとや》ユンタ』を全員で歌ったことは一生忘れられまい。

安里屋ユンタ

作詞・星《ほし》　迷鳥《めいちょう》
（本名　星《ほし》　克《かつ》）
編曲・宮良長包《みやらちょうほう》
（原曲　竹富島《たけとみじま》古謡）

一、サー君は野中のイバラの花か
　　サーユイユイ

暮れて帰ればヤレホニ引きとめる
マタハーリヌツィンダラ　カヌシャマヨ
（ああ、なんと可愛い、愛しい娘であることよ）

二、サー嬉し恥ずかし浮名を立てて
　　　　　　　　　　サーユイユイ
主《ぬし》は白百合ヤレホニままならぬ
マタハーリヌツィンダラ　カヌシャマヨ

三、サー沖縄よいとこ一度はおいで
　　　　　　　　　　サーユイユイ
春・夏・秋・冬　緑の島よ
マタハーリヌツィンダラ　カヌシャマヨ

帰りしなに気付いたのだが、亜熱帯動植物園になっている島の入り口付近には、『大五郎』と『花子』の二頭の名前が刻まれた立派な記念碑が建っていた。何と言ってもこの島は水牛様で持っているのだから……。間違っても「死んだら神様よ」と唱えてはならない。

その三　歌と踊りの島

沖縄は『歌と踊りの島』と呼ばれるように世界でも有数の民謡の宝庫で、それぞれの島には古くからの豊かな民俗芸能が受け継がれている。この地方の人々にとっては音楽のない生活は考えられず、悲しみを歌にし、苦しい労働の後には必ず踊るといった伝統が刻まれているわけだ。

沖縄には元琉球王朝の時代、日本はもとより中国・インド・インドネシアなど南方の国々と交流していた関係で、宮廷を中心とした芸術音楽が数多く残っている。また、民間の音楽や舞踊も多く、人々の生活の様々な場面で窺《うかが》い知ることができる。沖縄民謡全般に言えるのであるが、男女とも高声の歌い手が多く、日本の他の地域の人々と異なった声帯を持っているのではないかと思うほどである。特に女性の高音域の伸びは素晴らしく、ファルセット（裏声）を使わずにどんどん高声で歌い上げるものだから、低声の私にはちょっと真似できない。かつて、ニュージーランドで、マオリ族の強靭《きょうじん》な声帯を駆使した実に勇ましい歌声を耳にした時の感動に似た、ある種のショックを感じたものだった。

伴奏に使われる三味線は、普通のものとは異なり、沖縄独特の三線《さんしん》又は蛇皮線《じゃびせん》と呼ばれている。十四世紀末に中国から伝来した三絃（サンシェン）が改造されたと言われているが、漆で黒く塗った棹《さお》は短めで、蛇の皮を張った胴も小ぶりにできている。撥《ばち》は一風変わっていて、水牛の角を加工した大型の爪のような義甲《ぎこう》又は琴爪《ことづめ》と呼ばれるものを用いて弾く。

ついでに沖縄の打楽器の一つ、三板《さんば》にも触れておこう。赤木《あかぎ》や竹などの小さい薄板三枚の上部を緩く紐で連結したもので、左手の指を通して支え、右手の指全体を連続的に使って打ち鳴らすのだ。沖縄風カスタネットとでも言えば、解っていただけるのかもしれない。乾いた独特の音色にほれ込んでとうとう記念の品として買い求めた。

さて、この旅行で一番心待ちにしていた二日目の『琉球舞踊を観賞しながら琉球料理を楽しもう』の時がやってきた。会場はホテルのすぐ右隣の琉球料理の「あじ彩石垣島」二階の広間。部屋に入ると、テーブルの上には琉球料理が所狭しと並んで、我々を待ち受けていた。まず目に入ったのが〈ヌンクウ〉だ。泡盛を使って下味をつけた豚の三枚肉の他に、大根・揚げ豆腐・田《た》芋《んむ》・島菜《しまな》の入った煮物で、一度口にしたら止められない。この日もいち早く自然に箸が伸びて一人ニヤけるのだった。沖縄は暑いので、日持ちを良くするためにいろいろな食材を揚げ物にするようだが、天ぷらは衣が厚いのが特徴である。魚や野菜にあらかじめうす塩を振って揚げているので、天つゆをつけないでそのままいただくと丁度よい味だ。当然沖縄そばも並んでいた。小麦粉に灰汁《あく》を混ぜて作るという麺は、生そばともうどんとも異なる、この地方独特の味だ。

うまそうで涎《よだれ》が出る話はこれくらいにして、琉球踊りに話を進めよう。

宴会が始まると、いよいよ民族衣装に身を固めた男女の何曲かの紹介が始まった。由布島に渡る水牛車でも歌った《安里屋ユンタ》は勿論のこと、《トバラーマ》という作業歌も披露された。これは男女掛け合いで歌われ、自然の美しさや各々の心情、昔の人々の生活の喜愛《きあい》・述懐などが様々な歌詞で歌われる。三線の伴奏つきの節歌《ふしうた》と、無伴奏の自由な作業歌もあるという。《トバラーマ》の語源は、男の人〈殿原《とのばら》〉の説と、方言の〈トウバル（男女が親しく逢うの意）〉に由来するという説がある。近年は「トバラーマ大会」が催されるようになり、若者から年寄りまでこぞって参加し、八重山の名物の一つになっているようだ。

トバラーマ

♪仲道路《なかどうみち》から　七《なぬ》けーら通《かゆ》うけ
仲筋《なかすじ》カヌシャどぅ　相談《そだん》ぬならぬ
ンゾーシヌ　カヌシャマーヨー

［意味］　仲道路（地名）を通って　幾度も幾度も
仲筋家のカヌシャ（娘の名）の所に通ったけれども
カヌシャは話にも乗ってくれない。いとおしいカヌシャよ。

♪汝《うら》とぅ吾《ばぬ》とぅぬ　通《かゆ》うだる狭道《いばみち》ぬ
今《なま》になてぃ見りゃ　草《ふさ》まば生《む》いかばし
ンゾーシヌ　カヌシャマーヨー
［意味］　あなたと私で何度も通った狭い小道も、
　今はもう草が生い茂ってしまったよ。
　いとおしいカヌシャよ。

《六中節《ろくちゅう》》は《六調節《ろくちょう》》とも呼ばれ、祝い事や年中行事などで歌や芸能の後にテンポの速い手踊り歌が歌われ、人々が総出で賑やかに踊ってそこでお開きになる。八重山地方では一般に《モーヤ》と呼ばれ、両手を上げて肘を軽く折り、リズムに乗って適当に左右の手を動かしていく。三味線がこの軽快なリズムを刻み始めると、自然に体が動いて踊り狂うのだそうだ。突然我々夫婦はご指名を受け、見よう見まねで踊り回る羽目になってしまった。「男踊りは握りこぶしにすると男らしさを表現できる。」とガイドさんに教わった通りに踊ったら、後でお褒めの言葉をいただき上機嫌になった。今になって思えば最高の体験だった。「踊る阿呆に見る阿呆…」と阿波踊りの歌詞にあるが、踊りは見るより踊るに限る。

その四　『椰子の実』の新事実

昭和十一年、『サッちゃん』・『いぬのおまわりさん』で名高い作曲家大中寅二《おおなかとらじ》（一八九六―一九八二）が、これまた『小諸なる古城のほとり』・『初恋』などで有名な島崎藤村（一八七二―一九四三）の詩に曲をつけ、東海林《しょうじ》太郎が歌って全国に広まったという『椰子の実』。

椰子の実

作詞・島崎藤村
作曲・大中寅二

名も知らぬ遠き島より
流れ寄る椰子の実一つ
故郷《ふるさと》の岸を離れて
汝《なれ》はそも波に幾月

・汝はそも――おまえはそもそも

旧《もと》の樹《き》は生いや茂れる
枝はなお影をやなせる

・生いや茂れる―生い茂っているだろうか

・影をやなせる―影を作っているだろうか

われもまた渚《なぎさ》を枕
孤身《ひとりみ》の浮寝の旅ぞ

・浮寝―落ち着いて眠れないこと

実を取りて胸にあつれば
新たなり流離《りゅうり》の憂《うれい》

・あつれば―当てれば

・流離―当てもなくさまようこと

海の日の沈むを見れば
激《たぎ》り落つ異郷の涙

・激り落つ―激しくあふれ落ちること

思いやる八重の汐々《しおじお》
いずれの日にか国に帰らん

・八重の汐々―過去の様々な思いを、幾重にも重なる波にたとえている

五節にあるように、海の渚に流れ寄った椰子の実を藤村は本当に手にしてこの詩を作ったものとばかり思っていたが、バス・ガイドの説明で改めて新事実を知らされた。それは、椰子の実を見つけたのは藤村ではなく、友人の詩人・民俗学者柳田国男であったのだと。その経緯については彼の『海上《かいじょう》の道《みち》』にしっかりと記されているが、三河（愛知県の東部）伊良湖《いらご》崎で、風の強かった次の朝に椰子の実が流れ寄ったのを三度も見たことがあるという話を藤村に語り、その話をもとにして藤村が作詞したものだというのだ。

調べてみると、伊良湖崎は渥美半島西端の岬で、伊勢湾口を挟んで志摩半島に相対し、岬の端に灯台がある。『椰子の実』の歌碑は、その伊良湖岬の恋路《こいじ》ケ浜から東へ約一キロメートル「日《ひ》出《い》ノ石門《せきもん》という洞門《どうもん》付きの巨岩を望む展望台に建てられている。潮に乗った流木や、時には遠い島から椰子の実が流れ寄り、腰を下ろすと様々な貝殻が花のように散っているという。

『椰子の実』の一節の歌詞「遠き島」を石垣島に見立てて、石垣島沖からプレートを付けた百個の椰子の実を流す試みが行われている。十四年目の二〇〇一年には、初めて渥美半島の浜辺に

一個漂着したという。昭和六十三年から二千個ほど流したうち、これまでに拾われたのは百個程とか。東北地方の山形・福島まで漂流しているというから、そのうち私も釣り場でお目にかかることもあるかもしれない。

話がややこしくなるが、別な日に観察したヤエヤマヤシについてもここに記すことにしよう。国指定の天然記念物ヤエヤマヤシは、石垣島と西表島だけに自生する一属一種の珍種のヤシで、現在は絶滅危惧種。レッドリストに載るほど、入手困難なレア植物である。石垣島米原《よねはら》にあるヤエヤマヤシ群落に入ると、樹齢二百年以上の高さ二十メートル程のヤシが鬱蒼《うっそう》と立ち並び、真昼でも薄暗くひんやりとしていて、密林で森林浴を体験している気分になる。

最初のうちは、ココヤシの大きな「椰子の実」が見れるものとばかり思っていたが、驚いたことにここのヤシは実が一センチほどの柿の種を縮小したような形をし、葉がギザギザの羽状全裂で長さが五メートルに及ぶ。ヤシはヤシでも約三千三百種もあるという説明を聞いて、なるほどと頷《うなず》いたのだった。ガイドさんから手渡された一個の小さな種を「こりゃ珍しい！いいお土産だ」と思っていたら、「この種を持ち帰った人は五万円以下の罰金を払わなければいけません」と言われて透かさず隣にいるお客さんの掌に渡して責任逃れをしたらバカ受けした。

その五　幸せを呼ぶ星砂

毎日船に乗ってのお出かけも珍しい旅だが、八重山の島々では他に方法がないのだ。船で隣り合わせた女性は、「ちょっと買い物」の気分で隣島まで出掛けるのだという。

三日目に訪れた竹富島（石垣島の西方六キロ）は、島全体が重要伝統保存地区に指定されている、周囲九キロメートルの小さな島。珊瑚の石垣に囲まれた赤瓦《あかがわら》屋根に守護神シーサーの載った民家や、真っ白な砂が敷き詰められた路地には、昔ながらの沖縄の風景がそのまま残っている。「赤山《あかやま》公園」の「なごみの塔」からの集落の様子は、他では見られないほどののどかな風景である。この島に昔から伝わる神に感謝する儀式「種子板《たなどうい》」も国指定の民俗文化財になっていて、秋には十日間に亘って賑やかに歌い踊るのだという。

生憎《あいにく》この日は雨だったが、観光名物の牛車に乗っての島めぐりをする観光客に何回も出会った。一体何頭の牛が飼われているのだろうと思うほど、牛また牛との遭遇だった。

島の南西部には星砂の浜と遠浅の美しいビーチが広がっていて、雨模様の天気が恨《うら》めしかった。が、寸時の晴れ間をぬって星砂を拾えたのはラッキーだった。直径一～二ミリの星形の砂はカルカリナ科の有孔虫類の殻でできているのだそうで、日本ではここ八重山諸島の熱帯性の珊瑚礁海域以外ではなかなか見られない幸運を運ぶという珍しい砂である。あちらこちらで手相でも見るかのように、仲良く星砂漁りに夢中になるカップルの姿は、どう見ても六十過ぎのロマンスには見えず、実に微笑ましかった。

その六　川平湾《かびらわん》のグラスボート

とうとうやって参りました、日本百景の一つ川平湾。「絶景」とはこのような景色のことを言うのだろう。好みにもよるが、仙台松島湾と比肩する素晴らしさだ。

日々の天候によりエメラルドグリーンの彩度が微妙に変わると言われる美しい海の中に、小さな島々が近くに遠くに浮かび、まるで何枚もの絵を見ているような錯覚を覚えるのだ。ここでは、黒真珠の養殖が行われていることと、潮の満《み》ち干《ひ》や加減によって潮位が変わり流れが速くなるという理由から、遊泳は禁止されている。となると、泳がずとも船に乗りながらガラス越しに海中を散策できるマリンレジャーの代表、グラスボートに乗るに限る。

グラスボートと言えばガラスが汚れっぱなしで苔が付着したものばかりをこれまで経験していたが、今回はびっくりするくらい綺麗に磨かれていて、海中はまさに自然の水族館といった感じだ。分かりやすい説明を受けながら豊富な種類の珊瑚や色とりどりの熱帯魚を観察しているうちに、スキューバ・ダイビングでもしているような気分になっていたが、あっという間に終わってしまった。グラスボートを降りて周囲を見渡すと、船底のガラスを丁寧に機械で洗浄している作業員に出くわした。「成る程、ここまで徹底していれば観光客は絶対逃げて行かないよなあ」と、ブルー・リゾート・石垣島の将来を占ってみた。

この旅日記を書いているうちに、第八十二回全国選抜高校野球大会で沖縄県代表の興南高校が延長十二回の接戦の末、東京の日大三高を十対五で破り初優勝に輝いた。沖縄県勢の優勝は、一昨年の沖縄商学以来二年ぶり三度目で二校目の快挙だった。沖縄万歳！

四十年の教師生活を全うした記念の『沖縄・八重山四島の旅』は、こうして八重八重の思い出多いものとなった。

四国一周と小豆島巡り

新幹線の梯子

当初、地方紙主催の「四国めぐり」ツアーに申し込んだが、催行人数の関係で計画が頓挫し、次回持ち越しかと一時断念した。そこへＪＴＢ旅物語「フルムーン四国五日間」が突如として出現。実のところ、「四国一周と『二十四の瞳』の小豆島巡り！」のキャッチフレーズにころりと参ったのだった。何しろ妻のオリーヴの里小豆島への贔屓分は相当なものであったのだから。

所要時間は飛行機の何倍もかかるのだが、この際フルムーン特約（全グリーン席）で、日本中の6新幹線の半分、東北・東海道・山陽の3新幹線を乗り継ぐのも稀有な体験かも……と参加に踏み切った。

初めて乗る新幹線で、「Welcome to Shinkansen. This is the Hikari superexpress……」の車内放送を耳にし、「ひゃあ、英語だ！これが毎時二百キロ以上の高速の新幹線かー」とわくわくしながら車窓を眺めたのは、私に限ったことではあるまい。エポック・メイキング（画期的）という言葉はこんな時に使うんだと、いたく納得したのを覚えている。

思えば、東京オリンピック開催（一九六四年）に合わせて開業した、日本初の東海道新幹線からもう半世紀にもなろうとしている。今回乗り継いだ山陽新幹線はそれから十年後、そして新青森から乗った東北新幹線はそのまた十年後と、日本列島は世界に誇る幹線鉄道への発展を遂げた。そして今や、東海道新幹線（東京―新大阪）・山陽新幹線（新大阪―博多）・九州新幹線（博多―鹿児島中央駅）は連結列車として、「東京―鹿児島」は乗り換えなしで行ける時代が到来した。ゴトンゴトンと揺れる寝台特急で東京にレッスン通いをしたあの時代は、どさ（どこへ）行ってしまったんだばー。

新幹線乗り比べの結果（七カップル十四名のアンケートより）の乗り心地（揺れ・設備など数項目）は、新しいものほど良いと出た。当たり前のことか。それにしても、飛行機並みのフット・レスト

（足載せ台）と、ほど良い傾斜のリクライニング・シート……、と3新幹線をとくと比較できたわけだが、何と言っても揺れと騒音の少なさの違いは歴《れっき》とした差異であった。

四国に架ける橋

本州と四国を結ぶ架橋は、瀬戸大橋・明石《あかし》大橋・大鳴門《おおなると》大橋と今回渡った新尾道《おのみち》大橋の四つ。完成したばかりの瀬戸大橋を私が岡山県倉敷市から香川県坂出市まで渡ったのが一九九〇年頃のことだから、僅か二十年間に三つの大橋が架けられたという。何ともリッチ（敢えて「贅沢」とは申すまい）過ぎる話ではないか。それは兎も角として、3新幹線を乗り継ぎ、四国へは広島県尾道市から愛媛県今治《いまばり》市（全長八十キロ）を結ぶ通称「しまなみ海道」をバスで渡った。向島《むかいじま》・因《いんの》島《しま》・生口《いぐち》島・大三《おおみ》島・伯方《はかた》島・見近《みちか》島・大《おお》島を結ぶ各々因島大橋・生口橋・多々羅大橋・大三島橋・伯方橋・大島大橋・来島《くるしま》海峡大橋を結ぶ新尾道大橋である。尾道から生口島までが広島県、大三島から今治までが愛媛県に含まれ、一九九九年全通した。歩行者・自転車道が付設され、島巡りを楽しみながらのサイクリングがブームになっているらしい。

今宵は、夏目漱石の『坊っちゃん湯』で名高い松山市の道後温泉泊である。遠く弘前から松山に嫁いだ、ヴァイオリンの早紀さんご夫妻と楽しい夜を過ごせたことが何よりも幸せなひと時であった。

二日目は、名物『坊っちゃん列車』に乗車して尻傷を負い（堅い板敷きの低目の座席に加え、満員で立錐の余地無き状態が原因か）、松山城を下から上まで隈なく散策し、白壁《しらかべ》土蔵の内子《うちこ》歴史地区の町並みを歩きながら店だなを冷やかして、一気に足摺温泉郷へ入る頃には太陽も沈みかけていた。

南国土佐を後にして

『南国土佐を後にして』ほど流行った歌はない。土佐見物の途中、ガイドさんと一緒に皆で声を張り上げて歌ったことは生涯忘れられない。歌詞カードなしで何故かすらすらと文句が浮かんできたのには、我ながら驚いた。そして続いてのガイドが実に揮《ふる》っていた。

この曲は日中戦争の頃、土佐出身者で編成された『鯨部隊』が唄ったもので、故郷の民謡「よさこい節」を後半に織り込んだ望郷歌だったという。外地から復員してNHK高知支局に勤務した武政英策《たけまさえいさく》が手を加え、旋律も補正して現在の形に作り直す。そして昭和三十四年、NHK高知放送局開局を記念して、高橋圭三《けいぞう》司会の歌番組『歌の広場』が放送され、その中でペギー葉山が歌った『南国土佐を後にして』は大反響を呼び、テレビの大普及の波に乗って空前のヒットとなったというのだ。

「坊さんかんざし買うを見た」のくだりは、悲しい恋物語が隠れていることも今回初めて知った。即ち、江戸時代、五台山竹林寺《ごだいやまちくりんじ》（現在の牧野植物園）の僧純真《じゅんしん》が、高知城下の鋳掛屋《いかけや》（鍋釜の修復業）の娘、お馬を好きになり、播磨屋《はりまや》橋のたもとの小間物屋でかんざしを買い与えていたのがいつの間にか評判になってしまった。しかし、僧の妻帯が許されたのは後の世のこと、二人は市中でさらし者にされた揚げ句、純真は土佐に追放、お馬も地方に流されたというロマンスを歌い込んでいるのだという。

作曲の武政英策は、明治四十年（一九〇七）愛媛生まれで昭和五十七年（一九八二）高知県没。若い頃、ＮＨＫ京都和洋管弦楽団の指揮者や、映画音楽の作曲家として活躍した。元々東京電気学校に通い、高度な技術を身につけ、機械の改良や発明など、何と特許申請五百件にも及ぶ理系の秀才でもあったというから脱帽者だ。

南国土佐を後にして　　　　武政英策　作曲

一、南国土佐を　後にして
都へ来てから　幾歳《いくとせ》ぞ
思い出します　故郷の友が
門出に歌った　よさこい節を
♪土佐の高知の播磨屋橋で

坊《ぼん》さんかんざし買うを見た

二、月の浜辺で　焚火《たきび》を囲み
しばしの娯楽の　一時《ひととき》を
わたし（俺）も自慢の声張り上げて
歌うよ土佐の（門出に歌った）　よさこい節を
♪御畳瀬《みませ》見せましょ　浦戸《うらど》をあけて
月の名所は　桂浜

三、国の父さん（おやじが）　室戸の沖で
鯨釣ったと　言う便り
わたし（俺）も負けずに　励んだ後で
言うたちいかんちゃ（※二）　おらんくの池にゃ
潮吹く魚（鯨）が　泳ぎよる
よさこい（※三）　よさこい

注一　「言うたら　あかんよ」の意。
注二　「夜さ来い」（夜にいらっしゃい）という古語が変化した言葉だとか、ガイドさんの説明。

《ジョン万かるた》

ジョン（中浜）万次郎（一八二七―一八九八）は幕末・明治の語学者。土佐国（足摺）の漁夫の次男として生まれ、一八四一年（天保十二）出漁中に漂流、アメリカ船に救われ米国で教育を受け、一八五一年（嘉永四）帰国。土佐藩、ついで幕府に仕え、翻訳・航海・測量・英語の教授に当たる。のちに開成学校教授。

ジョン万次郎の生地、土佐清水市は鰹節の産地として有名だが、アメリカのマサチューセッツ州にあるフェアヘーヴン（Fairhaven）、ニュー・ベッドフォード（New Bedford）と姉妹都市を結び国際交流を行なっている。少年万次郎の波乱に満ちた様々な出逢い、それをプラスに変えていく知恵と勇気、国と人種を越えて築き上げた信頼と愛情、人と人とのつながりの大切さを多くの人に広げる活動を積極的に行なっているのである。交換留学生の派遣やホームスティの受け入れを始め、絵本「ジョン万次郎物語」、かるた「ジョン万かるた」の制作、絵葉書作成など、市をあげた熱心な取り組みは敬服に値する。この先日本を背負って立つ偉人・国際人がこの地から次々に排出されること間違いなしと踏んだ。

ここでは、ジョン万次郎が日本に広めたアルファベットをそのまま再現し、日本語・英語両方で楽しめる「ジョン万かるた」について記すことにしよう。

購入して（¥1,800）早速箱を開けてみると、ジョン万次郎の人生を遊びながら学べるし、何よりも自然に英語力がつく仕組みになっている。読み札は地元の小・中・高校の児童生徒のアイディアを基にし、絵札はイラストレーター井上美紀《みき》女史の描き下ろし、英語版の翻訳は、アーサー・デービス氏や土佐清水のＡＬＴ（外国語指導助手）たちの合作である。今や小学英語教育を採り入れている時代、このような国際派かるたは、正に遊びながら英語を学べる最高の教材（道具）だと実感した次第である。

「ジョン万かるた」の一例

㋐ 荒海《あらうみ》に　船《ふね》を漕《こ》ぎだす　仲間《なかま》五人《ごにん》

一八四一年一月二七日、万次郎、十四歳で初漁に出る。三日後に冬の嵐に遭い七日間漂流した後、鳥島《とりしま》に漂流した。

Ｖ　The five friends boat sailed into a violent storm.

January 27, 1841, aged 14, he set sail on his first fishing trip. Three days later, he and his crewmates met a winter storm and were set adrift for a week.

㋐ The five friends boat sailed into a violent storm

㋕　かた　かた　かた　日本《にほん》へミシン　持《も》ってきた

その頃、アメリカで発明されたミシンを、目の悪い母を想い、持ち帰った。これが日本で使われたミシン第一号となる。

J　First sewing machine brought to Japan

Remembering his half-blind mother, he brought back a sewing machine. This was the first sewing machine in Japan.

㋕　First sewing machine brought to Japan

㋚　サクラメントで　金《きん》を掘《ほ》った　ジョン万《まん》

帰国資金作りのため、ゴールドラッシュにわくカリフォルニアの金山へ行く。オー・スザンナを歌いながら金を掘ったという。

D　Dug gold from the Sacramento hills

To get funds for his return journey to Japan, he headed for the Gold Rush of '49. He would sometimes even sing the tune of the times "Oh Suzanna".

㋚　Dug gold from the Sacramento hills

㈡ ニューベッドフォードは　世界《せかい》の捕鯨《ほげい》の中心地《ちゅうしんち》

ニューベッドフォードは、アメリカの東海岸に位置し、ボストンから車で一時間の所。アクシネット川を挟み、船長の住んでいたフェアヘーヴンがある。

N　New Bedford, the whaling capital of the World

On the East Coast of the United States about an hour's drive from Boston, the city lies on one side of the Acushnet River, with Fairhaven on the other, where the Whitfields lived.

㈡ New Bedford, the whaling capital of the World

《金毘羅船々《ふねぶね》》

四日目は月の名所で知られる桂浜を逍遥し、太平洋の荒波に向かって建つ龍頭《りゅうとう》岬の坂本竜馬の銅像と並んで（すぐ隣の特設の塔に登って）撮影して楽しんだ。昼食後は午後の金刀比羅宮石段ラリーに備えての小休憩のため、小ボケ状態で断崖絶壁のあるという「大歩危《おおぼけ》」もピントが暈《ぼ》けてはっきりした記憶はない。

遂に香川県に入った。私は善通寺《ぜんつうじ》にある四国学院大学の『メサイア』で訪れたことがあるが、ホテルと会場を往復したばかりでほとんど印象がない。あるとすれば、うどんの味と白装束の旅人の多かったことぐらいだろう。そうそう、金刀比羅宮へ登る入口までは記憶にあった。

長く続く参道の石段が有名で、奥社まで登ると千三百六十八段になる。が、幸いにも今回はベテランのガイド付きで、要所で止まっての説明がいたく好評で、全員が社殿までの七百八十五段をするっと登り切ってしまった。よく例大祭に「こんぴら石段マラソン」がテレビで放映されるが、あれは奥社までの往復だったろうか。シュラシュシュシュと、いとも容易く走り渡るものである。

『金毘羅船々』は、幕末から明治初年にかけて全国で大流行したという。金刀比羅宮のある琴平町を中心に唄われた拳遊びの御座敷唄である。金刀比羅宮は古くから海運従事者から信仰を集め、金毘羅参りの人々によって「金毘羅さん」と呼ばれて親しまれてきた。ここに参詣するために四国入りした人達が訪れた料亭の酒席で唄われたのがこの『金毘羅船々』である。歌詞が終りに来ると、〈一度廻れば〉と囃子が入ってまたダ・カーポ（D.C）という終りのない（エンドレス）唄なのである。地元琴平では盆踊りや座敷遊びによく歌われたという。

金毘羅船々（歌詞には諸説が存在する）

一、金毘羅船々　追手《おいて》に帆かけて
シュラシュシュシュ
まわれば四国　讃州《さんしゅう》那珂《なか》の郡《ごおり》
象頭山《ぞうずさん》金比羅大権現《だいごんげん》
一度廻れば

二、四国名物　ごしょらく踊り
シュラシュシュシュ
踊らにゃ損だよ　夜明けの
からすが鳴くまで踊ろよ阿波踊り
一度廻れば

三、巡礼おつるは　すげ笠姿で
シュラシュシュシュ
たずねる母さま　お弓の涙よ
我が娘と言われぬ胸の内
一度廻れば

四　こんぴら御山《みやま》の青葉の影から

シュラシュシュシュ
金のごへいの光がチョイト差しゃ
街道は雲きり晴れ渡る
一度廻れば
五、お宮はこんぴら　船神《ふながみ》さまだよララララ
時化でも無事だよ　ぼんぼりゃ明るい
いかりをおろして遊ばんせ
一度廻れば
六、金毘羅船々　あなたと二人で
シュラシュシュシュ
廻るか四国　追手のはてまで
行く先きゃ白波風まかせ
一度廻れば

オリーヴと小豆島

オリーヴと言えばベートーヴェンのオラトリオ『オリーヴ（橄欖《かんらん》）山のキリスト』（"Christus am

Ölberge" op. 85）が先ず思いつく。ソプラノ、テノール、バスの独唱と合唱、オーケストラの編成で六曲から成り、キリストが橄欖山で捕らわれる場面を題材にしている。初演は一八〇三年、ウィーンのアン・デァ・ウィーン劇場であった。

オリーヴ山はエルサレムの東方にあり、キリストがここからエルサレムのために嘆き、また麓のゲッセマネの国で苦しみ、その山頂から昇天したと伝えられている地である。オリーヴはしばしば聖書に出てくるが、この際だから列記してみよう。

・イエスが　オリーヴ山に座っておられ（マタイによる福音書二十四章第三節）
・イエスが　オリーヴ山で神殿の方を（マルコによる福音書十三章第三節）
・頭にオリーヴ油を塗って（ルカによる福音書七章第四十六節）
・「オリーヴ畑」と呼ばれる山のふもと（ルカによる福音書十九章第二十九節）
・「オリーヴ畑」と呼ばれる山から（使徒言行録一章第十二節）
・野生のオリーヴであるあなたが（ローマの信徒への手紙十一章第十七節）
・主の名によってオリーヴ油を塗り（ヤコブの手紙五章第十四節）

ところで、オリーヴの起源は小《しょう》アジアとされ、紀元前十四〜十二世紀の間には、シリアからトルコを経てギリシアへ広がったとされている。十五世紀末のアメリカ大陸発見とともに、オリーヴの栽培は大西洋を越えて南アメリカの国々へ、現在では南アフリカ・オーストラリア・中国そして日本においても栽培されている。

日本での栽培は明治四十一年（一九〇八）からで、当時の農商務省が三重・鹿児島・香川の三県でアメリカから輸入された苗木を使って試作を行なったのが始まり。他の地域が木の成長に伸び悩み、栽培を断念する中、小豆島の西村地区に植えたオリーヴだけが順調に育ち、大正の初めには搾油《さくゆ》ができるほど実をつけるまでになった。オリーヴ栽培の発祥地でありかつ日本最大の生産地である。穏やかな地中海性気候に恵まれた小豆島の風土は、オリーヴ栽培に最適なのだろう。

オリーヴの枝はハトとともに平和の象徴とされることが多い。これは旧約聖書の「神が起こした大洪水のあと、陸地を探すためにノアの放ったハトがオリーヴの枝をくわえて帰ってきた。これを見たノアは、洪水が引き始めたことを知った……」との一節に基づいている。国際連合の旗、イタリア・イスラエルの国章にも見られる。

さて、瀬戸内海第二の島（百五十二平方キロメートル）小豆島へは、高松港から土庄《とのしょう》港までの約一時間の船の旅。ちなみに、出港は北部の福田《ふくだ》港から姫路港まで百分ほどかかる。島の中はバスで移動するのだ。この島はエーゲ海南西部に位置するギリシア領のミロス島と姉妹島提携を結んでいる。一八二〇年、ミロのヴィーナスが発見されたという島だ。どうりで等身大のヴィーナス像（勿論レプリカ）やオリーヴの神アテナ像が観光客を温かく迎えてくれる。「オリーヴ記念館」

にはオリーヴの歴史や産業、オリーヴ・オイルの特質などを資料や映像、グラフィックで紹介する「オリーヴ丸ごと情報ギャラリー」が設けられている。他に、内海湾を望む温浴施設「サン・オリーヴ温泉」があり、ハーヴの香りがリラックス効果を高めるハーヴ浴や、マッサージ効果をもたらすリラックス浴の他、遠赤外線、サウナ露天風呂などの充実ぶりだ。『オリーヴ・ホール』と名付けられた多目的ホール、会議室、テニスコートまで取り揃えて、眼下には穏やかな瀬戸内海が広がる『二十四の瞳』の舞台となった田ノ浦半島が望める。

オリーヴはモクセイ科の常緑高木で、果実がオリーヴ・オイル（不乾性）や、ピクルスなどの食用・薬用の他、石鹸の原料にも用いられる。硬くて重い木材は緻密で油分が多く耐久性があることから、装飾品や道具類、特にまな板・すり鉢・すりこぎ・スプーン・へらなどの台所用品や印鑑を作るのによく用いられる。化粧品としては〝ブレンド・オリーヴ・オイル〟、〝オリーヴ・ガーデン・ハンドクリーム〟と称するボディとフェイスケアやヘアーケア、食物では塩漬けピクルス、オリーヴ新漬、食べるオリーヴ・オイル、オリーヴ・ラーメン（塩スープ）、オリーヴグラッセ、朝摘みバジルドレッシング、シーズニングソフト、ハーヴミックス……と何が何だか分からなくなるほどの特産品が所狭しと並ぶ。中でも極め付きはオリーヴ・サイダー、オリーヴビール風味サイダーと来ると、もうアウト・サイダー（outsider＝素人・門外漢）だ。

ここで小豆島でメモったキャッチフレーズを一つ。

「バターの代わりにオリーヴ・オイルを。まろやかでフルーティーな味わいが癖になる。パンにはコレステロールやトランス脂肪酸の心配の要らない、体に良いオリーヴ・オイルをお勧めします。ドレッシングのようにサラダにたっぷり」だとさ。

これだもの、妻が帰りの船の中で頻《しき》りに「北国の寒い季節に、ひと月でいいからこの島に住むのが私の夢……」と口癖のように言うわけだ。『お船がすわる』とはよく言ったものだ。

「山陰山陽ハイライト」

「山陰山陽ハイライト」と銘打った、鳥取・島根・広島・山口各県の名所旧跡を巡る四泊五日の旅は、食べて良し・泊って良し・見て良しの三拍子揃った思い出深いものだった。

湯村《ゆむら》温泉大人気の、鮑・ウニ・のどくろ（高級魚赤鯥《あかむつ》）・但馬《たじま》牛と「但馬の四大味覚」に舌鼓を打ち、童心に返って白兎《はくと》海岸や鳥取砂丘を逍遥し、「山陰の京都」津和野を散策した。又、日本最古の神社建築の出雲大社に参拝し、平和記念堂に祈り、日本三景宮島に渡り、「鍾乳洞の王様」秋芳洞《あきよしどう》を見学した。

《因幡《いなば》の白兎》

「♪大きな袋を肩にかけ、大黒様が来かかると…」と歌いながら遊んだのは幾つの頃だったのだろう。祖父が生前に彫ったという白木の箱に入った恵比寿・大黒の木彫が神棚か台所に飾ってあったのが、今でも記憶に残っている。風折烏帽子《かざおりえぼし》をかぶって、鯛を釣り上げている方が恵比寿様で、頭巾をかぶり左肩に大きな袋を負い、右手に打出の小槌を持ち米俵を踏まえた方が大黒様だと聞かされて、何となく恵比寿様の方が好みだったのは、あの笑顔に魅せられたからに他ならない。

依怙贔屓《えこひいき》の罪滅ぼしのために大黒様！と行こう。

大黒様

作詞・石原和三郎《いしわらわさぶろう》／作曲・田村虎蔵《とらぞう》

一、大きな袋を肩にかけ
大黒様が来かかると
ここに因幡の白兎

皮をむかれて赤裸

二、大黒様はあわれがり
きれいな水に身を洗い
がまの穂綿《ほわた》にくるまれと
よくよく教えてやりました

三、大黒様の言うとおり
きれいな水に身を洗い
がまの穂綿にくるまれば
うさぎはもとの白兎

四、大黒様はだれだろう
おおくにぬしのみこととて
国をひらきて世の人を
たすけなされた神さまよ

因幡は旧国名で今の鳥取県の東部で「因州《いんしゅう》」とも呼ばれた。因幡の白兎は出雲神話の一つで、「古事記」所出。隠岐《おき》の島から因幡に渡るため、兎が海の上に並んだ鰐鮫《わに》の背を欺き渡るが、最後に皮を剥ぎ取られる。八十《やそ》神（多くの神）の教えに従って潮に浴したためにかえって苦しんでいるところを、大国主命《おおくにぬしのみこと》に救われる。緑褐色の花序《かじょ》（穂）は布団の芯に入れるくらいだから、綿の代用になったのだろう。

そうそう因幡と言えば、百人一首でおなじみの在原行平の歌があったっけ。

たち別れ　いなばの山のみねに生《お》ふる
まつとし聞かば　いま帰り来《こ》む

（あなた方と別れて因幡の国へ行くが、そこの稲羽《いなば》山に生えている松のように、待っていると聞いたら、すぐに帰ってこよう。）

古典の授業を思い起こすが、「往《い》なば」と「因幡」、「松」と「待つ」は掛詞。因幡守《いなばのかみ》に任ぜられて、離れ難い気持ちと不安はあるが、立派に任を果たして都へ戻る決意もあったのだろう。

ついでに「古事記」では「因幡の白兎」を「稲羽之素兎」と表記していることを付け加えておこう。白兎海岸（鳥取空港から五キロほど）は、地図帳には載るまでもない小さな海岸であるが、実際に訪れてみると白兎養護学校があるし、八上姫《やがみひめ》と大国主命との縁を見事に取り持った兎ちゃんを讃えて「白兎神社」の御祭神になっているのだ。

松島を彷彿させる（どうりで〝山陰の松島〟と呼んでいるのか）山陰松島遊覧船（ややこし過ぎ！）で巡った浦富《うらとめ》海岸、ラクダにこそ乗らないが、長靴に履き替えても足の火傷の心配をした鳥取砂丘

（辣韮《らっきょう》が特産。美味しい！）、それに白兎海岸を含めて山陰海岸国立公園（珍しい！京都・兵庫・鳥取の三府県にまたがる）に指定されているとは、今回の旅で初めて知ったことだった。

《きよしこの夜》

由木康《ゆうきこう》（一八九六―一九八五）は鳥取県西伯郡《さいはくぐん》上道村《あがりみちむら》（現境港市）生まれの牧師・讃美歌作家で、日本讃美歌発展の中心的な役割を果たし、『きよしこの夜』の訳者として知られている。

教育者・郷土史研究者足立正《あだちせい》の次男で、生後間もなく由木虎松《とらまつ》の養子となる。養父の影響を受けて受洗し、関西学院大学・神戸聖書学校に学び、牧師になった。青山学院大学・東京女子大学・フェリス女学院短大などで教鞭をとり、讃美歌の改定委員長なども務めた。『馬槽《まぶね》のなかに』・『昔主イェスの』・『ガリラヤの風』をはじめ、生涯に百曲以上の讃美歌を作詞している。

『きよしこの夜（Stille Nacht,selige Nacht）』はヨーゼフ・モール（一七九二―一八四八）作詞、フランツ・グルーバー（一七八七―一八六三）作曲によるもので、世界で最もよく知られているクリスマスの讃美歌である。今からおよそ二百年前のクリスマスに、ザルツブルク近郊のオーベルンドルフ教会のオルガンが故障。代わりにギター伴奏でグルーバーが旋律を歌って、聖歌隊がそれを繰り返して演奏したというのが、この曲の初演である。テレビなどメディアの発達していない時代に、この曲があっという間に世界中に広まったのには理由があった。それは、この曲の持つ平易さと美しさは勿論だが、ヴォーカルグループ「ツィラータール・ゲシュヴィスター」が世界中を演奏旅行して廻ったことに加え、楽譜の出版という後ろ盾もあった。ドイツでは小学校の教科書にも載っていたが、その後、讃美歌として採用され、今や世界中の詞で歌われ、知らない人はいないと言える讃美歌である。英語だけでも数種の訳詞が付いているが、日本訳について調べると実に面白い。ここでは現在歌われている二つの訳を記すにとどめたい。

きよしこの夜（讃美歌一〇九番）

一、きよしこのよる　星はひかり
すくいのみ子は　まぶねの中に
ねむりたもぅ　いとやすく（①）

二、きよしこのよる　み告《つ》げうけし
まきびとたちは（②）　み子の御前《みまえ》に
ぬかずきぬ、かしこみて

三、きよしこのよる　み子の笑《え》みに
めぐみのみ代《よ》の（③）　あしたのひかり

かがやけり、ほがらかに

（讃美歌二一・二六四番）

①やすらかに

②ひつじかいらは

③あたらしき代の

この讃美歌の訳は、明治版『讃美歌第二編』（一九〇九）から始まって、由木康の個人歌集『聖歌』（一九二七）、『讃美歌』（一九三一年版）、『讃美歌』（一九五四年版）と僅かの語句の修正を経て、『讃美歌二一』（一九九七年版）に至っている。意味的には同じだが、日本語で楽譜なしで歌うときはどうしても①〜③の箇所で混乱してしまう。前もってどちらの歌詞で歌うかを決めておくと安心だ。

《ふるさと》

「♪兎追いしかの山（故郷）」や「♪菜の花畑に（朧月夜《おぼろづきよ》）」で名高い作曲家の岡野貞一《おかのていいち》（一八七八―一九四一）は鳥取市古市《ふるいち》出身。十五歳時、岡山教会で宣教師からオルガン演奏法を習い、東京音楽学校卒業。その後母校の教育に携わり教授（声楽）。長年にわたり東京の本郷中央教会オルガニストを務めた。
『故郷』も『朧月夜』も高野辰之《たかのたつゆき》（一八七六―一九四七）とのコンビで作られたが、この他にも『春が来た』・『春の小川』・『紅葉《もみじ》』なども今尚歌い継がれている。高野辰之は長野県出身の国文学者で東京音楽学校・大正《たいしょう》大学教授を務めた。

故郷《ふるさと》　　作詞・高野辰之／作曲・岡野貞一

一、兎おいし（①）かの山
小鮒《こぶな》釣りし　かの川
夢は今も　めぐりて
忘れがたき　故郷《ふるさと》

二、如何にいます（②）父母
恙《つつが》なしや（③）友がき（④）
雨に風に　つけても（⑤）
思い出づる　故郷

三、志を　はたして

いつの日にか　帰らん
山は青き　故郷
水は清き　故郷

①野兎を追った
②「在す」「在る」「居る」の尊敬語。いらっしゃる。デス・マス調の「居ます」ではない。
③「恙なし」やまいがない。息災である。異状がない。無事である。其の昔、急性伝染病「恙虫病」が流行し、それに罹っていないかの意。
④「友垣」交わりを結ぶのを垣を結ぶに譬《たと》えて言う。ともだち。朋友。
⑤関しても。ことよせても。「雨風に―て子を思う」

この曲は、一九一四年（大正三）、音楽教科書『尋常小学唱歌（六）』上で初めて掲載された。歌詞は必ずしも現代的でない面もあるので訳文を加えよう。

一、（捕まえて食用にするために）野兎を追ったあの山や、（同じく食用にするために）小鮒を釣ったあの川よ、今尚心巡る思い出深き故郷よ。
二、父や母はどうしておいでだろうか。友は変わりなく平穏に暮らしているだろうか。風雨（艱難辛苦《かんなんしんく》の比喩とも）の度に思い出す故郷よ。
三、自分の夢をかなえて目標を達成させたら、いつの日か帰ろう。山青く水清らかな故郷へ。

《水色のワルツ》

高木東六《たかぎとうろく》（一九〇四―二〇〇六）は、主に昭和期に活躍した作曲家で鳥取県米子市出身。ハリスト正教会の神父を父に持ち、幼少より音楽教育を受け、東京音楽学校（ピアノ科）へ入学。中退後フランスに留学し、在仏中に山田耕筰の勧めで作曲家に転向。オペラ・ピアノ曲のクラシック音楽に留まらず、シャンソンやポピュラー曲など多岐にわたる。ＮＨＫの「あなたのメロディー」やＴＢＳの「家族そろって歌合戦」の審査員などでお茶の間で知られるようになった。

『水色のワルツ』は、戦後疎開していた長野県伊那《いな》市の天竜川河畔《かはん》を散策していた時、ふと浮かんだワルツをメモしていたのがルーツである。その後、シャンソン風な美しいメロディーに藤浦洸《ふじうらこう》が作詞し、二葉あき子が歌って大ヒット（一九五〇年）した。この曲によるピアノ用の変奏曲が全音ピアノピースから出ている。

作詞の藤浦洸は『別れのブルース』・『ひばりの花売娘』を始め、戦後当時の美空ひばりの初期抒情歌や多くの詩を残している。又、ＮＨＫのラジオ放送やテレビにも数多く出演し、「二十の扉」・「話の泉」・「私の秘密」などで活躍した。

水色のワルツ　作詞・藤浦洸／作曲・高木東六

一、君に逢ううれしさの　胸に深く
水色のハンカチを　ひそめる習慣《ならわし》が
いつの間にか　身に沁みたのよ
涙のあとをそっと　隠したいのよ

二、月影の細路《ほそみち》を　歩きながら
水色のハンカチに　包んだ囁《ささや》きが
いつの間にか　夜露にぬれて
心の窓をとじて　忍び泣くのよ

（間奏）

心の窓をとじて　忍び泣くのよ

新潟・佐渡そして大内宿

『爆弾おにぎり』

米どころ新潟。ここで『爆弾おにぎり』に挑戦することも、今回の旅の目的の一つだった。コンビニにも他所《よそ》では見られない焼夷弾紛《まが》いのおにぎりが各種並んではいたが、噂の代物《しろもの》とは違うようだ。通りすがりの新潟美人に名物爆弾おにぎりの在《あ》り処《か》を尋ねると、わざわざ店の前まで案内してくれた。それが、越後のお酒ミュージアム『ぽんしゅ館』新潟店だった。

南魚沼産のコシヒカリ、しかも塩沢産の特産米で作ったハンドボール大の黒光りする爆弾が、円座にドカンと座り、『大爆おにぎり・四合・¥二、〇〇〇』と表示されている。威嚇射撃を受けた戦士のように手も足も出ず、妻と互いに顔を見合わせる。目線は自然に隣の小弾へと移るが、これでも一合（ごはん茶碗二杯分）なのだ。ホテルでたらふく朝食を済ませたばかりなのと、昼食もこれまた名物賞味の計画もあるので、せっかくの機会ではあるが格段の御配慮を願って観賞のみとさせていただいた。

聞くところによると、バクダンおにぎりは沖縄県糸満市発祥という。「バクダンかまぼこ」や、単に「バクダン」とも呼ばれ、ご飯を魚の摺《す》り身で包んで揚げたもので、外側がかまぼこで中身がご飯。新潟のそれは、どうやら具ぎっしりのおにぎりを海苔でまるまる包み込んだ出で立ちが始まりのようだ。

いやはや、『ぽんしゅ館』の中は誘惑の坩堝《るつぼ》だ。「人生をもっと豊かにもっと楽しく、食べて楽しい、学んで楽しい」のキャッチフレーズに、樽酒のススメ・濁り酒クレイジー・燗酒のユウワク……と板書してあり、ついつい衝動に駆られたことは想像に難くない。頓首

燕三条・三条燕　どっちがどっち？

三条市は洋食器・工具・家庭金物などの金物産地として昔から名高い。二十年に一度社殿の建て替えを行う伊勢神宮（三重県伊勢市）の式年遷宮には、三条製の和釘《わくぎ》が使われるほど高い信頼を得ている逸品作りで、日本のゾーリンゲンとも呼ばれるほどである。

ところで、いつもの「旅の栞」を作る資料集めの段階で目を丸くする事態が起こった。なんと、

『道の駅　燕三条地場産センター』
三条燕インターより一キロメートル、約五分
三条市須頃一―一七

燕の洋食器・三条の刃物』の表示。

（○○○さん大変ですよ！）

これは単なるミスプリントではなかろうと、そこから追跡調査が始まったのでした。結論をまとめてみると、三条市―新潟県中部の市。信濃川の河港。人口十万六千人。燕市―信濃川三角州の頂部に位置し、洋食器の生産では世界的なシェアを誇る工業都市。人口八万四千人。

燕三条―JR東日本の駅名。三条燕―北陸自動車道インターチェンジ。

と、まあこれで頭の整理はついたわけだが、何で又こんなややこしい名前を付けるのか訝《いぶか》る私に土地の人は教えてくれた。

そもそも両市の境界にある国鉄（現・東日本旅客鉄道）の駅名が「燕三条」に決まったことに端を発し、北陸自動車道インターチェンジは、激しい論争の上、「三条燕」に落ち着いたという。さらに市町村合併を巡り、両市を合併して「燕三条市」の実現の動きがあったが、これまた論争の結果実現には至らなかった。

ほかにも燕市内通話でも、市外局番をつけてダイヤルをしなければならない地域があることや、中越地方とされる三条市の自動車ナンバープレートが「長岡」でなく「新潟」だったり、電話帳も「下越版」であることなど、矛盾だらけと土地の解説者はぼやくことしきりであった。

『砂山』

北原白秋（一八八五―一九二五）は、新潟の寄居浜《よりいはま》から見た日本海の砂丘と荒波の景観に感銘を受けて『砂山』を作ったという。九州（福岡県）生まれの白秋が抱く、穏やかな美しい日本海のイメージとは違って、灰色の雲が低く垂れ、とっぷりと日が暮れた砂浜で、子供たちが焚き火をする光景にさぞ驚きながら書いたものであろう。

当時の「見渡す限りの」茱萸原《ぐみわら》は、今ではすっかり整備されて西海岸公園になり、護国神社周辺一帯が昭和六十二年（一九八七）「日本の白砂青松百選」に選ばれている。公園の周辺には水族館・市営プール・海水浴場などのレジャー施設が建ち並び、サイクリングロードや散策路が整備されて石碑・史跡を見て回ることができる。

砂　山

北原白秋作詞
中山晋平作曲

一、海は荒海　向こうは佐渡よ
すずめ啼け啼け　もう日は暮れた
みんな呼べ呼べ　お星さま出たぞ

二、暮れりゃ砂山　汐鳴りばかり
すずめちりぢり　また風荒れる
みんなちりぢり　もう誰も見えぬ

三、かえろかえろよ　茱萸原《ぐみわら》わけて
すずめさよなら　さよならあした
海よさよなら　さよならあした

この『砂山』に最初に作曲の依頼を受けたのは、『シャボン玉』『証城寺《しょうじょうじ》の狸囃子』などで有名な中山晋平（一八八七―一九五二）である。翌年の一九二三年山田耕筰（一八八六―一九六五）が別のメロディを付けた。他に成田為三《ためぞう》や宮原禎次《ていじ》なども作曲したが、一般に歌い継がれているのは中山・山田の二曲である。

余談になるが、高等学校の「音楽1」の教科書に、「荒涼とした冬の日本海の夕暮れ時の詩情がよく表されている」とはっきり書かれていて、「冬の日本海ではない筈！」と出版社に問い合わせた年があったなあ。

『春よ来い』

春よ来い

相馬御風《ぎょふう》作詞
弘田《ひろた》龍《りゅう》太郎《たろう》作曲

春よ来い　早く来い
あるきはじめた　みいちゃんが
赤い鼻緒の　じょじょはいて
おんもへ出たいと　待っている

春よ来い　早く来い
おうちのまえの　桃の木の
蕾《つぼみ》もみんな　ふくらんで
はよ咲きたいと　待っている

大正時代後期に作曲された童謡。「みいちゃん」とは、相馬御風《ぎょふう》（糸魚川市出身）の長女・文子《あやこ》がモデルとされていて、よちよち歩きの可愛らしい姿を描写したものであろう。「じょじょ」は草履、「おんも」は面《おも》の変化したことばで「表・外」の幼児語。

御風出身地の糸魚川市は、二〇一六年の暮れの十二月、大規模火災に見舞われ、約百五十棟の住宅や店舗が焼け出され国民を震撼させた。当市は、日本海に面した新潟県最西端の市で、フォッサマグナの両端が通る東西の境界線上にも位置する。累積降雪量は四メートルを越える年もあり、日本海側の豪雪地帯としても知られる。雪に閉ざされた越後の冬で、切々と春を待ち望む人々の願いが伝わってくる歌である。

相馬御風は早稲田大学校歌「都の西北」の作詞者で知られる。山田耕筰・中山晋平・小松耕輔《こうすけ》の曲にちょくちょく現れる詩人・歌人でもある。弘田龍太郎とのコンビでは、『春よ来い』の他に『かたつむり』をはじめ、高岡高等商業学校校歌など数曲の校歌を作っている。

弘田龍太郎は、誰もが知っている『鯉のぼり』『浜千鳥』『叱られて』『雀の学校』『靴が鳴る』など多数の童謡を作曲している、高知県安芸市出身の作曲家。

たらい舟

たらい舟は佐渡島南東、小木《おぎ》半島一帯で使用される直径一・五メートルほどのタライ状の木造船のこと。

桶を半分に切ったことから地元ではハンギリとも呼ばれ、今も尚鮑《あわび》や蛸《たこ》などの見突《みづ》き漁（水中をのぞいて棹や棒で捕獲する漁法）や、天草《てんぐさ》・若布《わかめ》などの海藻採取に使われている。小回りがきいて、磯船では入り込めない複雑な海岸地形に出入りしやすいため、昔から重宝されてきたという。

また、ユニークな形や操船の面白さから、佐渡を代表する観光の目玉にもなっている。「掻《か》いでみるカイ？」と勧められ、見様見真似で櫂《かい》を動かしてみたが、努力の甲斐《かい》なくその場を旋回《せんかい》するだけで前に進んでくれるものでない。ひょいひょいと身軽に操っている姐さんの技にシャッポを脱ぐばかりであった。

後日談になるが、たらい舟の写真を見た九十六歳になる母が、「家にも同じ写真があるヨ」と語るではないか。取り出してきた写真には、義父母と母が、全く同じアングルで写っている。強いて探せば、色褪せ度の違いか。余韻嫋嫋《じょうじょう》、話は停るところを知らなかった。

大内宿

最終目的地大内宿へのアクセスを調べていくうちに、「SLばんえつ物語」号の存在を知った。蒸気機関車に乗るのは何十年ぶりだろうか。あの哀愁を帯びた汽笛の音色、煤《すす》の侵入を防ぐためにトンネルに入る前に一斉に立ち上がって、洗濯挟《せんたくばさ》み状の把手を摑《つか》んで閉めた窓。鉄道マニアにでもならない限り、もう二度と体験できないことだろうと妻も興味を示してくれた。

森と水とロマンの鉄道「SLばんえつ物語」号（旧称「SLばんえつ物語号」）は、磐越西線の新潟〜会津若松駅間を、冬期間を除く土曜・休日を中心に一日一往復運転している。聞くところによるとこの機関車は、新津《にいつ》市の小学校に約三十年間展示・保存されていたものという。毎年の点検・油さし・磨きが丁寧で行き届いていたために、今尚現役機関車としてエネルギッシュに牽引《けんいん》できるのだと知り、感服した。

「SLばんえつ物語」号は、「鉄道の街」新津を十時十五分に出発し、五泉《ごせん》・咲花《さきはな》・三川《みかわ》・津《つ》川《がわ》・（給水作業・安全点検）・日出谷《ひでや》・野沢・山都《やまと》・喜多方・塩川を経て十三時三十二分会津若松に到着する。実に三時間十七分の物語であったが、話に花が咲いてさほど長く感じなかった。

大内宿《おおうちじゅく》（会津弁ではおおちじゅく）は、福島県南会津郡下郷町《しもごうまち》大内にある旧宿場で、重要伝統的建造物群保存地区に指定されている。江戸時代には会津西街道（別称下野《しもつけ》街道）の宿場であったが、現在でも昔の佇《たたず》まいを見せ、田園の旧街道沿いに茅葺《かやぶ》き民家の街割りが整然と並んでいる。全長およそ五百メートルにわたって民宿・土産物屋・蕎麦屋などが列《つら》なり、街道の丁度中央部に大内宿本陣跡があり、現在は下郷町町並み展示館になっている。

中に入ってみると、土間や座敷が昔のまま保存されていて、江戸時代にタイムスリップした気分になる。

入口のすぐの部屋の囲炉裏には火が炊かれていて、部屋中に炭の香が漂い心地好い。寒暖に関係なく、茅の保存のために煙が必要であるというテープの説明になるほどと納得した。殿様専用の玄関（乗込み）・一段高くなっている上段の間・風呂・雪隠《せっちん》（便所）などがあり、茅屋根のどっしりした風格とともに、当時の面影を色濃く再現している。

いよいよ名物「ねぎそば」を味わう時が来た。数ある蕎麦屋の中からタクシーの運転手さん推薦の三澤屋に行くことにした。会津の殿様が信州高遠藩《たかとう》（現在の伊那市）で育ち、寛永二十年（一六四三）会津藩主となって以来、高遠そばと呼ばれるようになったという。高遠産の辛み大根おろしを載せ、薬味を兼ねた長ネギを箸代わりにそばを掬《すく》って口にする。結構太目で二十センチばかりのネギは程よい風味で、そばがなくなると同時に胃袋に収まってしまった。ん？　ネギ好きのなせる業なのか、長ネギが刺さったままの空丼があちこちに沢山残っていた。

見もの聞きもの（国外版）

パリでの国際学会

はじめに

第七回国際声楽発声学会はフランスのパリを会場に、二〇〇九年七月十四日から十九日まで開催された。オリンピックと同じ四年に一度のサイクルで開催されるこの国際学会に、日本からの参加者は十二名、そのうち七回とも休みなしの皆勤賞は、ツァー・リーダーの山田実氏と私だけであった。向学心に加え、日程や健康、それに経済的な関係もあるので、これまで毎回問題なく参加できたことを幸せに思った。しかし定年を迎えた身としては、費用捻出は容易なことではないので、内心参加を諦めかけていたが、妻の慈愛あふれる勧めが弾みになって実現したのだ。

プログラムの内容はここに書き記すにはいささか専門的すぎるのだが、要約は次のようになる。

ア、発声法――健康で輝かしい青年期の声、振動と共鳴、歌とQi Gong（気功）、オペラ・ミュージック・ポピュラーソングにおける高音のための三つの解決点、パッサージオ

（声区換点）の共鳴方策他。

イ、歌唱法――バロック唱法、即興演奏法、吟遊詩人の残したもの、伝統音楽の歌唱テクニック、歌唱の歴史的考察、アクセント法による呼吸と支え、ジャズのフィーリングを用いた標準的歌唱法他。

ウ、世界の歌――フランスとオーストリアの歌曲、フレンチ・メロディ、中世から現代にいたるシャンソンの伝統、メキシコとスペインの歌曲、中国芸術歌曲、二十世紀のブラジル歌曲、ゴスペル・ソング他。

エ、その他――オープニング・コンサート、公開レッスン、晩餐会（セーヌ川クルーズ）他。

各々の内容や感想などの記録は別の機会に譲るとして、ここでは極わかりやすい出来事に限ることにしたい。

若きチャップリンが出演した「フォリー・ベルジェール」

国際会議の会場の「フォリー・ベルジェール」は、映画「巴里（パリ）の不夜城」や「カジノ・ド・パリ」の舞台となったパリ名物のミュージック・ホールで、地下鉄カド駅に近いリシェール通り三十二番地にある。ジャック・ベルジェールという染物屋が、当時流行した手品を見せる小屋として一八六九年に建てたもので、その店の名前をとってつけたベルジェール通りにあったことから「フォリー・ベルジェール」と呼ばれるようになったのだという。その昔「コンセール・ド・パリ」の名でグノーやマスネー、サン＝サーンス、ドリーブの四人の音楽家の管理による音楽会場として使われたこともあったようだが、どちらかというと、豪華な演出とヌードのバラエティー・ショーで一躍有名になり、現在に続いている。

客席に座るとすぐに、場内の何やら怪しい照《あか》りと、バルコニー（二階席）前に迫《せ》り出した透明のガラスかプラスチック製の照明付きの通路に釘づけにされた。どうやらこれはステージ脇の階段につながっているように見える。一体これは何のためのものだろう。もしや脚のきれいな美人たちがここに立ち並んで、カンカン踊りでもするのだろうかと勝手に想像しながら、隣席の日本人（大川みほ女史。毎コン一位のソプラノの小渡恵利子さんの育ての親で、現八戸聖ウルスラ高校教頭、私の高校・大学の先輩）に話したら、「そんなえげつない所で、国際学会を開くわけはないでしょう」と一蹴された。しかし、程なく始まった開会式の挨拶の中で、まさにパリから始まったといわれるレビュー（踊りと歌とを中心にコントを組み合わせ、多彩な演出と豪華な装置とを伴うショー）の劇場であることが分かり、「やっぱり！」と勝ち誇った気分であった。確かに入り口両側に切符売り場があり、ドアを開くと広いロビーになっていて、クローク・ルームもあり、開幕前や休憩時にシャンパンやジュース類を楽しめるスナック・バーも目に入った。そして客席後部に女子トイレがあり、その脇を二十段くらい螺旋状《らせんじょう》に降りると男子トイレがある。この階段は石造りであったが、降り切るあたりの数段は特に磨り減っていて、足をくじきそうになるまで凹んでいることから、これまでにどれだけ多くの男性が、夜な夜なここに通ってきたかをうかがい知ることができた。

それにしても、あのチャップリンが若かりし頃、この舞台のレビューに出演していたという話を聞いて本当に驚いた。『モダン・タイムス』『ライム・ライト』『街の灯』など、滑稽味を持ち哀調をたたえた独特のしぐさと扮装で、世界中で知らない人がいないほどの映画俳優・監督が、駆け出しの頃はやはり前座の格付けを経て、あれほどまでの大スターに成り上がったのだと、いたく感心したのだった。

ショパンの墓を訪ねて

ピアノの詩人ショパンは、パリ三大墓地の一つ、ペール・ラシェーズ墓地に眠っている。私の大学時代の恩師、故葛西満郎《みつろう》教授が退官記念に奥様とフランスを旅し、パリのタクシーに乗り込み、「ショパン、ショパン、ショパン!」と言っただけでこのペール・ラシェーズ墓地で降ろしてくれ、次に入口で再び「ショパン、ショパン、ショパン!」と言ったら墓前まで案内してくれたと自慢げに語ったことを思い出した。それほど有名なショパンの墓だから、いとも簡単に辿り着けるものとばかり思っていたが、どうしてどうして思いもよらないほど苦労したのだ。

それは、ベートーヴェン・シューベルト、J・シュトラウスなど、多くの楽聖たちの眠るウィーンの中央墓地を想像したことが迷いの始まりだった。墓地入口から坂を上り、地図を片手に一行十一名が三・四班に分かれて第十一区を捜し回るのだが、かなり細い道を通ってやっとのことで見つけることができた。墓前に真っ白な美しい「嘆く女」の座像が立ち、色とりどりの花が捧げられて、崇高美は一際であった。

途中、ロッシーニの墓を見つけた。ロッシーニ自身はパリを終の住処に選んだほどこの地を愛したのだが、現在は故国イタリアのフィレンツェのサンタ・クローチェ教会に移され、空の墓だけがそのまま残されていることを知った。それでも参詣者が絶えず、墓前には何本もの花が供えられていた。

この墓地巡りは四十分ほどの予定だったが、突然、山田実先生が「マリア・カラスの墓の写真を撮りたい」とのたまったところから話はややこしくなった。

マリア・カラスと言えば、音楽界に限らず、世界中に知れわたった二十世紀最高のギリシアのソプラノ歌手。《ノルマ》や《ルチーア》のタイトル・ロールをはじめ、《椿姫》《トスカ》のプリマドンナとして名声を博したことは今更記すに及ばない。また、大富豪メネギーニと離婚後、船舶王オナシスとの恋が進み、パリに居を構え、パリ・オペラ座を中心に活躍したということもあってか、ここペール・ラシェーズ墓地に眠っているというのだ。ところが、地図に示された場所は空き地になっていて、限られた時間内ではどうしても見つけることは出来なかった。帰り際に事務所で聞いたところ、この地図表示が間違っていたのだという。汗を流して走り回ったカラス探しも、カラ歩きだったというわけだ。

ところが、驚いたことに、市内観光を終えてホテルに戻ってから、それでも気が済まないと、山田先生は同意者二人を連れて、午後の自由時間を使って地下鉄で再度墓地を訪れたというから、しつこさも極めつきというものだ。挙句の果ては、数年前に分骨して、今は墓も姿も消したのだそうな。わざわざ二度も足を運び、粉骨砕身してカメラに収めようとしたこの努力は、一体なんだったのだろう。

カラスの足跡が怖いのは、女性だけではないようだ。

金の指環

パリ市内半日観光の最後はオルセー美術館。ここからホテルまでは歩いても大丈夫な距離だからというわけで、観光バスとはここでお別れと相成った。

この美術館は、旧オルセー駅の建物を改築し、国立近代美術館として一九八六年に開館した。セーヌ川を挟《はさ》んで向い側にある《ミロのビーナス》・《モナ・リザ》で有名なルーヴル美術館の収蔵品の増大に伴って、フランスのバルビゾン派や印象派をはじめ、主に十九世紀後半から二十世紀初頭の美術作品を移管し、収蔵・展示している。

丁度この日は七月十四日でパリ祭（フランス革命記念日・祭日）のため、特に人出が多く、一時間待ちの長蛇の列。三十度の炎天下にもめげず頑張って並ぶことにした。ミレーの《晩鐘》・《落穂拾い》・《種をまく人》の展示室はさすがに渋滞し、先程まで待ちつ待たれつしてはぐれないようにしていた仲間との隊列が崩れて、孤独の身になってしまったが、好みの絵を存分鑑賞できて本望であった。

それから二時間ほど経ったろうか。外に出てみると相変わらずの長蛇。みんなはまだ見廻っているのだろうかと待つこと三十分。こんなに出てこないところをみると、あるいは先に帰ってしまったのかもしれないと諦《あきら》めて、一人で帰ることに決めた。船のデッキからこちらに向かって手を振っている観光客に愛嬌をふりまきながら、セーヌ左岸をノートル・ダム大聖堂のあるシテ島方向に闊歩《かっぽ》した。

そうしてみると、バスを降りる時にガイドが、「何とか橋を渡るとルーヴル美術館を横切れるようになっているから」と説明していたようだが、それがこのロワイヤル橋のことだろう。しかもチュィルリー公園方向の矢印の付いた看板まであるから、間違いあるまいと左折した。なんと橋の上に似顔絵描きが四人もいて、それが全店ふさがっている。さすがパリだと感心して全部を冷やかして廻った。

橋を渡り切ってカルーセル庭園方向に向かうと、なぜか歩道が柔らかい白土になっていて、土《つち》埃《ほこり》でサンダルがみるみる白くなってしまった。やおら近くのベンチに腰をかけ、持ち合わせの清浄綿を取り出して片方のサンダルを磨いているところに、いつ現れたともなく一人の中年男が目の前に突っ立っている。何やら私に話しかけているのだが、皆目理解ができない。ただ「サンドイッチ」と繰り返しているようで、これぞ噂に聞く旅行者目当ての物貰いに違いないと判断した。その場を逃げ出そうとも考えたが、せっかくきれいに磨いたサンダルが埃塗《ほこりまみ》れになるのも嫌で、ポケットのコインをわしづかみにして手渡した。さっきコンビニエンス・ストアでミネラル・ウォーターを買った釣り銭が十個ほど入っていたようだが、初めてのコインゆえその金額などどうでもよいことであった。男は「メルシー・ボク（有難う）」を何度も繰り返し、嬉しそうに握手を求めてくる。私は「用が済んだらとっとと立ち去れよ」と思いながら「アデュー（さようなら）」と言うと、ペコペコ頭を下げながら後ずさりして行った。そんな時に限って周りには人っ子一人もおらず、いささか心細くなったが、もう片方のサンダルを素早く拭き始めた。するとまたその男の登場だ。いったいどこから現れ出るのかひょっこり浮いて目の前に顔を出すのだ。そして次には再度握手を求めてきて「フォー・ユー」とか言って金色の指環を私の右手薬指にはめてしまった。「いらないよ」と何度も断りながら指環を外そうと試みるのだが、どういうわけか抜けてこない。男はまたまた「メルシー・ボク」と言いながら橋の方向に手を振りながら去っていった。

とにかくこの場を立ち去らなければ、次に何が起こるか知れたものでないと焦りながら、チュイルリー公園入り口の人通りの多いところまで這這《ほうほう》の体《てい》で疾走した。もうこうなったらサンダルが汚れようが、汗をかこうがもうどうでもよいことだった。しばらくして後を振り返っても誰も追って来る者はいないと分かると、胸の動悸も治まってきた。それでも誰が追跡しているかわからないので、この期に及んで市内観光など考えられず、急いでホテルに戻ることに決めた。

部屋のベッドに腰をかけておもむろに指環をはずしてみると、かなり太目でずっしりと重く、裏に18Kと彫ってあるように思える。それにしてもこんなに指にフィットすること自体信じられないことではないか。これが後に幸運を招く金のリングになろうとは、だれが予想できたであろうか。「乞食が馬をもらう」とはよく言ったものだ。

『ラ・ボエーム』をめぐって

かつてイタリアのローマを旅した折に、プッチーニのオペラ『トスカ』の各場面を辿ってみた。「トスカ!フィナルメンテ・ミーア（トスカよ、ついに私のものだ!）」と両手を拡げて抱きつこうとする警視総監スカルピアを、偶然見つけて握ったナイフでトスカが刺し殺すシーンはファルネーゼ宮殿での出来事だった。そこを見学した時の臨場感あふれんばかりの感動は、一生忘れ得ぬものであった。

今回は、パリを舞台とした同じプッチーニのオペラ『ラ・ボエーム』の各場面を巡ることを心待ちにして、遂にその日を迎えた。第六回と第二十二回の弘前オペラ公演で哲学者コリーネを演じたことで、音楽がすっかり頭にこびりついていて、今でも空で歌い出してしまうほどなのだ。

幕が開くと、粗造《あら》りの屋根裏部屋で、詩人ロドルフォと画家マルチェッロが寒さに耐えかねて、ロドルフォの原稿を薪代わりにストーヴにくべている。そこへ、哲学者コリーネが戻ってくる。そして、三人がなおもロドルフォの原稿を燃している中に、音楽家ショナールが食べもの・ワイン・タバコ・薪束を持って帰ってくる。時あたかもクリスマス・イヴ。テーブルに食べ物を並べていよいよ食事をという楽しい場面が続いていく。ロドルフォとお針子のミミが初めて出会い、《冷たい手を》や《私の名はミミ》の名アリアを歌うのも、この屋根裏部屋なのだ。

この一幕の（四幕も同じ部屋だが）屋根裏部屋を備えた建物こそ、確定出来る筈もないが、今から百八十年程前の学生街ラテン区にあるというヒントをもとに訪ねてみることにした。観光名所ルーヴル美術館とノートル・ダム寺院の丁度中間地点のサン・ミシェル橋を渡り切ると、パリ大学が見えてくる。ここが元中世の神学生の寮ソルボンヌで、苦学生たちのたまり場であった。残念ながら「ロドルフォとミミの出会った記念の屋根裏部屋」の表示はないが、もしかすると蔦の葉の巻きついた小窓のある、あの小ぶりの建物の屋根裏部屋が怪しいなどと、しばらく空想家になり切っていた。ふと気がつくと私は劇中人物コリーネに早変わり。

時は、十八年ほど前の第二十二回弘前オペラ公演（一九九二年十月十一日）『ラ・ボエーム』の舞台である。ロドルフォ役の小野孝君はコンデションよろしく朗々と美声を披露し、思い切り原稿を切り裂いてストーヴに投げ入れる。赤色のゼラチンで覆ったサーモスタット付きの電球は燃え盛る本物の炎のようにいよいよ赤味を増し、隙間だらけのバラック部屋もなんとなく暖かくなったところへ、コリーネ役の私が颯爽《さっそう》と登場する。ところが、ステージ中央に陣取ったストーヴからモクモクと煙が出て、臨場感あふれる暖炉のシーンと感心しながら演技を続けた。そこへ樋口淳君の扮するショナールが現れ、歌あり踊りありの悪ふざけをしているその時、ストーヴの薪がパチパチ音を立てて勢いよく燃えていることに気づいた。煙はステージからオーケストラ・ピット方向に流れ、客席まで及び、咳《せ》き込む音が気になりだした。咄嗟《とっさ》に「火事だ！」と判断した私は、ステージ袖に近づき「水！水！」と騒ぎながらコリーネ役を演じ、運ばれて来たバケツの水で引火した薪を消し止めた。「ジュッ！」と音を立てて更に噴き出した煙がステージ上方にモヤモヤと上りゆく様子を確認しながら、一瞬胸をなでおろしたのであった。とまあ、ちょっと道草を食ってしまった感はあるが、話を現代のパリに戻すことにしよう。

第二幕は、ロマネスク様式で鐘塔がどっしりとした、パリ最古の教会サン・ジェルマン・デ・プレ教会すぐ近くの、マザリーヌ街とドーフィーヌ街の角にあるカフェ・ル・ブチが、当時のカフェ・モミュスであろうと言われている。ミュルジェの原作には、セーヌ川右岸のサン・ジェルマン・ロクセロワにあるカフェ・ロクセロワの位置であろうとも言うが、この際だから両方を訪れ、カメラに収めた。ちょうど昼食時でもあり、コリーネが注文した「サラミ」をたのんで楽しんだ。にんにくの味がよくきいて、塩味が丁度良い、ビールにぴったりのソーセージだった。次第にいい雰囲気で音楽をめぐりながら、再び昔を思い出すのだった。

幕開け、クリスマス・イヴでごった返すカフェ・モミュスの街角に、リヤカーの後尾におもちゃ車を引いて現れるのがパルピニョールである。ただ一声「おもちゃ売りのパルピニョールだい！」と歌う（叫ぶ？）だけの脇役。私がミュンヒェン国立歌劇場で『ラ・ボエーム』を観た時のパルピニョール役は、東京芸大出身の小林修君だった。国立歌劇場専属歌手というだけでびっくりしたのだが、確かヴァーグナーの『ニュルンベルクのマイスター・ジンガー』でも見かけたような気がする。その彼と二〇〇〇年に日蘭親善交流四百年記念のアムステルダム・コンセルト・ヘボウ・ジャパン・ナイトの『第九』で一緒した。ゲルノート・シュマルフス指揮、フィルハーモニア・アムステルダム管弦楽団であった。楽屋が同じだったことから、それまでの苦労話などいっぱい聞かせてもらったが、国際結婚の難しさ、身長の足りない小柄な日本人のハンディ、子供の教育と宗教、果ては墓の選択に至るまで、外国で生活をするということについてひたすら考えさせられたことではあった。どうも、寄り道が多すぎて困ったものだ！

第三幕は、雪の降る朝のダンフェール・ロシュロー広場。マルチェッロとムゼッタ、ロドルフォとミミの恋人同志の、華々しい喧嘩別れのシーンである。ここは十四区のはずれで、現在はモンパルナス墓地に位置するが、当時はパリ市の南の境界で、鉄柵をめぐらし、出入りする通行人や百姓から関税を取り立てていた関所があったという。ロドルフォの愛を信じてカルチェ・ラタンを後にとぼとぼと帰った、ミミの悲しみ傷ついた心は、現在の喧騒さからはちょっと想像するのは難しいと感じた。

こうして各場面を徒歩で巡ってみたが、おそらくこの次に『ラ・ボエーム』に接する時には、今ここで味わえた情景や気分が甦り、より深い感動を味わえるものと信じている。

それにしても、今の時代は地下鉄メトロが市内くまなく網羅され、あっという間に目的地に着ける便利さがある。バスもメトロと共通チケットで利用できるシステムだが、地図を片手にキョロキョロ歩き回るのも味わい深いものである。

超過荷物扱い

国外旅行で気をつけなければならないのが、「二十キロ未満まで」という制限のあるスーツケースの重量である。ちなみにビジネス・クラスになると三十キロまでと余裕がある。

私はこれまで二、三キロオーバーをウィンクでごまかしたり、見逃してもらったりしてきたが、これにはちょっとしたコツがある。それは先ず、異性の空港職員で、笑顔の美しい人を選ぶに限る。美人でも目尻のつりあがった意地悪そうな物件?は避けるべし。とまあ、冗談はさておいて、チェコのルズィネ空港での出来事を記すことにしよう。

空港に到着してチェック・インまでの間、なぜか仲間たちが次々に私に重量を量ってくれと言って、スーツケースを私のところに運んでくる。聞くところによると、ここの空港は特に重量チェックが厳しいらしい。「十九キロちょっとかな」とか「これは二十一、二キロ。もしかすると危ないかも」と言っては自分のもの（家を出る際の計量十八・五キロ！その後の重量変化ほとんど無し）と両方持ち較べてみるのである。「大丈夫かしら?」、「あの優しそうな男性のところはどうかしら……」とか語りながらも、皆いささか緊張気味なのは声の震えから良く判る。

無事パスした人たちは、ひと塊《かたま》りになって「やったー!」とか「ジャスト二十キロよ!」などと喜び合っており、その姿は、どう見ても高校生の修学旅行客そのものだ。しばらく待ってもTさんの姿が見えないのでカウンターに戻ってみると、仰天。例の冷ややかな感じの美女にひっかかったと見えて、チェック・イン・カウンターの脇でまさに御開帳。大勢の人目を気にしながら地べたにスーツケースを拡げ、汗をふきふき荷減らし作業に追われているではないか。可哀そうに……と思いながら「今度こそ大丈夫だから、勇気を出してチャレンジ!」と言って励ましながらロープで縛りあげ、カウンターまで運んであげた。「二十キロ。OK」と何とかパス出来たのだが、当初は二十二・五キロもあったのだそうだ。ところがY先生は二十二・八キロでお咎《とが》めなしのウィンク（wink—見て見ぬ振りをする、見逃す）で成功だったとか。なんとも不思議な関門チェックではありました。

モルダウ川の流れ

チェコ・スロヴァキアは、私がドイツ留学していた頃（一九七九〜八一年）は、確かにドイツ語でチェコスロヴァカイと呼ばれていた。

ミュンヘンの有名なオクトヴァ・フェスト（十月・ビール祭り）にも、鮮やかな民族衣装を身にまとったモラヴィア地方からの舞踊団がドゥパークなどの民族舞曲を踊り回り、観客から拍手喝采を博していた光景が今も目に付いて離れない。そんなわけで、一度は訪れてみたい国の筆頭に挙げていた憧れの国であった。

パリでの二〇〇九年、第七回国際声楽指導者会議を終えた私たちオプショナル・ツァーの一行は、七月十九日（日曜日）夕刻パリから空路プラハへと飛んだ。地図の上ではパリとプラハは直線距離にして千キロメートル足らずだから、まさに一っ飛びだった。空港で待つチャーター・バスに乗り込んで、「黄金のプラハ」・「百塔の街」とまでその美しさが讃えられるプラハ市内に滑り込んでいく。「モルダウ川だ！」と誰かが叫んで、車窓から一斉に身を乗り出すと、水面が明かりに照らされて、悠久に流れる「プラハの母」との初対面である。

ボヘミアの森から流れ出し、四百三十キロメートルに及ぶこの川は、やがてドイツを横切ってエルベ川（千百七十キロメートル）に注ぎ、ハンブルクを通って北海に辿る。ボヘミアの大地を潤し、古代・中世そして現代へとたゆみなく歴史を運び、民族を育んだ、まさに「民族の川」なのである。どこからともなく《モルダウ》のメロディーが流れ出し、瞬時にして大きな渦となって車中に響きだした。流石は声楽家の集団！としばしハーモニーの美を楽しんだ。

スメタナ作曲交響詩『モルダウ』は、連作『我が祖国』の二番目の曲で、一八七四年に作曲され、プラハ市に捧げられた。「チェコ国民音楽の父」と呼ばれるスメタナの、チェコの歴史と自然を讃えながら、祖国に対する限りない愛情と感謝の気持ちを音楽にしたもので、『我が祖国』全六曲は一時間を超える大曲で、足掛け五年の歳月をかけて作曲された。スメタナはこの間全く耳が聞こえなくなり、精神障害に悩まされるようになる。

スメタナは、作品の意図するところを聴衆にわからせるために、曲ごとに標題をつけているが、『モルダウ』には次のように書かれてある。「この川は二つの水源から発し、それが合流し次第に川幅を増して行く。川岸では狩りの角笛や田舎の踊りの音楽がこだまし、夜になって川面に月の光がきらめき、水の妖精が舞う。やがて流れは聖ヨハネの急流に差し掛かり、波はしぶきをあげて飛び散る。ここから川はプラハ市にどうどうと流れ込み、やがて古城ヴィシェフラトに挨拶を送りながら遠くへと去っていく」。

曲は、先ずフルートとクラリネットがチョロチョロ流れる二つの水源を表し、次第に滑らかにモルダウの主題を奏でる。これが展開された後、ホルンの角笛、次にスラヴ風のリズムを盛った祭りの踊りが続き、夢幻的な夜の情景が過ぎると、荒れ狂うオーケストラで再びモルダウの主題が雄大に奏され、流れはプラハへとたどり、次第に弱まって彼方へと去っていく。

『モルダウ』にちなんだ話をもう少し続けよう。スメタナ作曲のこの曲は、「ボヘミアうるおす川よ、豊かな流れモルダウ、広野《ひろの》にささやく水に光は踊りきらめく」の歌詞で、『モルダウの流れ』（岡本敏明《としあき》作詞、小山章三《こやましょうぞう》編曲）と題して日本でも広く親しまれている。私も中学時代に合唱した確かな記憶が残っている。が、ここで紹介するのは別のヴァージョンなのだ。曲名は『男は大きな河になれ〜モルダウより〜』で、さだまさし作詞、補作曲によるものだ。盛岡市の善隣館《ぜんりんかん》という文書センターに勤める佐々木章（あきら）氏が、私の声にぴったりだからと紹介してくれたギター伴奏つきの曲であった。

せつないことがあったなら　大きく叫んで雲を呼べ。
それでも雲で覆えぬほどの　男は大きな宇宙《そら》になれ。
嬉しい時は腹から笑え　笑えば嬉しい花が咲く。
心を花で埋《うず》めて見せろ。　女は優しい風になれ。

苦しい時こそ意地を張れ。目をそらさずに雨を見ろ。
泣かずに雨を集めて　そして　男は大きな河になれ。

佐々木章氏のギター伴奏で秋田県大舘教会で歌ったのは、六十歳の還暦の年だったろうか。

国際学会の疲れを癒すのはビールが一番（元気でも何時でも同じなのだが）と、早速ピルゼン・ビールで乾杯となる。「ドイツ・ビールではエルディンガーのヴァイス・ビーア（白ビール）！」と味にうるさい私を「ウーン」と唸らせるほど最高にコクがある。チェコ滞在中に舌と喉にしっかりと覚えさせないと帰れないと思うほどの味なのだ。

美味さではヨーロッパ一と言われるピルゼン・ビールは、ビール醸造で古くから有名なチェコ西部の都市プルゼニュのドイツ語名「ピルゼン［Pilsen］」から生まれたものである。そしてピルスナーはまさに［Pilsener］であり、チェコが世界のビールの名産地であることを物語っている。もっと突っ込んだ話をすれば、現在アメリカ産と言われているバドワイザー［Budweiser］だって、もともとチェコ南部ボヘミア地方にある小都市ブジェヨヴィツェで作られたビールの商標だったのだ。当時、チェコはハプスブルク（Habsburger）家の支配下にあったため、ドイツ語を使わざるを得ず、「ブジェヨヴィツェ」は「ブドヴァイゼル」と呼ばれたのであった。これを英語読みにするとバドヴァイザーになる。［ei］を「アイ」と読ませるところからも、ドイツ語であることがよく判ろう。言い訳をするつもりなど毛頭ないが、そういうわけで（どういうわけ？）この度も大好きなビールを巡る旅と相成ったのであった。

ビールの話題からはそれるが、ミュンヒェンや札幌（北緯四十三度）で冬の厳しさを十分に体験している私であるが、プラハはさらに北に位置し、ドイツのフランクフルト、ロシアのサハリン（樺太）と同じ北緯五十度にある。内陸であることも手伝って厳寒を意識してしまう。いきおい春の訪れは遅く、せいぜい五月を待つことになってしまう。ところがこの五月には、待ちかねたように一斉に草花が咲き始め、まさに「美しき五月」が展開されるのである。そして、毎年この季節には首都プラハで「プラハの春」音楽祭が行われる。街中にライラックとマロニエの花の香が漂い、黒ツグミの美しい歌声……という最高のシチュエーション。第二次大戦終結の翌年（一九四六年）開催以来、一回も欠かさず続けられているというこの世界音楽祭も今年は六十三回目を数え、つい二か月前に終わったばかりであった。スメタナ・ザール、スメタナ劇場、国民劇場、宮殿の庭、更には「芸術家の家」と呼ばれるコンサート・ホールなどを会場に、世界各国からの音楽ファンでプラハの街は満ち溢れたと聞く。音楽好きにはよだれの出るような話である。

翌朝、私たちは前述の音楽の名所に加え、古代神話に彩られるヴィシェフラトに向かった。ここは「高い所にある城」という意味で、眼下にモルダウが流れ、プラハの街並みが全て見られるまさに絶景である。およそ千年の歴史を持つ城だが、幾多の盛衰を経て、現在では五十人を超えるチェコを代表する芸術家たちと共に、スラヴィーン合祀廟《ごうしびょう》の中にスメタナ、ドヴォルジャーク（ドヴォルザークのチェコ語）も眠っている。

プラハ（英語名プラーグ）はまたモーツァルトの謎に満ちた生涯を綴った名作『アマデウス』（一九八四年アカデミー賞受賞作品）のロケ地としても有名であるが、『ドン・ジョヴァンニ』の初演（一七八七年）と、さらに『皇帝ティトゥスの慈悲』の初演（一七九一年）地でもあり、いかにモーツァルトがこの地を愛したかがよくわかった。

さて最後はドヴォルジャーク。

スメタナ（一八二四―一八八四年）とドヴォルジャーク（一八四一―一九〇四年）は十七歳の差がある。ドヴォルジャークは、プラハのオルガン学校を卒業後、カレル・コムザーク楽団の首席ヴィオラ奏者だったが、その頃にスメタナが数年間指揮者をつとめていたという接点があることはご存じだろうか。実は私もこの旅で初めて知ったことでした。

ドヴォルジャークの代表作、交響曲第九番『新世界より』（一八九三年）について触れることにしよう。

〈From the New World（英）、Aus der neuen Welt（独）〉と名付けられているように、ドヴォルジャークがニューヨーク・ナショナル音楽院の院長として迎えられ、滞在中にその地で聞いた黒人霊歌やアメリカ・インディアンの歌からの素材をもとに作曲された。新世界とは言うまでもなくアメリカ大陸のことである。実にロマンティックな望郷を思わせる曲であるが、特に第二楽章、イングリッシュ・ホルン（コール・アングレ）が奏でる五音音階の醸《かも》し出す哀切《あいせつ》極りない音色は、次第に聴く者を至福の世界へと招き出す。この曲は、合唱曲《家路》としてドヴォルジャークの教え子フィッシャーが歌詞をつけて愛唱し、わが国でも〈遠き山に日は落ちて〉と題して、堀内敬三・敷田《しきだ》義雄の作詞で広く歌われている。

『新世界より』と言えば、どうしても高校時代を思い出す。日曜日の朝になると、決まって二階の兄の部屋からこの曲の第四楽章の力強いフィナーレが聞こえてくるのだ。他の楽章にもフル・オーケストラで合奏される部分がある筈だが、どういうわけかここだけが鳴り響き、家中の目覚ましになるのである。懐かしい坊主頭に学生帽の時代であった。

ハンガリーと映画『野ばら』

ハンガリーと言えば、リストのピアノ曲《ハンガリー狂詩曲》やピアノと管弦楽のための《ハンガリー幻想曲》、ドップラー作曲のピアノ伴奏つきフルート独奏曲《ハンガリー田園幻想曲》、ブラームス作曲の二重奏曲（しばしば管弦楽でも演奏される）《ハンガリー舞曲》など、冠に『ハンガリー』の付いた曲の多さに驚かされる。

この旅で、あの独特な四分の二拍子のリズムと音階を持つチャールダーシュに代表される、ハンガリアン・ダンスが現地で見られるという夢が遂に実現したのだ。

ハンガリーは中部ヨーロッパに位置し、オーストリア、スロバキア、ウクライナ、ルーマニア、ユーゴスラビア、クロアチア、スロベニアの七か国に囲まれた共和国。九世紀末にマジャール人が定着し、十一世紀初めには王国を建設、一八六七年オーストリア・ハンガリー帝国、一九一八年共和国、一九二〇年再び王制、一九四六年共和制……といった実に古い歴史と変遷を辿ってきた国である。

その長い歴史の中で特に名高い、ハンガリー動乱（事件）は、一九五六年に起こった。私はまだ小学二、三年の頃なので全く記憶になかった。しかし、その後、ウィーン少年合唱団の少年歌手を描いたドイツ映画『野ばら』（文部省特選映画、マックス・ノイフェルト監督）を観ていたく感銘し、ハンガリー動乱が引き起こした亡命と結びついて、今でも忘れられない映画になったのである。

主人公のミハエル・エンデ少年が、その動乱のハンガリーからオーストリアに避難民として描かれていた。画面はドナウ川に浮かぶ避難民を乗せた船内の様子を映し出し、やがて、ある親切な老人に救われる少年にスポットが当てられる。しばらくするうちに、少年の美声が認められ、ウィーン少年合唱団に入って活躍するというストーリーである。

コンヴィクトという寮生活で、年数回の参観日にしか会えない家族を待ちあぐむ少年たちの中で、みなしごの身のエンデ少年の、寂しさに打ちひしがれる毎日はどれほど辛いものだったろう。両親との再会を喜び合い、差し入れを手にして飛び跳ねる様子を遠目に、ポツンと佇《たたず》むエンデ少年のもとに、親代わりの老人が現れたその感動のシーンが頭にこびりついている。

機会をみて、孫の眞音《しおん》にもぜひ見せてあげたい映画の一つである。

（…と、ここでバラの続きをもうちょと。）

シューベルト、ウェルナーなどの作曲で知られる「野ばら（Heidenröslein）の詩は、青年時代のゲーテのものである。〝レースライン、レースライン、レースライン　ロート、レースラインアウフ　デア　ハイデン〟の箇所は特に美しく、しかも三節などは哀調を帯びていくらか緩いテンポで歌われる。

ばらは「花の王」と言われるが、十九世紀以後に莫大な数の品種がつくられ、花の形は大輪・小輪、一重咲き・八重咲き・剣咲き・平咲き……、花色は深紅・黄・白・ピンク……と青色以外は全て存在するとまで言われるほど多彩である。ところが、ここで歌われるバラはHeide（原野、荒野）に咲く、俗にサンザシ（山査子）と言われる背丈の低い、風雪にも絶えて咲く野のサンザシの花のことである。

「今や趣味の領域を越えている？」と友人に言われる妻のバラ作りに付き合わされて、かれこれ二十年程になるだろうか。とは言っても、私の用務は穴掘りと枯れ花・枝のゴミ捨て、要するに力仕事なのだ。昔は何色のバラが好きかと問われて、「勿論ワイン・レッド（ワインカラー）」と自信ありげに答えていた。しかし、二〇一二年六月に大館市のバラ園で出くわしたばら色（薄紅色）のヨハン・シュトラウスに魅了され、とうとう買って帰るという事態になってしまった。老化による嗜好《しこう》の変化なのか、且《か》つまたシュトラウスの名前に惚《ほ》れ込んだ結果なのか。それにしても「ヨハン・シュトラウス」はどちら様かを確かめずに帰ってきてしまったが……（愚問になるかもしれないが）。

『ラデッキー行進曲』・『アンネンポルカ』などを作曲した「ワルツの父」なる父のシュトラウスなのか、はたまた『美しき青きドナウ』・『ウィーンの森の物語』、オペレッタ『こうもり』・ジプシー男爵『ジプシー男爵』などを残した「ワルツ王」の、子のシュトラウスなのか……。それを言えば、青森駅近くのケーキ屋さん「シュトラウス」をはじめ、ミュンヒェンの「シュトラウス空港」にいたるまで全て疑問になってくるから、この辺でどっちぱれ。

孫と三人のオーストラリアの旅

序

リタイアして三年目を迎えようとする二〇一二年三月末の春休み中に、孫の眞音《しおん》と三人で「オーストラリア三都市物語六日間」の旅に出かけた。眞音は四月に五年生になるが、何しろ両親とも高校教師で、卒業・入学シーズンに加え人事異動が重なって毎年落ち着かない年度末になってしまう。旅することで少しは淋しさを紛らすことができるのでは？とちょっとばかり爺婆《じじばば》気取りもあってのことだった。南半球のオーストラリアは丁度秋のいい季節で、例年にない豪雪の日本脱出！という目論見もあった。

計画を進めて行く中に、「結婚四十周年記念」にと費用のほとんどを娘夫婦からプレゼントされるという、信じられないようなアニヴァーサリーになった。ついでながら、アニヴァーサリー・ディ（Anniversary Day）はオーストラリア・ディ（Australia Day）の別称でオーストラリア建国記念日のことであり、一七八八年英国人のオーストラリア上陸記念の法定休日（一月二十六日又はその直後の月曜日）を指すのだ。

出発

イギリスでの「液体性爆発物を使った航空機爆破テロ未遂事件」（二〇〇六年）以来、あらゆる空港でのセキュリティーが非常に厳しくなったことは誰もが認める事実である。液体類の持ち込み制限に加え、特にオーストラリアは昔から食品および植物の持ち込みを厳しく制限している。聞くところによると、ケアンズ国際空港で、日本からのツァーに参加した一夫婦がみかん六〜七個を持ち込み、虚偽の申告をして裁判になり、罰金刑として合計一万六千ドル（日本円で約百四十万円）の支払いを命じられたという事例があるという（こわ〜）。

そんなわけで、国外に出かける時に常備していた日本の味〝味ぽん〟もやばいことになってはいけないので不携帯と決めた。

ラミントン国立公園

古《いにしえ》からゆっくりゆっくり築き上げられてきたオーストラリアの大自然。今日は一九九四年世界自然遺産に登録されたラミントン国立公園散策だ。貴重な動植物が生息する亜熱帯の森で体験した「野鳥の餌付け」は一生忘れないものになるだろう。何しろ人に馴れにくいと言われている野鳥が、突然二羽飛んで来て、頭上に持ち上げた餌皿からパクパクと食べ始めたのだから。正に信じがたい光景ではあった。

そして遂に、日本でパンフレットを読んだ時から気掛かりだった、地上十五メートルに張り巡らされた吊り橋を歩く『ツリー・トップ・ウォーク』が目前に現れた。私はずっと心配していたが、妻と孫は心待ちにしていたらしい。高所恐怖症の私が、鳥の目線のように木々や植物をどんな不格好さで見下ろすかを観られるからだ。ところが豈図《あにはか》らんや、橋が頑丈にできていることと、木の葉で下界が遮《さえぎ》られているため、十五メートルの高さとは思えぬ不思議なウォークで、二人とも期待外れでがっかりしたらしい。しまいには孫は先回りをして故意に橋を揺する有り様で、それでも平然と渡る雄姿に残念がること頻《しき》りだった。

土《つち》ボタル

懐中電灯を照らしながら暗闇の中を探検するのはピラミッド以来だろうか。今宵の行先はラミントン国立公園のグロー・ワーム（glow warm 土ボタル）洞窟。

真黒な洞穴に怪しく光る青白い光源は、清水脩《しみずおさむ》の合唱組曲「山に祈る」に出てくる『満天の星、凍る夜気…』を彷彿《ほうふつ》させる。「まるで星空みたい！」と誰かが口にした時、ガイドが咄嗟に「あれは本物のミルキー・ウェイ（天の川）ですよ！」と言うものだから、皆唖然として、洞穴のツチボタルと岩間からのぞいた天の川との、天地のプラネタリウムを見比べるのだった。「こんな夢のような光景は世界中どこにも存在しない！」とガイドが力説したのに全員深く頷いた。

生物学的に解説すると、ヒカリキノコバエ（光茸蠅）の幼虫で、青白い光を発するため土ボタルと言われる。この幼虫は、オーストラリア、ニュージーランドの一部の洞穴などにだけ生息し、体から出す粘液がルシフェリン（発光物質の一種）によって青白い光を発し、虫を誘《おび》き寄せて粘液で絡め捕り、哺食するという現実は、むしろこの際知らない方がよりロマンチックかもしれない。「たかが蛍を見るために一人二万一千円も掛けるか？」と、正直高を括《くく》っていた私だったが、自然の美しさと神秘さに十二分に癒されたオプショナルツァーだった。

コアラ抱っこ

州によって異なるが、ここゴールド・コーストの「ロンパイン・コアラ・サンクチュアリ（保護区）」では、愛らしい〝コアラ抱っこ〟の記念撮影が行われ、行列して待つほどの盛況ぶりだった。揃いのユニフォームを着た係員が、何頭ものコアラを上手にあやしながら、いい具合に抱っこさせてくれる。カメラマンは大写しのモニターを見ながら、最高のアングルでパチリ！と仕留めるのだ。前回は（確かシドニー・オペラハウス裏手の公園だったと思うが）、コアラの爪って結構痛いものだと記憶していたが、今回は全く感じられない。流石に手馴れたものだと感心した。実にスローモーな動きでユーカリの葉にパクつくコアラに魅了されながら散策する中に『コアラのための老人（?）ホーム（retirement home）』の一郭を見つけ、思わず顔を見合わせて吹き出してしまった。

ここではカンガルーの餌付けも経験できる。とは言うものの、カンガルー・キックやアッパーカットでもくらって怪我でもしたらと心配になり、妻や孫の安全のため、予め下調べをすることにした。すると、広大な草原のずっと遠くに見えるのはどうやらあの本物の大きなカンガルーではなく、ワラビーと言われる体長一メートル弱の小型のカンガルーであることが判明した。檻《おり》の中の動物に餌をやるのとは違って接近してくれないから、こちらが出向かうことになる。しかも停止状態とは限らないので、かなりきつい。這這《ほうほう》の体で二、三頭の群れをものにした。ところが、やおら餌を差し出すその時にゴロンと横になってしまった。「やっぱりガイドさんの言った通り、満腹なのかな？」と心配する孫が、それでも口元に餌を近づけると、漸く口を開いてモグモグ食べ始めた。その眼つきは明らかに「しょうがないな。（観光）客商売も大変なのよ！」と愛想笑いを浮かべているかのようだった。

アボリジニ語で「平たい鼻」のウォンバットは夜行性なので、日中は御目にかかれないかと思っていたが、タイミング良く穴の中からノソノソと出て来て、水場に向かった。大きい鼻とずんぐりした体形は、どこかコアラを横にした感じで愛嬌者だ。今は亡き岩城宏之さんが長年常任指揮者を勤めた、オーストラリア第二の都市メルボルンのすぐ南の島、タスマニアの丘陵地帯に生息していることを知った。

コアラ、カンガルー、ウォンバットと、母親の腹部にある育児嚢《のう》の中で育てる有袋類ばかりが今回の旅のメインだったのは、何か結婚四十周年記念の《優待》旅行と関係しているのかと、イトオカシ。

コアラ抱っこの妻

旅の栞(オーストラリア)

☆　結婚40周年記念。眞音と3人の「オーストラリア3都市物語6日間」。
提供は猿賀直人・智美様。有難や、有難や。

一日目　3月23日(金)

<12:10, JAL1204便>青森空港✈羽田空港<13:30, リムジンバスにて>ー成田空港

<19:50, JL77便>成田空港✈シドニーへ　<機中泊>

二日目　3月24日(土)

<07:35>シドニー着、<11:05, QR５２０便>✈ブリスベン<11:35>　<機内食>

<午前>　ブリスベン市内観光。(ブリスベンのシンボル△時計塔、ルネッサンス様式の△市庁舎、市内を一望できる○マウント・クーサ展望台。　<バーベキュー>

<午後>　オーストラリア随一のコアラ数を誇る●ローンパイン・コアラ・サンクチャリ観光。(約１３０頭のコアラが飼育されている園内で、愛らしいコアラを見学。“コアラ抱っこ”の記念写真プレゼント!)　観光後、黄金の砂浜が続

くゴールドコーストへ。

<夕刻>南半球 1 の高さを誇るスカイポイント（旧 Q1 タワー）からの夕景鑑賞。<シーフードバイキング>

<ゴールドコースト泊>

ブリスベン(Brisbane) オーストラリア連邦クイーンズランド(Queensland)州の州都。シドニー、メルボルンに次ぐオーストラリア第三の都市で、オセアニア有数の世界都市。現地での発音は[ブリズベン]。

マウント・クーサ展望台 シティーを見渡せるサミット展望台で、マウント・クーサ植物園、セント・トーマス・ブリスベン・プラネタリウムがある。マウント山は 300m。

市庁舎 時計塔のあるシティー・ホールは 1971 年にシドニー・オペラハウスができるまで、オーストラリアで一番高い費用がかかった建物だった。今でも市役所の本部が置かれ、ブリスベンの歴史博物館や美術館などがあり、昼間は時計塔を一般に開放している。

ローンパイン・コアラ・サンクチャリー 世界で最も大きく歴史あるコアラの保護区。カンガルー(kangaroo)、コアラ(koala-ユーカリの葉だけを食するフクログマ、コモリグマ)、ウォンバット(wombat-フクロネズミ、有袋類の哺乳類で体はコアラに似ている)、などの動物が見られる。

ゴールドコースト　ブリスベンの南東約 70 km。40 kmのビーチ、テーマパーク、運河と山地を控えた主要な観光地。

Q デック展望台　ゴールドコースト、サーファーズパラダイスに位置し、ビーチサイドが一望できる。77 階展望台へは 43 秒で登るという世界最高速のエレベータで。(高所恐怖症の方にはお勧めできませんと明記してあるが…相棒!)

三日目　3 月 25 日(日)

＜午前＞世界遺産ラミントン国立公園観光。貴重な動植物が生息する亜熱帯の森で、地上 15 メートルに張り巡らされた吊り橋を歩く『ツリー・トップ・ウォーク』や森林浴、野鳥の餌付け体験を楽しむ。　＜ミートパイ＞

＜午後＞○マウントタンボリンからゴールドコーストを一望して、○イーグルハイツでギャラリーやカフェが並ぶ通りの散策。　＜オージー・ビーフ＞

◆OP ツチボタル観賞ツアー　19:00～22:30　晴天時「星空観賞」→ナチュラルブリッジ(相棒!また橋か?)国立公園にて熱帯雨林のブッシュウォークとツチボタル観賞→ホテル　＜ゴールドコースト泊＞

ラミントン国立公園　(Lamington National Park)　1994 年世界遺産。エコパラダイスは、太古の樹木や固有の野生動物、野鳥類を見ながらピクニックできるベストスポット。

ツリー・トップ・ウォーク　(相棒!地上15mとは!もはや生きて帰れません…ネ)　鳥の目線のように、上から木々や植物を見下ろすわけだ。アンデス、ボリビア西部の高地草原などで飼養されている珍しい動物アルパカ(家畜)に会えるかもしれない。この毛皮は最高級品だとよ。

マウント・タンボリン(Mount Tamborine)　郊外の山々に点在する風情ある村を訪れ、受賞歴を持つ熱帯雨林の隠れ家リゾートでのんびりするのも一つだねー。

オージー・ビーフ(Aussie Beef)　オーストラリア産の牛肉。Aussieはオーストラリアドル(豪ドル)を指すこともある。

四日目　3月26日(月)

＜早朝＞ホテル出発。カンタス空港へ。　＜弁当＞

＜08:25,QF513便＞ブリスベン✈シドニー＜11:00＞　＜フィッシュ＆チップス＞

＜午後＞シドニー市内観光(●世界遺産オペラハウスを専門ガイドと共に内部観光、写真に収めたくなる景色の○ミセス・マッコリーズ・ポイント、シドニーのシンボル○ハーバーブリッジ、昔ながらの面影を残す△ロックス地区、2010年に世界遺産に登録された○ハイド・パーク・バラックス、ステンドグラスが美しい○セントメアリー大聖堂)

＜夕食は、シドニータワー回転レストラン＞　＜シドニー泊＞

オペラハウス(Sydney Opera Hause)　2007年6月28日世界文化遺産に登録された。設計者ヨーン・ウツソン(ウッツォン)。1959 年着工、1973 年竣工。遅れた理由は、独創的な形状と構造設計の困難さである。収容人数 2679 席。世界最大の機械式パイプオルガン「グランド・オルガン」もある。他に、ドラマシアター(544 席)、プレイハウス(398 席)、スタジオシアター(364 席)と 5 つのリハーサルスタジオ、4 つのレストランに 6 つのバーがある。

ミセス・マッコリーズ・ポイント(Mrs. Macquaries Point) 19 世紀初頭のマッコリー総督夫人がお気に入りだった場所。散歩中に座って休めるように岩を切りだして作った椅子は、ミセス・マッコリーズ・チェアーと呼ばれている。

ハーバー・ブリッジ(Harbour Bridge) 長さ1149m、幅 49m、高さ 49mで、ポート・ジャクソン(Port Jackson)設計のアーチ橋。ノース・シドニーとシドニー西部を結ぶハイウェイ(8 車線の車道)とシティレールの複線の鉄道線路、歩道が走っており、車線が世界一多い橋としても知られる。シドニー・オペラハウスと並ぶシドニーのシンボル。

ロックス地区(The Rocks) オーストラリア発祥の地で、ロックスの歴史はシドニーの歴史でもある。まるで 19 世紀の世界に迷い込んだ気分になる。ここでのロックス・マーケット(フリー・マーケット)も有名。

ハイド・パーク・バラックス(Hyde Park Barracks) レンガ造りで、現在は博物館として公開しているほか、ニュー・サウスウェールズ州およびオーストラリア史跡として保存され、2010 年世界遺産に登録された。ラックマン・マッコリーの命令によって 1818 年から 1819 年にかけて建設され、設計は囚人の建築家であるフランシス・グリーウェイの手による。元はシドニー・マッコリー・ストリートのそばに建設され、この目的は男性囚人のための宿舎であった。

セント・メアリー大聖堂(St. Mary's Cathedral) ローマ・カトリック・リヴァイヴァル建築の大聖堂。1788 年にシドニーが植民地化され、イギリスから渡ってきたカトリックの人々が建築した。ニュー・サウスウェールズ州知事ラックマン・マッコリーが 1821 年に建設計画を経て、イギリス人建築家オーガスタ・ウェルビー・ノースモア・ピュージンに依頼した。ところが 1864 年に火事で焼失。その後ピュージンの弟子 W.ウィリアム・ウォーデルにデザインを依頼。1930 年ローマ教皇ピウス 9 世によって教会堂より上のバシリカであると認定された。2008 年に教皇ベネディクト 16 世が公式訪問。

シドニー・タワー(Sydney Tower) 最上階からの眺めが格別で、シドニー観光の名所の一つ。高さ 304.8m で、南半球ではニュージーランドのオークランド・タワーに次いで第 2 位。360 度の展望台や展望レストランがある。250m の高さにある展望台にはエレベーターで40秒。(相棒!この旅行は何かタクラミでもあるのかな?? ハイなんだ。)

五日目 3月27日(火)

<終日>世界遺産ブルーマウンテン国立公園観光。(世界一の傾斜を誇るトロッコ列車で渓谷を降り、森林浴を楽しみながらブッシュウォーク-30min.-を満喫。その後ロープウェイにてユーカリの森の壮大さを味わい、お洒落で可愛らしい町○ルーラ散策後、シドニーへ。途中、2000年開催のオリンピック会場に立ち止まる。) <中華料理>

<夜>世界三大美港の一つシドニー湾でロマンチックなトワイライトディナークルーズを楽しむ。

◆OP シドニー水族館とナイトドライブ 16:30〜21:30 クルーズ下船後→シドニー水族館(1h.Ca.)→ナイトドライブ夜景観賞(オックスフォードストリート、ブルースポイント、ミルソンズポイントetc.)→ホテル <シドニー泊>

ブルー・マウンテンズ国立公園(Blue Mountains National Park) シドニーから120 kmの所にあり、緑に覆われた森や、原始のままの滝木の原野のドラマティックな景観が広がる。そのユーカリの森の広大さと生物の多様性が認められ、世界遺産に登録された。世界で最も古い樹種の一つウォレミマツ(Wollemi Pine)は、ブルー・マウンテンズの固有種。この地域はあまりにも森が深いので、高さ40mもあるこの木々は1994年まで発見されず、シドニーから200キロと離れていないこの人里離れた谷に、ひっそりと生い茂っていた。

スリー・シスターズ(The Three Sisters) 3本の切り立った奇岩(砂岩)。父の魔法により3姉妹が岩に変えられたというアボリジニの伝説がある。

ディナー・クルーズ(Captain Cook Dinner Cruise) 創業40年の歴史を持つキャプテン・クック・クルーズはオーストラリア人の家族経営による運営でこれまでに幾多の観光業のアワードを受賞している。現在21隻の船を所有し、500名を越えるスタッフと一週間に150種以上のクルーズを運航している。ドレスアップしてロマンチックな夜を演出!!

六日目　3月28日(水)

<早朝>ホテル出発。シドニー空港へ。　<弁当>

<09:15, JL772便>シドニー✈成田空港<17:05>　<機内食>

<成田泊-ガーデンホテル成田、0476-23-5522>

七日目　3月29日(木)

<午前>成田―<リムジンバスにて>-羽田空港　<12:40, JAL1205便>羽田空港✈青森空港<13:55>

要参考文献

- 広辞苑(角川書店)
- フリー百科事典『Wikipedia』ほか　(記号: ●入場・入館観光　○下車観光　△車窓観光)

宿願のミュンヒェン再訪

出発前に

二〇一三年夏、第二の故郷、ミュンヒェン再訪の宿願を果たすことが出来た。それは、三十二年前にミュンヒェン留学を終えてリーム空港を飛び立つ際、やっと住み慣れた、なじみ深い土地と別れる寂しさのあまりに涙ぐむ妻と娘を慰めて、「必ずまた連れて来てあげる」と口にした約束事であった。

そのうちになんとかなるさと高《たか》を括《くく》っていたが、なかなか条件が合わずに、とうとう今に至ってしまった。

私こそ退職して自由の身になったが、娘は年ごとに忙しさを増し、ついに昨年からおよそ五十キロ離れた青森市勤務となり、朝六時半過ぎには家を出るという苛酷な生活を余儀なくされてしまった。そこで思いついたのが、『この際だから孫の眞音と三人で！』という苦肉の策であった。

眞音も中学生になると部活やらで夏休み返上の生活になりかねず、六年生の今が滅多にないチャンス！とばかりに、この辺で手を打つことにしたのだった。

今回の旅の目的は、第一に、懐かしいミュンヒェンの名所案内と、昔住んでいたハール市を訪ねること。第二に、本場の音楽に触れること。第三に、モーツァルトの生地・ザルツブルク訪問。第四に、眞音が何日もかけて組み立てたナノブロック（世界最小のミニサイズのブロック）『ノイシュヴァンシュタイン城』の見学に限定した。

そのために、常宿して、通訳・案内共に自前で遣り繰りすることに決め、早い段階から準備に取り掛かった。旅程、ドイツ語の手引き、案内文については自作の栞をご覧いただきたい。

ミュンヒェン国際空港

「なんと、ミュンヒェンのリーム空港がでっかくなって、フランクフルトに次ぐほどの国際空港になったんだよ」と、ヨーロッパから帰国する度に（ゴカイでは済まないほど）言い触らしてきた私は、今回のミュンヒェン旅行中に新事実を知り、穴があれば入りたいほど恥じ入った。

その新事実とは、正式名をフランツ・ヨーゼフ・シュトラウス（元、バイエルン州首相の名）空港といい、これまでのリーム空港とは全く別に郊外（市内から北東約三十キロ）に造られた。そしてあのリーム空港は、現在はメッセゲレンデと名付けられ、国際見本市の会場等に使われているときたもんだ。ナンタルチーア！

そこで、せめてもの罪滅ぼしに、「珍情報二つ！」といってみよう。

その一つは、ここの空港では、エアブロイ（Airbräu）という、ターミナル内の自家醸造所で造ったビール（旨いんだ、これが）が飲めることである。空港ターミナルでビールを醸造するなど、さすがミュンヒェンならではの発想だと感心しますね（ガッテン・ガッテン）。

二つ目は、空港の二つのターミナルの間にある広場に、サーフィンを楽しめるプール（夏限定）が設置されたのだ。人工波を巧みに乗りこなすサーファーたちが次から次へと得意な技を披露し、観客を巻き込んで歓声をあげているのには驚いてしまった。そう言えば、『ミュンヒェン市内を流れるイザール川（ヨーロッパ一の大河ドナウ河の上流）でサーフィン！』というニュースが放映されていたことを思い出す。気温マイナスの真冬でも、ウェット・スーツを身につけて結構な急流が織り成す波を上手にさばきながらのアップになった顔つきは、真剣そのものだったよなあ。

ついでながら、このサーフィンが行われているイングリッシャー・ガルテン（Englischer Garten）で、夏にはヌードが見られるという話は……。（紙面の都合により以下略。）

野外コンサート

折角のチャンスだから、オペラの一つでも……と考えてはみたが、例によって歌劇場も演奏会場もみんな〝夏休み〟で休業中なのだ。しかし、何とかして〝本場の音〟を眞音に聴かせたいと思っているところに、丁度ニンフェンブルク宮殿で【『水上の音楽』と『王宮の花火の音楽』（ともにヘンデル作曲）野外演奏会】の情報を妻がネットで捜し当て、幸運にもチケット三枚を手に入れることができた。そういえば、昔、ミュンヒェンに着いて間もない頃、「ニンフェンブルク宮殿でのライプツィッヒ・ゲヴァントハウス・オーケストラの『四季』（ヴィヴァルディ作曲）を聴きに行こう」とヴィンクラーさん（私が留学中に世話になったロータリアン）からお誘いを受け、飛びあがらんばかりに喜んだことを思い出した。これまでにその感動ものが何回話題に登場したことだろう。あの夢のような響きを眞音にも是非味わわせたいの一心だったのだ。

ヴェルサイユ宮殿を模して造ったというニンフェンブルク宮殿前の大庭園は相も変わらず息を呑むほどに美しく、妻と眞音は「パン切れを持ってきてやればよかった……」などと興奮しながら泳ぎ寄る人懐っこい鴨や白鳥たちと戯れた。それから北ウイングの館を横切って中庭に出ると、特設のステージが用意され、客席もパイプ椅子ながら全席指定。それにしてもよく刈られた芝は洋洋として、アンジュレーションの全くないゴルフ場のグリーンを思わせるほどだ。ようようあたりも薄暗くなり、開始直前には周囲の数十本の松明が点《とも》され、いよいよ気分が盛り上がったところに、「アンサンブル一七五六」のメンバーと指揮者のコンスタンティン・ヒラーの登壇だ。

「♪パパパパパパーン、♪パパパパパパーン」と、かの有名な『水上の音楽』のモティーフが奏され、コンサートは華々しくスタートした。上手くマイクで音を拾い、ミキシングがとても良いとみえて、野外とは思えないくらい耳に心地よいサウンドが流れ出す。上空を飛び交う小鳥たちにとってもお気に入りの調べらしく、去る様子もなく悠悠と旋回している。こんな夏の夕刻に、ジョージ一世も側近や貴婦人たちを引き連れてテムズ川の船の上で音楽パーティーを催し、セレナーデを楽しんでいたのだろうと想像しながら、いい気分に浸って聴き入った。

ふと眼を開くと、なにやらうらめしそうにプレイヤーたちが松明のあたりを睨んでいる。どうやら、風向きが悪く、まともにステージに煙が吹きかかっているらしい。つい先ほどまでは無風状態だったのに、いつの間にか時折微風を通り越した突風が起こる。譜面がパラパラめくれそうになり、見ているこちらがハラハラしてしまうのだった。

ところで指揮者のヒラーは、モーツァルトの『レクィエム』のCDなどで日本でも知られているが、一九九二年よりザルツブルク楽友協会監督を務め、オルガニスト・チェンバリスト・指揮者として国際的に活躍している。今日もチェンバロを弾きながらの鮮やかな棒さばきだ。

「アンサンブル一七五六」は実に珍しいネーミングだ。勿論、一七五六はモーツァルトの生まれ年を捩《もじ》っているのだが、創立は一九九六年。爾来「ヘルブルン宮殿の祭（ザルツブルク）」とかアブ・ダビ市（アラブ首長国連邦）での「思想家の祭典」など、ヨーロッパを中心に五千ステージをも熟《こな》しているという。ザルツブルクのモーツァルテウム音楽院卒の仲間たちを中心に、一流メンバーで構成されているのだ。

『水上の音楽』第一、第三組曲（第二組曲は後半のプロ）の次は、カウンターテナーのニコラス・スパーノスのステージ。ギリシア生まれでテッサロニキ音楽大学（ギリシア）で学んだあと、アメリカのメリーランド大学で有名なカウンターテナーのアリス・クリストフェリに師事した、新進気鋭の歌手である。今日は〈セルセ〉からアルサメーネの歌う『なつかしい木陰よ（又は、ラルゴで有名）』、〈アリオダンテ〉から『不実な女よ戯れるがよい』他を歌った。

ここで少しだけ触れておくことにするが、カウンターテナーとは男性アルト歌手のことで、テノールの声域よりもさらに高いアルトの音域で歌う男声のことである。今日では、バロック時代の作品のカストラートのパートをしばしば担当し、ほぼ女性の音域で力強い響きを持つ。古代に存在し、十二世紀に復活し、特に、オペラ・セリアの男性主役として活躍した。教会が女性を禁じ、代りにカストラートを用いたことがその原因であった。去勢手術は思春期前に行われ、数年の厳しい訓練の後、彼らは女の声と男の肺を持つ歌手として教会に送り込まれたのである。その歌唱があまりにも見事だったために、彼らは教会を出て公衆の前でも歌うようになった。日本人ではあの「もののけ姫」の主題歌で大ブレイクした米良美一、元日本声楽発声学会の理事長を務めた丹羽勝海《にわかつうみ》氏らがいる。

話がどんどん核心から遠ざかってしまったが、この辺で元に戻すことにしよう。

第一部の途中からにわかに入道雲が発達し出し、遥か遠方からではあるが、稲光と思われる薄明かりが何度か目に入った。隣で聴いている妻に膝で合図を送ると、やはり気付いているらしくウンウンと頷《うなず》く。ほどなくしてティンパニーのトレモロともつかない重量のある轟《とどろ》きは明らかに『ゴロゴロ様の到来！』と横眼で確かめ合い、指サインを送って、一部終了まで待つことに決めた。ミュンヒェンに住んだことのある私達は幾度も驟雨《しゅうう》に見舞われた。悪運にも全身濡《ぬ》れ鼠《ねずみ》になったことを思い出し、今日の所は『パウゼ（やめる）』と決め込んで、この『パウゼ（休憩時間）』のうちに急いで電車乗り場まで一目散に走り出した。案の定、停車場に着くやいなや大粒の雨が降り出し、束の間にゲリラ雨の来襲へと続いた。『文殊の知恵』とまではいかないまでも、判断力こそが生死を決めるということを正に証明したのであった。

そこで問題。次の㈠～㈢の中から眞音の意見を選んでみてください。

㈠「もう九時を過ぎているので、雨上がりを待つと真夜中になってしまうから…中止。」

㈡「第二部は大広間に会場を移して…続行。」

㈢「楽器に雨が当たったら元も子も失うから…中止。」

（正解は㈠でした。）

ザルツブルク一日観光

モーツァルト生誕の地、あるいは毎年の音楽祭で有名なザルツブルクは、人口十四万人ほどの割に小さな町。ミュンヒェンからだと一日観光が十分可能で、コース巡りも予め計画を立てて出発した。たかが百キロ余りの距離を、特急でしかも一等車まで取らなくても…と笑われそうだが、敢えて実行。それは、バーンホーフ優待室での朝食サーヴィス付きと、一等のコンパートメント（車室）でゆっくりと寛いでほしいという、ヨーロッパで初めて電車に乗る孫への親（爺婆）心からの計らいであった。（何とも泣ける話！）。

昔なら存在すら気付かなかったが、乗り降り自由でマイペース観光ができる「ザルツブルク・ホップイン・ホップオフ・バス」が、ファミリー料金一日三十四ユーロ（四千円程度）で手に入るという、便利で割安な方法もあることは日本を発つ前に調査済みだった。

駅に降り立ち、目指すは街の目印・ホーエンザルツブルク。百五十米《メートル》ほどの丘の上に建てられたこの城へは、アプト式（スイス人アプトの発明した特殊鉄道）のケーブルカーに乗ってわずか一分足らずで登れる。とは言っても、築城の頃（一〇七七年）には当然このような便利な鉄道などあるはずもなく、資材（ほとんど重い石材）の運搬にどれほど苦労したことかと往時を偲んでみた。因みに、ドイツ語の「ブルク（Burg）」は要塞としての機能を持つ中世の城のことで、一方「シュロス（Schloss）」は王侯・貴族の華美な居城（宮殿）を指す。ホーエンザルツブルクの正式名には「die Festung（要塞）」が付いていて、正に城塞そのものなのである。どうりで拷問室・牢屋・物見櫓《やぐら》が点在する。棘《とげ》のついた鉄製の手枷《てかせ》・足枷《あしかせ》をはじめ、想像しただけで苦痛を覚える刑具の陳列……。あまりの生々しさに歩調を速めようとするのだが、なぜか眞音は興味を示し、刑具の詳しい説明を求めてくるのには閉口頓首だった。

話は変わるが（やれやれ、ホッと一息）、この丘に登ると決って♪すべての山に登れ…（Climb every mountain…）♪と、オスカー・ハマースタイン二世（作詞）と、リチャード・ロジャーズ（作曲）の名コンビによるミュージカル『サウンド・オヴ・ミュージック』の中の大好きな曲が口を衝いて出てくる。この際だから訳付で取り上げることにしよう。

Climb every mountain,
Search high and low.
Follow every by way,
Every path you know.
Climb every mountain,
Ford every stream,
Follow every rainbow,
Till you find your dream.

すべての山に登りなさい。
すべての場所を探し求め
どんな道をもたどり
知る限りの道を行く。
すべての山に登りなさい。
すべての川を渡り
すべての虹を追いかけなさい
夢を見つけ出すまで。

A dream that will need,All the love you can give,

Everyday of your life

For as long as you live.

生きている限りの

すべての日々

すべての愛を　捧げられる夢。

修道院長が傷心のマリアを癒し、トラップ大佐の邸宅に戻りなさいと諭《さと》すこの歌は、更にミュージカルのラストシーン、トラップ一家のオーストリア脱出の山越えの音楽にも使われ、一層の感動にひたらせてくれるのである。序でながらこの「すべての山に登れ」は『熊木ファミリー・コンサート』の十八番にもなっていることを付記しておこう。

ランチにはまだちょっと早いが、幸運にもザルツブルク一帯を眼下に収められる恰好のレストラン（テラス）を見付け、席取りのためにも中休みをとることにした。

椅子に腰かけ、目映ゆい光を浴びたザルツブルクの街を展望する。街の中央をザルツァッハ川が流れ、その右手にミラベル宮殿、左手には大聖堂、聖ペテロ教会などが見える。オーストリアでいち早くローマ文明を受け、真っ先にキリスト教の洗礼を受けた大司教の領地ザルツブルクは、流石に国一番の美しい街といわれるのもよく判る。地図で確かめながら建造物を追っていくと、何と今いる丘のすぐ下に「サウンド・オヴ・ミュージック」に出てくるノンベルク修道院（Stift

Nonnberg）が見えるではないか。「あそこだよ、緑に囲まれた黒屋根」、「え?どこどこ?」、「あっ、見付けた!」などと三人が大声で喚き叫ぶものだから、テラス中の客たちも何事かと頭を下に向けて指さす方向を確かめている。「すみません、大声を出して」と謝ると、「気にしない、気にしない」と言って微笑んでくれた。「ホラ、あの初っ端のミサの場面」、「マリアとトラップ大佐が結婚式を挙げたチャペル」、「一家が逃げ込んで、墓場に潜んでいる、あの緊張のシーン」……と、すっかり「サウンド・オヴ・ミュージック」で盛り上がってしまった。

ここで「ドレミの歌」にもふれておこう。マリアが子供たちに歌を教える時の、誰もが知っているあの曲。

♪「ド」はドーナツのド、「レ」はレモンのレ、「ミ」はみんなのミ、「ファ」はファイトのファ、「ソ」は青い空、「ラ」はラッパのラ、「シ」は幸せよ、さぁ歌いましょう♪と、何の疑いもなく、むしろ分かりやすい歌詞だと思いながら歌っていたのは、私に限ったことではなかろう。ところが、オリジナル版（英語）を目にして、「なんで?」という疑問が湧いたのだった。和訳をすると、

♪「ド」は鹿、雌鹿です、「レ」は輝く太陽の雫、「ミ」は私、自分のこと、「ファ」は遠い遠い走る道、「ソ」は針が糸を引っ張って、「ラ」はソに続く音、「ティ」はパンとジャムでお茶を飲む、そしてまた「ド」にたどり着く♪と相成る。

然らば何処からドーナツやレモンが現れ出たのだろうかと色々調べていくうちに、成程！と合点がいった。即ち、

一、教科書にはペギー葉山版が採用。

二、彼女は、日米修好百年祭（一九六〇年、ロサンゼルス）に招待され、その折にブロードウェイで「サウンド・オヴ・ミュージック」に感銘を受け、楽譜を日本に持ち帰った。

三、邦訳にあたって、大好物のドーナツから始まって全て食べ物にしようとしたが、「ファ」でつまづき、止む無く断念し、現行の「ペギー葉山版」になった。

因みに、si「シ」は英語ではti「ティ」を使うので原語ではtea（紅茶）に掛けたというわけである。

ここで、折角のペギー葉山ご登場に際し、若者たちのためにごく簡単なプロフィールを。一九三三年生まれの歌手。「南国土佐を後にして」、「学生時代」、「ラ・ノビア」などで大ヒット。女サミット（美紀子・智美・眞音）が観た劇団四季の「サウンド・オヴ・ミュージック」で修道院長を演じ、七十五歳とは信じられないほどの歌唱力で圧巻だったと語っていたことも付記しておく。

最後に「エーデルワイス」。トラップ大佐がギターを爪弾きながら歌い、リーズル（長女）が相の手を入れるシーンは何度観てもぞくぞくする。「雪のように白い花よ、いつまでも咲き続けよ」と永遠の生命を讃《たた》え、故郷を見守り給えと願う歌。この曲がハマースタイン二世の遺作に

なったのだが、正に永遠不滅の宝物を世に残してくれたものだ。Forever！

ノイシュヴァンシュタイン城とリンダーホーフ城

【一度は訪れてみたい古城・五城】に、ウィンザー城（ロンドン・イギリス）、サンタンジェロ城（ローマ・イタリア）、シュノンソー城（トゥール・フランス）、シオン城（モントルー・スイス）と共にノイシュヴァンシュタイン城（フュッセン・ドイツ）が列挙されていたが、いずれも趣が異なり甲乙つけがたく、「然《さ》もありなん！」と頷ける。

『ノイシュヴァンシュタイン城とリンダーホーフ城一日観光ツアー＝大人五十一ユーロ（約六千六百円）、子供二十六ユーロ（三千四百円）＝』のチケットをネットで予約し日本を発つ前に手に入れた。本当に便利な世の中になったものだ。が、驚き・桃の木・山椒の木、ガイド付きだと、何と大人百九十一ユーロ（二万五千円）、子供百八十ユーロ（二万三千円）と、べらぼうな値段だから、「勿体無い、私が代わって…」と、ガイド役を務めることにした。［数式（25,000×2＋23,000）－（6,600×2＋3,400）＝（¥）56,400と、五万六千四百円のアルバイトだ。］

【八時十五分カルルシュタット・デパート正面入口前集合（時間厳守！）八時三十分出発】の案内通りに〝五分前行動〟を地で行き、八時十分には現地到着。何しろ駅前のホテルから駅構内を通って横断歩道を渡れば、すぐ目の前が目指すデパートで、所要時間僅か五分という便利さである。しかもガイドの大役を仰せつかった身だから〝一寸の過ちも許されじ！〟と、下見まで試みるという周到さだ。ところがどっこい、出発時刻になってやっとのことで三、四台のバスが横付けになり、運転手たちは異口同音に「間もなく案内係が来るから」と答えるだけで実に素っ気ない。やっとのことで九時五分前に「乗車！」の一言で、一斉に乗り込んだ。ツーリストと思しき人は百人ほどもいたはずだが、点呼も取るわけでなく、不安ではち切れそうな顔をした客たちを乗せ、バスは走り出してしまった。「大丈夫かよ」と話しているところに、やおらガイドがマイクを持って挨拶し、座席を回って点呼と必要事項を打ち合わせる旨の案内があり、ほっと安堵した。それでも「お待たせしました。発車が遅れました」などのお詫びは一切ないのだ。いやはや呆れたことだ。

ミュンヒェンに来て五日が経つが、到着の日を除いては記録破りの猛暑続きで、国中が音をあげている状態。北緯五十五度のモスクワでさえ三十℃を記録したというニュースが流れるくらいだから、推して知るべし。ドイツは暖房に関しては完璧すぎるほどに徹底しているが、短い夏故、ホテル以外冷房はほとんど配慮されていない、というより不要なくらいなのだ。そこにきて熱帯夜が続くと正にお手上げ状態で、げんなりするのも無理はない。過去三十年以上にわたって観測されなかったほどの異常気象は、最早世界的な現象なのだ。土産用に日本から持参した、ねぶた絵つきの団扇《うちわ》十枚（青森市のCレストラン提供）はとても重宝がられ、たちまちのうちに捌《さば》けた。赤を基調とした〝ねぶた絵団扇友の会員〟はすぐに親しくなり、いいセンスのお陰で感謝されること頻《しき》りだった。

さて、最初に立ち寄ったリンダーホーフは、ウィンタースポーツのメッカとして世界的に名高い、ガルミッシュ・パルテンキルヒェとフュッセンに挟まれたチロルの山中に突然浮かび上がる、夢のような美しい宮殿である。一八七四年から七九年にかけて、ノイシュヴァンシュタイン城同様、ルードヴィッヒ二世によって建てられた。割に小規模ながら、王が心酔したフランスのブルボン王朝風の華麗な造り。その前に四角い池があり、中央に勢いよく吹き上げる噴水がある。飛び散った水の帯に光が差し込み、その後方におぼろげに浮かぶロココ風の宮殿は、百五十年ほどタイムスリップして宮中の様子を映し出しているかのようであった。

こよなくワグナーを寵愛した王は、バイロイトでの最初の音楽祭のリハーサルを二人きりで観て、本公演を待たずにここに戻ったという。そして、宮殿の裏山に洞窟を作り、アーク燈で光をともし、池の中には舟を浮かべて『タンホイザー』にどっぷりと浸り、ワグナーへの追憶にふけったというのだ。「そんな魔の洞穴まで是非行ってみるべき」と城内ガイドに勧められたが、兎に角日照りが激しく、熱中症を恐れ、諦めざるを得なかった。が、ふとバリトンのフィッシャー・ディースカウの歌う『夕星《ゆうぼし》の歌（死の予感のように…おお汝、優しい夕星よ）』が頭をよぎった。世界中から惜しまれてもう亡くなったが、生前は今日通過してきたシュタルンベルク湖畔に住んでいた。別に狂王ルードヴッヒ二世がこの湖で溺死したこととは関係ないが。

リンダーホーフを発って間もなく、オーバーアマガウという小さな町に着いた。外壁にフレスコ画を描いて装飾した愛らしい家が軒を並べている。お土産店に入ってみると、実に手の込んだ鳩時計やらマリア像などのブロンズが飾ってあり、「記念に眞音に一つ…」と選び始めると、「ちょっと、ゼロが一つ多いわヨ」と妻に言われ、無意識に手を引っ込めた。絶好の鳩時計が五、六万円で買えるはずがないのは日本でも同じだなと、思わず首を引っ込めたのだった。

この町のもう一つの名物は、十年おきに上演されるキリスト受難劇。画像でしか見たことがないが、確かペスト襲来から救われたことを神に感謝した祭りのようで、四百年余も続いているという。今や世界的にも珍しいドイツの伝統文化財になっているのだ。

再びバスに乗り込んで数分でホーエンシュヴァンガウ城（ルートヴィッヒ二世が幼少時代を過ごした城で、父のマクシミリアン二世が建てた）近くの駐車場に着く。ここでランチを取り、決められた時刻までにノイシュヴァンシュタイン城の入口前に集合することになっていた。城まではここから三十分ほど坂道を登らなければならない。交通手段は、徒歩か観光馬車あるいはシャトルバス。私は過去に三通り経験したが、この炎天下歩くなんてしんどいし、ましてシャトルバスを待つ長蛇の列（車道にまで食み出《はで》てる！）に並ぶ勇気と根気もないので、馬車に乗ることにした。灼熱の太陽の下、二頭仕立てとは言っても難行苦行の一日と見え、出発前だというのにもう汗を揉《も》んでいる。

「今日はこれが六回目の仕事で、暑さでくたくたよ」と御者が言う通り、坂道の途中で牛歩調になり止まりかけること一度や二度ではなかった。老骨に鞭打って運んでくれたことに感謝状でも贈りたい気分だった。

ルートヴィッヒ二世は小さい頃から絵画や音楽を好み、十八歳という若さで、人生経験も政治経験もないまま俄《にわ》かに国王の座に就いた。ところが、二年後にプロイセンとの戦いに敗れ、賠償金のためにバイエルン王国は権威を失っていく。その頃から争いや政治から逃避し、中世騎士道への憧れを強く抱くようになり、ワグナーを庇護し、彼の創作による楽劇の世界に酔いしれるようになって行くのであった。従って、ノイシュヴァンシュタイン城は、彼にとって何よりの逃避用の宮殿だったと思われる。

城内はセントラルヒーティング・水洗トイレ・お湯・電話・エレベーター（食事運搬用）など、十九世紀の話とは思えないほどのハイテクだ。が、ここにもやっぱり冷房装置はないので、特に階段の上り下りはフーフーの息づかいがこだまし、例の団扇《うちわ》の働くこと頻《しき》りだった。

三階の「謁見《えっけん》の間」は、天井の高さ十五メートルで、金と青による豪華版の内装で目が眩《くら》むほどだ。何分か留まって雰囲気に慣れようと試みるが却って胸苦しく、目眩《めまい》がしてくるのだ。育ち柄の問題なのだろうかと、三人で大笑いした。又、寝室の洗面台はワグナーの楽劇『ローエングリン』のオマージュで、蛇口に至っては白鳥の形とその徹底ぶりには脱帽した。

四階の「歌合戦の広間」はヴァルトブルク城（ドイツのチューリンゲン州にある古城）の「歌合戦の広間」と「宴会の間」を一つのホールにまとめたものと言われている。しかし、ここは一度も使われたためしがなかったそうで、勿体無いこと至極である。これは内緒だが、ここの音響は頗《すこぶ》る良い。前回誰も居ないことを確かめて試唱してみたのだ（ぷっ）。

最後の晩餐

ミュンヒェン最後の晩餐会は、迷わずダルマイヤーに決まった。なにしろ、ダルマイヤーのアプフェルシュトルーデル（渦巻き型アップルパイ）を味わうことが妻の旅の目的の一つに数えられているのだから、望み叶え（古すぎる？）てやらなくてはと、一度ならず二度も（定休日も数えれば三度か）足を運んだ。今更記すまでもないが、ダルマイヤーは一七〇〇年創業の長い歴史を誇るヨーロッパ屈指の美食ブランド。ハム・総菜・ジャム・デリカテッセン・チョコレートからコーヒー・ワインに至るまで、高級食料品を扱う老舗《しにせ》である。日本にも出ているが、総本山はミュンヒェンで、三階のレストランの食事も、品質・味・雰囲気と三拍子揃った拍子ものである。ここのオリジナルコーヒーを啜《すす》りながら、この旅行のハイライトを尋ねると、妻は昔住んだハールに行けたこと、眞音はノイシュヴァンシュタイン城と語った。

ミュンヒェン・ハイライト

懐かしのミュンヒェン。1981年春、留学を終えミュンヒェン・リーム空港を飛び立つ時、「数年後には絶対カムバックする!!」と誓い合った堅い約束を、今まさに果たせる幸せ。当時、オーパ33才、オーマ31才、ママ8才。今回は眞音と三人の記念の旅。いっぱい楽しもうネ。

☆　旅程表

1日目‐7月28日(日)	15:10《青森》 JAL1206 — 16:25《羽田》　＜成田東武ホテルエアポート泊＞
2日目‐7月29日(月)	12:15《成田》 NH207 — 17:15《ミュンヒェン》　＜ホテル ル メリディアン ミュンヒェン泊＞ ＜TEL:(089)24220　Bayerstr.41,Munchen,80335,GERMANY＞
3日目‐7月30日(火)	**市内観光**(市庁舎、音楽大学、国立歌劇場、ホーフ・ブロイ・ハウス)
4日目‐7月31日(水)	モーツァルトの生地・**ザルツブルク**を訪ねて
5日目‐8月　1日(木)	思い出の地 **Haar(ハール)**を訪ねて
6日目‐8月　2日(金)	**ノイ・シュヴァン・シュタイン**見学の旅
7日目‐8月　3日(土)	ヘンデル『水上の音楽と王宮の花火の音楽』**野外音楽会**(ニンフェンブルク)
8日目‐8月　4日(日)	**市内観光**(ドイツ博物館、古美術館、ギリシャ博物館)

9日目-8月　5日(月)　市内観光と**買い物**(ダルマイヤー)	21:00《ミュンヒェン》 —《NH208》 15:25《成田》
10日目-8月　6日(火)　20:10《羽田》 —《JAL1211》 21:25《青森》	

☆ 名所旧跡

① 【Schwabing《シュヴァービング》】(シュヴァービング)　街の中心から北へ延びるLudwigstr.《ルートヴィッヒシュトラーセ》を進むと凱旋門に出る。この先はLeopoldstr.《レオポルトシュトラーセ》と名前が変わり、商店・レストラン・キャバレーなどの立ち並ぶ繁華街が始まる。この一帯をSchwabingといい、特に夜が賑やかになる所。Guddenstr.に一月ほど住んだ。

②【Residenz《レジデンツ》】(王宮)　マリーエン広場の先で左へ折れ北に進むと、広場中央にマクシミリアン王の銅像が立つMax-Joseph-Platz《マックス－ヨゼフ－プラッツ》(マックス・ヨゼフ広場)に出る。その正面に鎮座する大建築は、バイエルン王朝Wittelsbach《ヴィッテルスバッハ》家の旧王宮であるレジデンツ。

【Residenzmuseum《レジデンツムゼウム》】(王宮博物館)　豪華なロココ風装飾の内装と共に、ヴィッテルスバッハ家代々の遺物や世界各地の民族学的資料などが興味をそそる。(9:00-17:00、日曜午前と月曜休館、昼休み12:30-13:30)

【Antiquarium《アンティクアリウム》】(古美術館)　1570年にできた王宮最後の部分。王宮の教会Hofkapelle《ホーフカペレ》は18世紀に建造。他にロココ風の旧王宮劇場Altes Residenztheater《アルテス レジデンツテアター》(1751-53年)、バイエルン国立歌劇場Bayerisches Nationaltheater《バイエリッシェス ナツィオナルテアター》等が付属している。王宮のすぐ両側にオデオンズ広場

(1923年、ヒトラーが投獄されるきっかけとなった流血のナチス暴動で有名)がある。

③【Olympiapark《オリンピアパルク》】(オリンピック公園) 地下鉄U3、Olympiacentrum《オリンピアツェントルム》下車。約1.6平方キロの広大な公園内には、人工の丘や湖がめぐらされ、8万人収容のメイン・スタジアムをはじめ、いくつもの競技場が天幕風のプラスティックと金属の大屋根で次々と一つにつながれた超現代的デザインが壮観。オリンピック塔(Olympiaturm《オリンピアトゥルム》)は290mの巨大な塔で、展望台からの眺めが素晴らしい。

④【Maximilian《マクシミリアン》 Strasse《シュトラーセ》】(マクシミリアン通り) レジデンツの南面、マックス・ヨゼフ広場から東にまっすぐ伸びる美しい大通り。特に民俗博物館の前あたりから道幅も広々として、公園のように美しくなる。マクシミリアン2世の像を道の中央に見ながら進み、やがてイザール川にかかるマクシミリアン橋を渡ると、正面緑の丘の上に聳《そび》え立つ宮殿Maximilianeum《マクシミリアノイム》に達する。1857-74年に建てた宮殿で、現在バイエルン州の上下両院がここにある。

⑤【Hofbräuhaus《ホーフブロイハウス》】(ホーフブロイハウス・HBビアガーデン) 階上にツーリスト向けのダンスのできるホールがあるが、土地っ子の集まる1階ホールが楽しい。全部で5000席。ヴルストやレバーケーゼが美味。

⑥【Frauen《フラウエン》 Kirche《キルヒェ》】(聖母教会) 15世紀後半に建てられたゴチック様式建築で、ミュンヒェン

第一の大寺院。塔は高さ100メートルでミュンヒェンのシンボル。1821年以来バイエルン王国の教会として重きをなし、南塔の下にはバイエルン国王ルートヴィッヒの廟《やしろ》がある。エレベーターで北塔に登れば、全市は勿論、天気の良い日には南方アルプスの展望を楽しめる。

【Michaels《ミヒァエルス》 Kirche《ヒルヒェ》】(聖ミヒャエル教会)　16世紀末のイタリア・ルネッサンス風建築で、大ドームが見もの。

【Altes《アルテス》 Rathaus《ラートハウス》】(旧市庁舎)　1470-74年に造られたもの。広場の裏手にある大きな教会は、市内最古のSt.Peter《セントペーター》 通称Alte《アルテ》 Peter《ペーター》で、塔の上から広場や市内の眺めがよい。

【Neues《ノイエス》 Rathaus《ラートハウス》】(新市庁舎)　1867-1908年にかけて完成された。ネオ・ゴチック風の大建築。きらびやかな外観を持ち、美しい鐘楼にはめ込まれたドイツで一番大きいと言われる人形の仕掛け時計は、毎日 11 時に動きながら時刻を告げ、市の名物になっている。(人形が回って 2 回目に、左側の騎士が右からの騎士を倒す。)

【Marienplatz《マリーエンプラッツ》】(マリーエン広場)　市の中心に当たる広場で、北側に大きな新市庁舎、その東側に旧市庁舎がある。広場の一角には、市の守護神ともいうべきマリア像の塔Mariensäule《マリーエンゾイレ》が立っている。

⑦【Deutsches《ドイチェス》 Museum《ムゼウム》】(ドイツ博物館)　世界最大の規模を持つ自然科学、産業技術等の大博物館。特にリリエンタールから第二次大戦に至る飛行機もあって興味深い。　(9:00-17:00)

⑧【Münchner《ミュンヒナー》 Stadtmuseum《シュタットムゼウム》】(ミュンヒェン市立博物館) ミュンヒェンの過去の住宅建築の外観や内部を再現・保存。2 階の工芸作品の中では、1480 年のエラスムス・グラッセルの木彫「ムーアの踊り手」は有名。また人形劇のコレクションは特筆に値する。(9:00-16:30、月休館)

⑨【Bayerisches《バイエリッシェス》 Nationalmuseum《ナツィオナルムゼウム》】(バイエルン国立博物館) 1855 年マクシミリアン 2 世によって建立。主にバイエルン地方の豊富な美術・工芸品や、歴史遺物を収集。他にイタリア・ルネッサンス時代の工芸作品も多い。 (平日 9:00-16:00、土・日 10:00－16:00、月曜休館)

⑩【Alte《アルテ》 Pinakothek《ピナコテック》】(旧美術館) ミュンヒェンの誇る世界有数の美術館。1826～36 年建設。15 世紀以来のバイエルンを支配した王族 Wittelsbach《ヴィッテルスバッハ》 家の美術コレクションを展示所蔵しているのは、ドイツのルネッサンス期に活躍した Albrecht《アルブレヒト》 Altdorfer《アルトドルファー》 、Lucus《ルカス》 Cranach《クラナハ》に加え、Mattias《マティアス》、Grünewald《グリューネヴァルト》、Albrecht《アルブレヒト》 Dürer《デュラー》、Petrus《ペトルス》 Paulus《パウルス》 Rubens《ルーベンス》、Van《ヴァン》 Dyck《ダイク》、 Leonardo《レオナルド》 da《ダ》 Vinci《ヴィンチ》、Rembrandt《レンブラント》の「自画像」など。 (9:00-16:30、月曜休館)

⑪【Nymphenburg《ニンフェンブルク》】(ニンフェンブルク) 1664 年の創建。バイエルン王家の夏の離宮として代を経て増築された。中心部は 5 階建ての天守閣で、その南北に別棟が翼のように広がり、内部にはロココ風の大ホールをはじめ、数々の美しい部屋が連なる。宮殿前は広大な庭園。南側の一郭には 18 世紀の代表的な狩猟館 Amalienburg《アマーリエンブルク》 がある。

⑫【Schloss《シュロス》 Neuschwanstein《ノイシュヴァンシュタイン》】（ノイシュヴァンシュタイン城）ドイツを代表する観光地として、世界中から訪問者が絶えない。旅孤独とワグナーの歌劇を愛した悲劇の王・ルートヴィッヒ 2 世は幽玄の山間に浮かぶ中世騎士の館・白鳥城を、そしてグラースワングの森の中には、小さいながらロココ調の豪華な＜隠れ家＞リンダーホーフ城を築いた。ノイシュヴァンシュタイン見学に、下記のドイツ語を知っていると絶対役立つ(ハズ!)。　ちなみにこの城は、ディズニーランドやディズニーランド・パリにある眠れる森の美女の城のモデルの一つとしても知られている。(ペラート峡谷にかかるマリエン橋からの眺めは最高!と言われるが、またまた怖い橋を渡る?)

3 階:Thronsaal《スロンザール》(玉座のある大広間、謁見の間)、Vorplatz《フォアプラッツ》(控室)、Vorzimmer《フォアツィマー》(秘書室)、Speisezimmer《シュパイゼツィマー》(ダイニング)、Schlafzimmer《シュラーフツィマー》(寝室)、Ankleidezimmer《アンクライデツィマー》(化粧室)、Wohnzimmer《ヴォーンツィマー》(居間)、Grotte《グロッテ》(岩屋)、Arbeitszimmer《アルバイツツィマー》(書斎)、Diestzimmer《ディーンストツィマー》(仕事部屋)。

4 階:Sängersaal《ゼンガーザール》(歌手の間)。

【Schloss《シュロス》 Hohenschwangau《ホーエンシュヴァンガウ》】（ホーエンシュヴァンガウ城）1832 年マクシミリアン 2 世は、12 世紀に建設されたが廃墟になっていたシュヴァンシュタイン城を購入した。そして 4 年ほどの歳月を費やし、古城を改築した。これがホーエンシュヴァンガウ城である(hohen《ホーエン》は高い、Schwangau《シュヴァンガウ》は白鳥の里の意)。ルートヴィッヒ 2 世は幼年時代をここで過ごした。ワグナーのオペラ「ローエングリン」で有名な白鳥伝説ゆかりの地こそがここである。従って至る所に中世騎士伝説を描いた壁画が描かれており、「ローエングリン」の壁画も当然それに含まれている。

⑬【Salzburg《ザルツブルク》】(ザルツブルク)　オーストリアで最も美しい町と言われ、最も早くローマ文明の光を受け、キリスト教を受け入れた。大司教の領地、モーツァルトの生誕地としても有名。人口約13万、土地の人はサルツブルクという。先史時代から塩が採取され次第に交通・行政の中心地として繁栄した。

【Die《ディ》 Festung《フェストゥング》 Hohensalzburg《ホーエンザルツブルク》】(要塞ホーエンザルツブルク)　中世最大の、現在最も良く保存された要塞で、ザルツブルクの目印ともなっている。6世紀にもわたる絶え間ない拡張や補修工事を経て、今日に至っている。ここに登るにはアプト式鉄道を利用するのが一番便利で、所要時間約1分。駅はFestungsgasse《フェストゥングスガッセ》にある。拷問室・牢屋・物見やぐら金箔の彫刻で十分に装飾されたマヨリカ焼(1501年マロルカ島の産)の暖炉・「金の部屋」を含む領主の部屋等が見もの。

【Der《デァ》 Dom《ドーム》】(大寺院)　最初のドーム建築は767年だが、度々火災に見舞われ現在のものは1614年に建築が始まり、1628年に完成した。しかし第2次大戦で1944年米軍の投下した爆弾がドームに命中し、円がい(半球天井)は崩れ落ちてしまった。内部の改修・改築が終わったのは1949年。ここにあるオルガンは世界的に有名なもので、ザルツブルクの宮廷オルガン製作者エゲダッハーが1703年に製作した。その後数度改作、拡大されたが120音栓、1万音管。11:15から30分の演奏が聴ける。他にキリスト受難のフレスコ、12世紀の洗礼盤、歴代の司教達が納められているクリプタ(地下納骨所-9:00～12:00と14:00～18:00)がある。

【Mozart《モーツァルト》 Geburtshaus《ゲブルツハウス》】(モーツァルト誕生の家)　ゲトライデ通り9-3の3階の家(日本流に言えば4階)で、1756年1月27日誕生。7才まで住んでいた。この家はかってハーゲナウアー家のものであり、国際音楽院モーツァルテウムがその後買い取り、現在モーツァルト博物館になっている。 (8:00～18:00)

【Mirabellplatz《ミラベルプラッツ》】(ミラベル公園) ミラベル城は1606年に建てられたが1818年の大火で大部分焼けてしまった。今日のものはP.ノビルによる。2階の大理石広間は結婚式場として使用され、他にも市長事務室、戸籍役場などにも利用されている。ミラベル公園のペガサス噴水は1661年の作。中央の大噴水は自然4元素を神話と関係してシンボル化している。空気(プルートはペルセフォーネを奪う)、地(ヘラクレスとアンテウス)、火(エネアスはアンキセスを救う)、水(パリスはヘレナを誘拐する)。彫刻は1690年モストによる。Sound of musicで有名なミラベル宮殿は、天使の階段と鏡の間のみ見学可能となっている。

【Mozarteum《モーツァルテウム》】(モーツァルテウム) 音楽アカデミーで世界的に有名。ここにはモーツァルト図書館、コンサートホールもある。ミラベル公園に続くバスツィオン公園には「魔笛の家」がある。

要参考文献

・広辞苑(角川書店)

・フリー百科事典『Wikipedia』

・「ドイツの旅 」ブルーガイド海外版(実業之日本社)

・ヨーロッパ音楽旅行案内 (音楽之友社)

・München Report (Verlag Rolf Müller Hamburg 60

☆ **看板ドイツ語** （◎必ず覚えよう、○覚えれたら）

◎Ausgang《アウスガング》	出口	Personenzug《ペルゾーネンツーク》	普通列車
◎Eingang《アインガング》	入口	Bummelzug《ブンメルツーク》	〃
◎Toilette《トイレッテ》	トイレ	Eilzug《アイルツーク》	準急
◎0 0《ヌルヌル》	〃	D-Zug《デー ツーク》	急行
◎Herren《ヘレン》かMänner《メナー》	紳士用	Schlafwagen《シュラーフヴァーゲン》	寝台車
◎Damen《ダーメン》かFrauen《フラウエン》	婦人用	(Nicht)Raucher《ニヒト ラウヒァー》	(禁)喫煙車
◎Besetzt《ベゼッツト》	使用中	Bahnsteig《バーンシュタイク》 (14)	(14)番線
◎Frei《フライ》	空き	Nachlösschalter《ナッハレスシャルター》	精算所
Notausgang《ノートアウスガング》	非常口	○S-Bahn《エス バーン》	国電
Reisebüro《ライゼビュロー》	旅行案内所	○U-Bahn《ウー バーン》	地下鉄
Fremdenverkehrsbüro《フレムデンフェァケァースビュロー》	観光案内所	◎Badezimmer《バーデツィマー》	浴室
Handgepäck《ハントゲペック》	一時預り	◎Krankenhaus《クランケンハウス》	病院
Fundbüro《フントビュロー》	遺失物取扱所	Friseur《フリゾーア》	床屋
Wechselgeschäft《ヴェクセルゲシェフト》	両替所	Damen-Salon《ダーメン サロン》	美容院
Geldwechsel《ゲルトヴェクセル》	〃	◎Polizei《ポリツァイ》	交番

Kostenlos《コステンロス》	入場無料	◎Post《ポスト》	郵便局
◎Eintritt《アイントリット》 Frei《フライ》	〃	◎Postkarte《ポストカルテ》	ハガキ
◎Fotografieren《フォトグラフィーレン》 Verboten!《フェアボーテン》	撮影禁止	◎Post《ポスト》 Marke《マルケ》	切手
◎Eintritt《アイントリット》 Verboten《フェアボーテン》	立入り禁止	(Brief)《ブリーフ》Umschlag《ウムシュラーク》	〃
Rauchen《ラオヒェン》 Verboten!《フェアボーテン》	禁煙	Express《エクスプレス》	速達
◎Nach~《ナッハ》	～方面	Eilboten《アイルボーテン》	〃
◎Achtung!《アッハトゥング》	注意	Einschreiben《アインシュライベン》	書留
◎Vorsicht《フォーアズィヒト》	〃	Parket《パルケット》	小包
◎Rechts《レヒツ》	右	(Dringendes)《ドリンゲンデス》 Telegramm《テレグラム》	(至急)電報
◎Links《リンクス》	左	Flugpost《フルークポスト》かLuftpost《ルフトポスト》	航空便
◎offen《オッフェン》かgeöffnet《ゲエフネット》	開館(店)	◎ E《エー》かParterre《パルテーレ》	1 階
◎zu《ツー》かgeschlossen《ゲシュロッセン》	閉館(店)	O《オー》かObergeschoss《オーバーゲショス》	中 2 階
Überseelinie《イーバーゼーリニー》	国際線	◎ ①か erste《エルステ》 Stock《シュトック》	2 階
Lokallinie《ローカルリニー》	国内線	◎ ②か Keller《ケラー》	地下室

☆ コンパクト会話集

◎はい	Ja《ヤー》
◎いいえ	Nein《ナイン》
◎どうぞ	Bitte《ビッテ》 (物をたのむ時につける)
◎よい	Gut《グート》
◎ありがとう	Danke《ダンケ》 schön《シェーン》
◎おはよう	Guten《グーテン》 Morgen《モルゲン》 (Grüss《グリュス》 Gott!《ゴット》)
◎こんにちは	Guten《グーテン》 Tag《ターク》 (Grüss《グリュス》 Gott!《ゴット》)
◎こんばんは	Guten《グーテン》 Abend《アーベント》 (Grüss《グリュス》 Gott!《ゴット》)
◎おやすみ	Gute《グーテ》 Nacht《ナハト》
◎さようなら	Auf《アウフ》 Wiedersehen《ヴィーダーズィーエン》 (Grüss《グリュス》 Gott!《ゴット》)
◎失礼	Entschuldigung《エントシュルディグンク》
◎何時?	Wieviel《ヴィフィール》 Uhr?《ウーア》
◎どこ?	Wo?《ヴォー》
◎何(聞き返すとき)?	Bitte?《ビッテ》
◎いくら?	Wieviel《ヴィフィール》 kostet?《コステット》
◎ください	Geben《ゲーベン》 Sie《ズィー》 mir,《ミーア》 bitte《ビッテ》
○道を教えてください	Zeigen《ツァイゲン》 Sie《ズィー》 mir《ミァ》 den《デン》 Weg《ヴェーク》

○食べる所を教えてください	Wo《ヴォー》 können《ケネン》 wir《ヴィア》 essen《エッセン》?
○ボーイを呼ぶ時	Herr《ヘル》 Ober《オーバー》!
○お勘定!	Bitte《ビッテ》 Zahlen《ツァーレン》
◎これがほしい	Das《ダス》 möchte《メヒテ》 ich《イッヒ》 haben《ハーベン》
◎ミュンヘンまで二等一枚	einmal《アインマル》 München《ミュンヒェン》 zweiter《ツヴァイター》
◎朝食	Frühstück《フリューシュテュック》
◎昼食	Mittagessen《ミッタークケエッセン》
◎夕食	Abendessen《アーベントエッセン》
◎駅	Bahnhof《バーンホーフ》
ホテル	Hotel《ホテル》
レストラン	Restaurant《レストラン》
◎日本	Japan《ヤーパン》
◎日本人	Japaner《ヤパーナー》
◎ドイツ人・ドイツ語	Deutsche《ドイッチェ》
◎日本から来ました	Ich《イッヒ》 komme《コメ》 aus《アウス》 Japan《ヤーパン》
◎私の名前は眞音です	Ich《イッヒ》 heisse《ハイセ》 Schion《シオン》
◎私は 11 才です	Ich《イッヒ》 bin《ビン》 elf《エルフ》 Jahre《ヤーレ》 alt《アルト》

☆ Speisekarte《シュパイゼカルテ》 （メニュー）

Vorspeise《フォーアシュパイゼ》	**オードブル**	・Omlett	オムレツ
◎**Suppe《ズッペ》**	**スープ**	◎**Salat《ザラート》**	**サラダ**
・Tagessuppe《ターゲスズッペ》	その日のスープ	・Gemischter《ゲミッシュター》 Salat	ミツクスサラダ
・Kraftbrühe《クラフトブリューェ》 mit《ミット》 Einlage《アインラーゲ》	野菜入りコンソメ	・Gurkensalat《グルケン》	キュウリ
・Ochsenschwanzsuppe《オクセンシュヴァンツズッペ》	オックステイル	・Tomatensalat《トマーテン》	トマト
・Schildkrötensuppe《シルトクレーテンズッペ》	海ガメのスープ	・Kopfsalat《コップフ》	レタス
・Erbsen《エルブセン》 Suppe	グリーンピース	◎Kartoffeln《カルトッフェルン》	ポテト
・Bohnensuppe《ボーネン》	白インゲン	・Kartoffel-Klossen《クロッセン》	つぶしじゃがいも
・Kartoffelsuppe《カルトッフェル》	じゃがいも	・Salz Kartoffel	塩ゆでじゃがいも
・Hühnerbrühe《ヒューナーブリューェ》	チキンコンソメ	・Kohl《コール》	キャベツ
・Gemüsesuppe《ゲミューゼ》	野菜スープ	・Spinat《シュピナート》	ほうれん草
Fleischgericht《フライシュゲリヒト》	**肉料理**	◎**Nachspeise《ナハシュパイゼ》**	**デザート**
◎Deutsche Beefsteak	ハンバーグ・ステーキ	・Eiscreme	アイスクリーム
◎Wiener《ヴィーナー》 Schnitzel《シュニッツェル》	仔牛のカツレツ	・Käse《ケーゼ》	チーズ
・Eisbein《アイスバイン》	アイス・バイン	**Frucht《フルホト》**	**果物**

・Tartar《タルタル》 Steak	タタール・ステーキ	◎Zitronen《ツィトローネン》	レモン
・Kassler《カッスラー》	カッセル風豚アバラ肉煮込み	◎Bananen	バナナ
・Rindfleisch《リントフライシュ》	牛肉	◎Weintrauben《ヴァイントラウベン》	ブドウ
・Sweinefleisch《シュヴァインフライシュ》	豚肉	◎Apfel《アップフェル》	リンゴ
・Hühnerfleisch《ヒューナーフライシュ》	鶏肉	◎Orange《オーランジェ》	オレンジ
◎Wurst	ソーセージ	**Erfrischungsgetränke**《エァフリッシュングスゲトレンケ》	**飲み物**
◎Bratwurst《ブラート》	焼きソーセージ	◎Apfelsaft	リンゴ・ジュース
◎Schinken《シンケン》	ハム	◎Orangensaft	オレンジ・ジュース
・Aufschnitt《アウフシュニット》	ハム、ソーセージの薄切り	◎Tomatensaft	トマトジュース
Fischgericht《フィッシュゲリヒト》	**魚料理**	◎Mineralwasser	ミネラル・ウォーター
・Aal《アール》 うなぎ	◎Forelle ます	◎Eine Tasse Tee	カップ入り紅茶
・Krebs《クレブス》 カニ	◎Lachs さけ	◎Kännchen《ケンヒェン》 Tee	ポット入り紅茶
Eierspeise《アイアーシュパテゼ》	**卵料理**	◎Sahne《ザーネ》	クリーム
◎Gekochte《ゲコッホテ》 Eier《アイアー》	ゆで卵	・Schlagsahne	生クリーム
◎Eier in schale《シャーレ》	半熟卵	◎Milch《ミルヒ》	ミルク

ハレで歌った『メサイア』

ソリストでどうぞ！

ヘンデル生誕の地、ドイツのハレで『メサイア』の日独ジョイント・コンサートがあるというニュースは、一年ほど前に知った。「やけにヘンデル・ファンの心を擽《くすぐ》るイヴェントだワイ！」と気にかけていた。

弘前メサイアは産声を上げてこの方四十三年にもなることだし、国外での他流試合はこれからの発展に必ずや結び付くに違いないと確信し、仲間たちに参加を呼び掛けたのだった。ところで、よくよく考えてみると、これまで一度も合唱でステージに上ったことのない私は一体どうすればよいのだろうと、少しばかり不安になった。そこでありのままを事務局に書き送ったところ、「ソリストでどうぞ！」の返答が舞い込んだ。〝渡りに船〟とはよく言ったものだ。

こうして、弘前メサイアから、工藤素子《もとこ》・工藤良子《よしこ》・岩谷《いわや》優子《ゆうこ》（S）、猿賀《さるが》智美《ともみ》（A）、上原浩一《うえはらこういち》・山形《やまがた》昌弘《まさひろ》（T）、奈良岡《ならおか》幸則《ゆきのり》・須郷《すごう》祐一《ゆういち》（B）各氏に私で九名、そして仙台・東京・名古屋からの十五名を加えて、総勢二十四名が渡独したのだった。

ユルゲン・ヴォルフ

ドイツ人の指揮者ユルゲン・ヴォルフは、あの〝幻の指揮者〟と言われるセルジュ・チェリビダッケに師事した。一九九九年には、優れた作曲者に贈られる『宗教歌曲賞』を受賞するなど、創作活動も行う。更にオルガン製作にも長け、ライプツィヒのニコライ教会のオルガン復元に貢献し、世界有数のオルガンとして生き返らせ現在も演奏されている。

一九九三年から、ニコライ・カントル（合唱指揮者兼オルガニスト）。傍ら、ライプツィヒ・ゲヴァントハウス・オーケストラをはじめ、日本を含む世界各国の指揮台に立っている新進気鋭の指揮者だ。

ソリストも日独で揃え、ユリア・プロイスラー（S）、ダヴィト・エラー（A）、アルブレヒト（T）それに私（B）。オーケストラはハレ大学アカデミー室内管弦楽団で、二〇一二年五月二十九日、ハレ大学本館内にある、獅子像の立つ『アウラ』を会場に指揮棒は振りおろされた。

ステージでは各々『メサイア』を歌っているのだが、発音を含む技量・流儀など微妙にばらばらの因子を的確な指示を用いて、まるで髪結床が大銀杏《おおいちょう》を束ねるように、ぐいぐいとエネルギッシュな指揮で纏《まと》めあげていくマエストロの力量にはすっかり脱帽してしまった。

ホールの隅々まで鳴り響くうまく溶け合ったハーモニーは満席の聴衆の心を掴み、琴線に触れる、内容の濃い演奏に仕上げられた。アンコールに歌った「ハレルヤ」は客席からの応援も加わって大きなうねりになって響き渡り、興奮に包まれたまましばらくの時間が過ぎた。眼を閉じると、『わが歌の旅』のゴールはヘンデル生誕の地ハレでの『メサイア』独唱という絶頂に辿り着いたのかも、と陶酔境をさまよっていた。

ハレ

ドイツ語でハレ（Halle）は「ホール、会館」の意だが、この地名とは関係がなく、ケルト語の言葉「ハラ」（塩という意味）が町の名前になったという。今ではもう塩は取れないが、『ハロレン（塩を取る人）と製塩所博物館』には当時の道具やハレの歴史についての展示があり、今でも「ハロレン通り」という名称が残っているほどである。ここでは、二〇〇〇年から毎年二月に〝ハッピー・バースデー・ヘンデル〟と銘打った『メサイア』を歌うお祭りが行われ、世界各地から五百人ものメサイア・ファンが集まるという。『一万人による第九』なるものまで存在するのだから何も驚くに値しない。が、『メサイア』がジョイント・コンサートとして世界中からの合唱団を構成して歌われるようになったのは十九世紀頃からで、一八六九年のボストン、一八八四年のロンドンで行われた何千人という合唱コンサートは、今でも語り継がれている。

市の中心地マルクト広場に、没後百年記念のヘンデルのモニュメントが、街のシンボルを表すかのように威風堂々と建てられ、市民の待ち合わせ場所にまでなっている。ここからいくらも遠くないヘンデルの生家は、博物館として残っていて、彼の生涯について読んだり、絵や楽器や文書を見たり、音楽を聞きながらいろいろな部屋を巡ったりすることができる。ヘンデルの墓はロンドンのウェストミンスター寺院に守られているが、生地ハレがこれほどまでにヘンデルを大切に扱っているということを目の当たりにして、わがことのように嬉しく思うのだった。

ステージ疲れに加えて遅くまで盛り上がったせいか、目覚めてみたら既にAコースは帰国の途についた後だった。早朝の見送りは恐らく無理だろうと、昨夜のうちに「ごきげんよう」を言っておいたのは正解だった。残ったBコースは私を含めて七名で、四、五日をオペラ、コンサート、そして「バッハゆかりの地巡り」などで費やすことになっていた。その中から二、三、記すことにしよう。

ライプツィヒ

私が初めて「ライプツィヒ・ゲヴァントハウス管弦楽団」の演奏を聞いたのは、ミュンヒェン留学中の一九七九年夏のことであった。バイエルン王家の離宮・ニンフェンブルク城にあるロココ風の大ホールで、コントラバス奏者のすぐ隣の席で聴いた夢のような『四季』（ヴィヴァルディ）の醍醐味は、一生耳から離れない。今回同行した娘は当時六歳だったが、「全く記憶にゴザイマセン」ときたもんだ。「マッ、そんなものだろうな」と呆《あき》れたが、それにしても、見渡す限りの花で飾られた広大な庭園の美しさが一瞬にして思い出された。そんな昔話をしているうちに、もうライプツィヒ駅に着いた。

一日に七百以上の列車が発着するという、ヨーロッパ最大の床面積を有するライプツィヒ中央駅（頭端式《とうたん》駅）は、先が見えないくらいの三十本近いホームを持ち、東欧圏への交通の要所になっている。それでもまだ不足なのだと、目下、別なルートを作る工事中だった。

スラヴ語の「urbs《ウルプス》 Libzi《リプツィ》（菩提樹の育つ場所）」がライプツィヒの語源と聞くが、成程、古い街並みの至る所に菩提樹が生い茂り、杜《もり》の都を形作っている。ここは、その昔商都として栄えたが、〝学術の都〟とも呼ばれている。戦前にはドイツ国内の出版物の半分を握り、世界初の日刊紙（一六五〇年）が登場したという記録まで残っている。岩波文庫を作る際に手本にしたとされる「レクラム文庫」、世界最初の音楽出版社「ブライトコプフ」もここで生まれた。

とうとう憧れの「ライプツィヒ・ゲヴァントハウス（織物会館）」にやってきた。ここの管弦楽団は、市民階級による自主経営団体として、一七四三年に発足した世界初のコンサート・オーケストラである。これまでに、メンデルスゾーン、フルトヴェングラー、ブルーノ・ワルター、クルト・マズアといった、錚錚《そうそう》たる演奏家が常任指揮者を務めた。建て直された会館はそれはそれは立派で、言葉を呑《の》むほどなのだ。しかも通常オーケストラの倍の人数を持ち、ローテーションでライプツィヒ歌劇場のピットにも入るという。これぞ豪商のなせる技なのか。

一度は訪れたいと思っていた、ここライプツィヒは、森鷗外、滝廉太郎が留学中に滞在していたし、三十年間ここで合唱隊を指揮し、『ロ短調ミサ曲』、『マタイ受難曲』を書いた、ヨハン・セバスティアン・バッハが活躍したことも市の誇りになっている。また、ヴァーグナーを生み、シューマンがクララに恋し、メンデルスゾーンが音楽院（ライプツィヒ音楽院）を設立したのも有名で、正に学問と芸術の街そのものと言えよう。

ケーテン

ヨハン・セバスティアン・バッハが宮廷楽長（カペルマイスター）の任命を受けてケーテンに住んだのは、一七一七年から二三年の間で、俗にケーテン時代と呼ばれている。『ブランデンブルク協奏曲』『平均律クラヴィーア曲集・第一巻』等の不朽の名作を残し、いかに恵まれた環境で心満ち足りた生活を送っていたかを窺《うかが》い知ることができる。ケーテンはハレの北三十キロほどにあり、電車に乗ると間もなく到着だ。街の中心マルクト広場を横切り、先ずはバッハ記念碑（一八八五年設立）のある噴水付きの美しい広場へ向かう。「このWall《ヴァル》（塁壁・防壁）通り二十五／二十六番地にバッハ一家は住んでいた」と壁に記されている。そこから道沿いに行くと、たくさんの子供たちが教室からこちらに向かって手を振っている。初めのうちは三、四人のいたずらっ子が先生の眼を盗んでやっているのかと思ったが、それが隣のクラスにも波及し、終《つ》いには先生たちまでが窓から顔を出して私たちを歓迎してくれた。よく見ると、ヨハン・セバスティアン・バッハ・シューレ（学校）と書いてある。世界中どこへ行っても名が知れ渡っている学校って…と、ちょっとばかり羨ましかった。

やがてシュティフト（神学校）通りにある、聖アグヌス教会に着く。質素な、しかしながら小奇麗で、その内部にある重要な芸術品、特にルカス・クラナッハ（子）の聖餐画（一五六五年作）には驚かされる。ルター派のバッハもここの教会員として家族とともに通っていて、聖餐《せいさん》登録（一七二二年）に「Capellmeister《カペルマイスター》 Bach《バッハ》とその妻」という記帳が残され、三百年前の現物をわざわざ見せてもらった。一七二〇年に十三年間連れ添ったマリーア・バルバラと死別し、二一年暮れにケーテン宮廷付きソプラノ歌手で十六歳年下のアンナ・マグダレーナと再婚していることからすれば、この記帳は後者のものであることは明らかであった。あまりにも興味深くバッハについて質問をするものだから、案内をしてくれた司祭は、最後にバッハとその妻が聖餐を受けた聖餐杯（今日も使っている）までわざわざ持ち出してきて触らせてくれた。「ああ、これがバッハも口をつけた…」と、感激する私に「金杯はしかしその後にメッキしたものだがね！」と付け加えた。

いつの日からか旅にカメラを持ち歩かなくなった私は、バッハ夫妻の実物の記帳簿や聖餐杯に触れたからなのか不思議に親近感を抱き始め、何か記念になるものが欲しくなった。すると丁度聖アグヌス教会（バッハ教会）三百周年記念の証明書付き記念メダルがあることを教えられ、銀製・銅製（四十ミリ）三百個限定作製の代物と、マルチナ・アピッツの演奏した第一号オルガン（一七〇八年製）と一八八一年のリュールマン（Rühlmann）社製との弾き比べのCDを迷わず購入することにした。おつりは、一九九六年から今尚続いている会堂の改築にと、献金できたこともいい思い出になった。

フライブルクの『ヤーン』と『赤頭巾』

フライブルク駅に降り立って、ロートケップヒェン・ゼクト（スパークリング・ワイン）醸造所までの道すがら、なぜか二本のペットボトル入りのビニール袋を提げた、よわい五十歳を数える土地の男性に声をかけられた。「よくぞわが街フライブルクにおいでくださった！」とばかりに道案内を申し出、ゼクト醸造所までの道すがら是非立ち寄ってほしいのだと半ば強制的に連れて行かれたのが、立派な石像の前だった。それは〝体操の父〟と称されるフリードリッヒ・ルートヴィッヒ・ヤーン（一七七八―一八五二）の記念像であった。日本人なら誰でも知っている、あの「ラジオ体操」の創始者だったというわけである。

一八一一年に体操クラブ（体育連盟）を創設、国民の体力増進に努めるとともに、ロマン主義的なドイツ・ナショナリズムを鼓吹《こすい》したが、反動期を迎えて政府は全国の体育学校を閉鎖したうえ、ヤーンを逮捕し、投獄したと語る。口角泡《こうかくあわ》を飛ばして熱心に解説する姿を見て、結構な頑固《がんこ》親爺《おやじ》だと思う反面、これほどまでわざわざ時間を割いて懇《ねんご》ろにガイドに徹するドイツ人らしさに感心したのだった。

赤頭巾（Rotkäppchen《ロートケップヒェン》）という名のスパークリング・ワイン（Sekt《ゼクト》）がある。グリム童話の「赤頭巾ちゃん」と関係があるわけでなく、瓶の頭に赤いアルミ箔が被《かぶ》せてあることから名付けられたという。Kappe《カッペ》（英cap）には帽子とか蓋《ふた》の意味がある。

Freyburg《フライブルク》の街はライプツィヒとワイマールのほぼ中間に位置し、ザール川とその支流ウンストルート川流域の傾斜地に絶好のブドウ栽培地が広がっている。土壌はフランケン一帯の土質の延長で石灰岩土壌だそうで、このドイツ最北端の生産地域でブドウはゆっくりと熟し、辛口の繊細な味に仕上がるというわけだ。中でもここフライブルクのPawis《パヴィス》が一流ワリナーとして有名と聞く。

ロートケップヒェンの創業は一八五六年で、企業の形を変えながら、戦争や東西時代、それから東西統一後を生き延びて、旧東ドイツのワイン産業ではずば抜けた存在で人気も高くヒット商品になっている。

特別に案内を引き受けてくれた綺麗な中年女性によると、スパークリング・ワイン（Sparkling

wine 発泡性ワイン）は炭酸ガスを含んだワインの一種。シャンパンはシャンパーニュ地方産の発泡ワインにのみ許されていて、その他の産はCrémanと《クレマン》呼び、ドイツではSekt、《ゼクト》スペインではCava、《カヴァ》イタリアではSpumante《スプマンテ》と、国によって呼称が異なると説明してくれた。

製造方式も、シャンパン方式もしくはトラディッショネル方式（瓶内二次発酵）、シャルマ方式（タンク内二次発酵）、トランスファ方式（トラディッショネル方式の工程を簡略化した製法）、炭酸ガス注入方式などがあるそうで、結構専門的な説明に及んだ。

ワインとの区別となると、ワインは発酵する段階で炭酸ガスを放出するが、シャンパン方式ではこれを発酵が終わらないうちに瓶詰《びんづめ》する。すると瓶の中で発酵が続き、発生した炭酸ガスはワインの中に溶け込んで発泡するというわけだ。

「難しい説明はそれくらいにして、早く味を試させろよ！」という方々に耳よりな情報を一つ。以下は、秘密漏示罪に当たるかどうかはよく判らないが、ここだけの話。（他言無用）

『山形昌弘（山形酒店次期社長と目される人物）君は、いよいよロートケップヒェンとゼクトの取引を開始する。なんとこれは日本初の商取引なんだぞ！』

オランダ・ベルギー夢紀行

『オランダ・ベルギー夢紀行』は、〈アムステルダム運河〉・〈オランダ原風景〉・〈キンデルダイク風車群〉・〈ノートルダム大聖堂〉・〈ブリュッセルのグランプラス〉・〈ブルージュ歴史地区〉・〈ペギン会修道院〉など、世界遺産に登録されている数々の名所を巡る、正に夢のような旅であった。そして、更にレンブラント、フェルメール、ルーベンス、ファン・アイク兄弟の名画十点を、存分に時間をかけて鑑賞できるという、望外の喜びに浸れる至福の時でもあった。序でながら、この旅は短大講師を長年勤め上げ、円満退職した妻への細やかなプレゼントでもあった。

『展覧会の絵』

ムソルグスキー作曲の『展覧会の絵』を知らない人はいないだろう。ラヴェルによる管弦楽編曲が有名だが、ほかにもピアノ曲など多くの編曲が存在する。

この曲は、友人の画家ガルトマンの追悼展覧会で見た十枚の水彩画から受けた印象を、音楽で表そうと作曲したものである。絵と絵の間をそぞろ歩きするプロムナードが形を変えて五回も現れるため、インパクトが強く、自ずと耳に残る。

この度の絵画鑑賞を『展覧会の絵』に準《なぞら》えて、訪れた順に感想を記すことにしよう。最初に訪れたアムステルダム国立美術館は、オランダの中世から現代までの芸術と歴史の宝庫で、オランダ最大の美術館である。約八千点もの展示物が八十の展示室に所蔵され、パリのルーブル美術館やロンドンの大英博物館にも匹敵する規模を誇る。

一、『夜警』（レンブラント）

通称「夜警」で呼ばれているが、本当の題は「フランス・バニング・コック隊長とウィレム・ファン・ラウテンブルフ副隊長の市民隊」であることは、現地で初めて知った。更に、題名の「夜警」からてっきり夜番の光景を描いたものとばかり思っていたが、逆に昼の情景であることを知り驚愕してしまった。実物に触れてみて（勿論触ったりはしていません！）、表面のニスが変色して黒ずんだために起った錯覚であることも納得できた。

圧倒されるような巨大さ（三六三×四三七センチメートル）に加え、ううんと感心させる光と影の効果的な表現、登場する隊長・副隊長・太鼓叩き・銃を構え旗を掲げる隊員から子供や犬まで、各々の動きが生き生きと描かれ、あたかも動画を静止状態にした画面のように感じられる。

二、『牛乳を注ぐ女』（フェルメール）

思いの外小さな（約四六×四一センチメートル）絵で、離れたり、近づいたりしてゆっくりと鑑賞できた。

画面左の窓から陽が差し込み、女性の右肩から左腕にかけての輝きのある描写に比して、パン籠やエプロン、スカートに表れる微妙な色調の影の表現に見惚《みと》れて、再び絵に誘われる気分で、何度も近寄ってみた。ううん、絶妙な影の扱い方にただただ感嘆するばかりだった。

三、『手紙を読む青衣の女』（フェルメール）

「手紙を読む青衣の女」、又は単に「青衣の女」と題された四七×三九センチメートルの油絵。顔や腕の細さにしては胴回りがむやみに膨らんでいることから、妊娠しているように思えるのは私だけだろうか。

手紙の差出人は恋人か、はたまた夫か。手紙を両手にしっかりと握り、特に左手親指と人差し指に入った力が、微妙な緊張感と興奮を感じさせる。点描画法を用いて明・彩度の細かな違いを表し、部屋に差し込む柔らかい光を描いている。

次に訪れたマウリッツハイス美術館は、王立絵画館とも呼ばれる。世界有数のコレクションが所蔵され、デン・ハーグの中心部に建っている。世界に三十数点存在するフェルメールの作品中三点（「デルフトの風景」「真珠の耳飾りの少女」「ディアナとニンフたち」）を所有していることでも有名。

四、『デルフトの風景』（フェルメール）

デルフトはオランダのロッテルダムとデン・ハーグの中間にある都市名。フェルメールが生まれ、生涯を過ごしたことや、昔から焼き物（デルフト焼）、チーズの産地として知られている。

絵の中の時計が示しているように朝七時の街並みを描いていて、町の後景に光を当て前景に影を持ってくる表現が、世界中から高い評価を得ていることを改めて納得した。

五、『真珠の耳飾りの少女』（フェルメール）

『青いターバンの少女』とか『ターバンを巻いた少女』とも呼ばれる。

僅かに開いた上下の唇の輝きは、なんとなく濡れているようにも見え、エロチシズムを感じさせる。また、大粒の真珠は、左方からの光と少女の着ている服の白い襟元とに複雑に反射し、立体感を醸《かも》し出している。実に印象的な絵画であった。

六、『テュルプ博士の解剖学講義』（レンブラント）

かなり大型（二一七×一七〇センチメートル）な絵で、実に生々しい描写から目を背《そむ》けたくなる。近頃では、テレビの画面にもしばしば死体解剖のシーンが映し出されるが、テュルプ博士が腕の筋肉組織を医者たちに説明している図である。医者たちの目線と微妙に異なる表情が、実に巧妙に表れていることだけを記しておこう。率直なところ長居無用だ。

ノートルダムは「私たちの貴婦人」という意味で、聖母マリアを指す。ノートルダム大聖堂は、フランス・ベルギー・ルクセンブルク・カナダをはじめ、世界各地のフランス語圏の都市に建てられたカトリックの寺院である。特に、パリのものが名高く、ユゴーの小説「ノートルダムのせむし男」で知られている。

アントワープの大聖堂は、世界遺産「ベルギーとフランスの鐘楼群」の一つとして登録されている。

七、八、九、『キリストの降架』、『キリストの昇架』、『聖母被昇天』（ルーベンス）

『フランダースの犬』はイギリスの女性作家ウィーダが書いた児童文学で、美術をテーマとした少年の悲劇として知られる。『フランダースの犬』の舞台は、十九世紀のベルギー北部のフランドル地方。現在は、アントワープに隣接するホーボケンが村のモデルになったと言われている。

画家を志す主人公ネロは、アントワープのノートルダム大聖堂の二つの祭壇画（『キリストの降架』と『キリストの昇架』）を見たいと望んでいた。しかし、貧しいネロには叶《かな》わぬ夢であった。絵画コンクール優勝に一縷《いちる》の望みを託すも、結果は落選だった。傷心のネロが最後に向かったところが大聖堂。この時、雲間から射した一筋の月光が祭壇画を照らし、ネロの夢が叶う劇的瞬間が訪れたのだった。

「……ついにネロは崇高な絵に描かれた神々しいイエスの姿を見ることができたのです。……」

ルーベンスの名作を目の前にして、思わず「主の祈り」を唱えている自分がそこにいた。

名画巡りの最後を飾る、聖バーフ教会は、中世の雰囲気を残す古都ゲント（ヘント）にある。

十、『神秘の子羊』（ファン・アイク兄弟）

初期フランドル絵画の最高傑作と言われ、今から六百年も前に描かれたとは到底考えられないほど瑞々《みずみず》しく、油絵の新しい画法を取り入れ、細部にわたる精緻《せいち》な描写には度肝を抜かれた。解説書を見ながらテープのガイドを聞き、ゆっくり鑑賞できる。

一部修復中ではあったが、これがまた三期六年間にわたる長丁場であり、その都度、白黒のレプリカを置くといった最大限の気配りにも満足感を覚えるのだった。

中欧五ヵ国周遊八日間

中欧五ヵ国

現在でこそ、チェコ共和国とスロヴァキア共和国は隣合わせの独立国であるが、オーストリア・ハンガリー帝国から独立して、一九一八~九三年まではチェコ・スロヴァキア共和国を建設していた。ボヘミア・モラヴィア・スロヴァキアとシレジアの一部を含む諸地方から成り立つ統一国家である。

ところが、一九三九年、チェコはスロヴァキアと分離して四五年に再びスロヴァキアと合併、九三年に再度独立という、行きつ戻りつの歴史がある。

同じように、スロヴァキアも三九年チェコから分離してドイツの保護国（国際法上の半主権国）になった年代もある。

一方、オーストリア共和国にも長い歴史の変遷がある。一二七八〜一九一八年はハプスブルク家が支配し、第一次大戦後に共和国となり、一九三八年から第二次大戦までドイツに併合される。

このように、『中欧五ヵ国』は互いに密接な関わりを持ちながら現在に至っているのである。これを人種学的に見れば、当然多系統の特徴が混じり合い、ドイツ人なのかオーストリア人なのか区別がつかないということは、十分納得できようものだ。

そんな訳で、チェコ・ドイツ・オーストリア・スロヴァキア・ハンガリーの『中欧五ヵ国』周遊の旅を取り上げることにしよう。

チェスキー・クルムロフ

チェスキー（ボヘミアの・チェコの）・クルムロフ（川の湾曲部の湿地帯）は、ボヘミア州の小さな都市で、クルムロフ城をはじめ、優れた建造物と歴史的文化財で知られる。

クルマウ（チェスキー・クルムロフの旧称）は、十三世紀の終り頃、モルダウ川に沿って次第に町と城が築かれていった。ローゼンベルク家・エッゲンベルク家・シュヴァルツェンベルク家と次々に持ち主が変わる度に、町にはゴシック・ルネサンス・バロック・ロココ様式の建築物が加わっていった。が、その隆盛も、イギリスに始まった産業革命が、十九世紀中頃には欧州諸国に波及し、農村と手工業の時代から都市の時代へと移り変わることにより終焉を迎えた。

第一次大戦のオーストリア・ハンガリー帝国敗戦に伴い、町はチェコスロヴァキア領に変わり、町の公式名称もドイツ語の「クルマウ」からチェコ語の「チェスキー・クルムロフ」に変わった。そして、八割以上を占めていたドイツ系住民は古郷から追放され、それによって一時無人化したと言われる。

二十世紀後半になって、ようやく歴史的建造物が徐々に補修され、町の景観がかつての美しさを取り戻し、一九九二年にはユネスコの世界遺産に登録された。

紺碧《こんぺき》の空に聳《そび》えるクルムロフ城と聖ヴィトゥス教会の尖塔《せんとう》、オレンジに統一された屋根と白い壁、そこに寛《ゆったり》のモルダウの流れ……これが五百年昔の街の姿をそのままに残すチェスキー・クルムロフだ。これこそ昔から『眠れる森の美女』と称えられる所以《ゆえん》なのかといたく納得した。

クルムロフ城でもう一つ触れておきたいのは、トロンプ・ユイエ（騙《だま》し絵・見掛け倒しの意）。城内左右の堀で熊が飼われていたり、大理石模様の壁や窓が、本物と間違えるくらい精巧に描かれている。指摘を受けて初めて気付くような、正《まさ》しく大砲と石積み壁の展示には、思わず吹き出してしまった。

あたかもそれが実物のように見せるこのトリック・アートは、古くは古代ギリシア絵画にも見られ、ルネサンス期には結構流行った画法だという。しかし、この城や町中のいたるところに使われている理由が、財政難だったということを知り、笑い事ではないと、複雑な気持ちになったのだった。

チェコのビール

（以下、外来語＝片仮名表示が多く出現するが、平にご容赦願いたい。また、前掲の『モルダウの流れ』でもビールの話に触れたが、より詳しいヴァージョンとしてお読みくだされ。）

プルゼニュ（独・ピルゼン）はチェコ西部の都市で、ピルスナー・ビールの発祥の地である。プルゼンスキー・プラズドロイ（ピルスナー・ウルケル＝ピルスナーの源泉の意）は、世界でも指折りの有名銘柄。近頃では日本でも容易に手に入るが、ピヴニツェ（ビアホール、ビールを飲ませる所）で飲む生ビールは格別な味である。はてさて、二杯目はやっぱりトゥマーヴェ（独・ドゥンケル、英・ダーク）と行こう。五百ミリリットル百五十円って、安過ぎませんか。

もう一つのビールの町は、南ボヘミアのチェスケ・ブジェヨヴィツェ。アメリカのビール、バドワイザーはこの町名のドイツ語読み、ブトヴァイスから取られている。

ここで飲むバドワイザーは、アメリカや日本のそれとあまりにも味が違い過ぎる。そのわけは、本場で、しかも生の味だからなのだと、これまでは信じて疑わなかった。ところが、全くの誤解だったことが判明した。これまでの吹聴《ふいちょう》を訂正する義務が私には在り在りだ。

アメリカのバドワイザーは、チェコのブジェヨヴィツェ市の醸造とは無関係で、ドイツ系アメリカ移民のアドルファス・ブッシュが、一八七六年チェコのビール名産地「ブトヴァイス」に肖《あやか》って「バドワイザー・ラガー・ビール」と命名して発売したのが始まり。しかも彼は、アメリカの国内で「バドワイザー」の商標登録を済ませてしまったものだから、世界中に混乱が起こってしまったのだ。

そんなわけで、私が今チェコで飲んでいる「ブトヴァイゼル・ブドヴァル（醸造）」と、日本やアメリカで見るバドワイザーとは別物であることがよく判った。

序でながらセントルイスに本社を持つ、アンハイザー・ブッシュ社のバドワイザーは、二〇〇八年ベルギーのインベブ（現・ブッシュ・インベブ）に買収され、現在はその傘下にある。

ブラチスラヴァ城

ブラチスラヴァ（スロヴァキア語）はスロヴァキアの首都。旧称はプレスブルク（独語）、ポジョニ（ハンガリー語）、プレシュポルク（スロヴァキア語）、プレシュプルク（チェコ語）など様々な呼称があるのは、度重なる分離独立や合併の歴史的産物といえよう。

ブラチスラヴァは、ハンガリーとオーストリアの国境に接し、市域内に三国国境があるという珍しい土地柄。しかも、チェコとも極めて近い位置にある。（観光バスでの国境越えは、運転手のチェックのみで通過できる）

オーストリア・ウィーンとの距離は六十キロメートルで、国境を越えた一体的市街化区域になっている。もしかすると、ウィーンの観光の一環として、車で一時間程のブラチスラヴァを訪れるツアーが出始める頃なのかもしれない。「乞う!ご期待」

ブラチスラヴァ城は、ドナウ川に沿った丘の上に聳《そび》える。城の四隅に塔が建っているので「ひっくり返したテーブル」とも呼ばれている。九世紀に宮殿が造られ、十七世紀に、オスマントルコの侵入に備えて四つの塔を増設して、現在の姿になったという。マリア・テレージアは、義理の息子のアルベルト・テッシェンをハンガリー総督にし、この城を与え、自らも居城として使っていたようだ。その後、火事で焼失したが見事に復旧し、現在は歴史博物館として使われている。

ゼンパー・オーパー

ゼンパー・オーパーは、ドイツ・ザクセン州の州都ドレスデンにある州立歌劇場の愛称。十九世紀初頭に建築家ゼンパーの設計で建てられたことによる。外観は堂々として重厚感に溢れる。

この歌劇場では、数々の有名なオペラの初演が行われてきた。リヒャルト・ワーグナーの『タンホイザー』・『さまよえるオランダ人』、リヒャルト・シュトラウスの『サロメ』・『エレクトラ』・『ばらの騎士』他である。又、名だたる作曲家や音楽家が、音楽監督や首席指揮者として活躍してきた。カール・マリア・フォン・ウェーバー、リヒャルト・ワーグナー、カール・ベーム、ロヴロ・フォン・マタチッチ、オトマール・スウィトナー、ブロムシュテット……と枚挙に遑《いとま》が無い。一九八二年には日本人として初めて若杉弘《わかすぎひろし》が首席指揮者に招かれ、九二年には、音楽総監督に任命されている。

蛇足になるが、若杉弘は、金子登《かねこのぼり》先生の弟子である。先生は「若杉君は外見に似合わず芯の強い学生で、芸大の学生時代に『フィガロの結婚』全曲の棒を振ったのよ」と語られた。メゾ・ソプラノの長野羊奈子《ながのよなこ》は奥様である。（敬称略）

ゼンパー・オーパーの専属オーケストラは、シュターツカペレ・ドレスデン（ドレスデン国立歌劇場管弦楽団）で、現存するものとしては、デンマーク王立管弦楽団に次ぐ世界最古のオーケストラと言われている。

世界遺産『ブダペスト』

「ドナウの真珠」・「ドナウの薔薇」など様々な言葉で称賛されるブダペストは、確かに絵に描いたような美しさである。高層ビルは無いものの、人口二百万人の大都市。「若い」女性の半分が美人（好みもあるが）で、思ったより背が高くない。きらびやかな中にどこか影があり、一見冷淡そうでいて温かさを感じさせるのは、街ばかりでなく国民性の魅力なのかもしれない。

そして、歴史的・地理的に東西双方の影響を強く受けてきただけに、食文化も豊かで、いろいろな料理を味わえる利点もある。

数世紀の歴史を持つ調味法や調理法に基づいたハンガリー料理（マジャル料理）にも、地域差があるのは面白い。例えば、辛い川魚のスープ・ハラースレーは、ドナウ川とティサ川沿岸において調理法が異なる。また、一つの料理に何種類かの肉を混ぜる（牛肉＋豚肉、或いは羊肉の組合せ）のは、ハンガリー料理の伝統的な特徴なのだそうだ。

肉のシチュー、キャセロール（蓋付き鍋料理）、ステーキは勿論、ハンガリー風ソーセージ（コルバース）やテーリサラーミは、私の口にぴったりの味で、いささか食べ過ぎの感が無きにしも非ずだった。

さて、いよいよ世界遺産『ブダペスト』を構成している名所に足を運ぶことにしよう。

先ずは「王宮の丘」。世界で一番美しい砦と言われる「漁夫の砦」や「マーチャーシュ教会」など数々の観光スポットが集まるこの丘の上からは、「くさり橋」や「国会議事堂」などペスト側の素晴らしい景色を一望できる。あまりの美しさに思わず溜息。

「くさり橋」という愛称で親しまれているセチェーニ橋は、ハンガリーで最も美しいとされ、東西に分かれたブダ地区とペスト地区を結ぶ九つの橋の一つ。全長三百八十、幅十六、高さ四十八メートルで、ブダペストでは最初の橋だという。橋の上からは、悠々と流れるドナウ川や、その両端に広がるブダペストの町の絶景を望むことができる。

「マーチャーシュ教会」はブダ地区の中心にあり、正式名を「聖母マリア聖堂」という。元々は一〇一五年に建てられたが、十四世紀後半に再建され、十九世紀後半に広範囲にわたって修復された。ほぼ歴代のハンガリー国王の戴冠式がここで行われただけでなく、マーチャーシュ一世の二度の結婚式もこの聖堂で行われた。

ブダペストの北西六十キロメートルにあるエステルゴムはゲルマン語のオステルリングムに由来し、ハンガリーの昔の首都であった。ここに長さ百十八、幅四十八、高さ百十メートルのハンガリー最大の聖堂があり、ハンガリーカトリックの総本山になっている。

大聖堂の壁にリストの碑があった。一八五六年大聖堂の柿落《こけら》としに『グラーン（現在のエステルゴム）の聖堂献堂式のためのミサ・ソレムニス（別名・グラーン・ミサ）』を作曲し、ここで演奏したことの記念碑である。

昼食は、フランツ・ヨゼフ一世の皇后エリザベートもお気に入りだったという、由緒あるカフェ「ジェルボー」でいただく。ウィーンにカフェ文化が息衝いているように、ハンガリーでもこの時代にカフェ文化が花開き、多くの名店・人気店が誕生した。ここは一八五八年創業。今でも随一の知名度・人気度を誇り、「ハンガリーの至宝」と言われるほど名実ともにブダペストナンバーワンのカフェである。

最後は、「貸し切りイルミネーション・クルーズ」。

スタートしてすぐ右に改革派教会、漁夫の砦、左に国会議事堂という光景。やがてくさり橋、ブダ王宮が近づいてくる。キラキラ輝く街は宝石箱そのものだ。

「ドナウの真珠」・「ドナウの薔薇」と称賛される真意を見つけた気分になったクルーズィングだった。

ドイツとオーストリアの国歌

オラトリオ「天地創造」「四季」で名高い古典派様式の確立者ハイドンは、エステルハージ侯のもとで三十年間楽長生活を送った。その間、二回にわたりロンドンを訪問し、十二の交響曲を発表している。この時、イギリス国民の愛唱する国歌「国王陛下（今は女王陛下）万歳！ God Save the King（Queen）一七四五年制定、トマス・アーン編曲」を聞いて、深い感銘を受けたという。そして時あたかもフランス革命が勃発《ぼっぱつ》（一七八九年）し、一七九二年にはプロイセン王国軍を撃破するなど大活躍を見せたフランス義勇兵によって、「ラ・マルセイエース」が高らかに歌い上げられていた。

そのようなことから「オーストリアにもあのような愛国心を鼓舞《こぶ》するような国民歌がほしい」と考えたハイドンは、帰国して早速内閣に建議し、自ら作曲を引き受けることになった。神父で詩人のロレンツ・レオポルト・ハシュカの皇帝賛美の詩「神よ、皇帝フランツを守り給え Gott erhalte Franz den Kaiser」を選び、一七九一年一月に曲は完成した。そして、翌月の二月、フランツ皇帝の誕生日を期して献呈、オーストリア帝国国歌として国を挙げて歌われたのだという。

また、ハイドンの弦楽四重奏曲第七十七番ハ長調第二楽章では、この曲の旋律が使われていて、彼の最高傑作と賞賛され、サブタイトルとして「皇帝」の名が与えられた。

その頃、ドイツ帝国では、イギリス国歌「国王陛下万歳! God Save the King（Queen）」にドイツ語の歌詞をつけた「皇帝陛下万歳 Heil dir im Siegerkranz」を国歌として歌っていた。

しかし、一八四一年、大学教授で詩人のホフマン・フォン・ファラースレーベンが、オーストリア国歌に「ドイツよ、ドイツよ、全てに勝る Deutschland, Deutschland über alles」の歌詞を付けた。その後、歌詞の一部分の変更はあったが、現在のドイツ連邦共和国国歌として今日に及んでいる。

因みに、このドイツ国歌の作詞者ホフマン・フォン・ファラースレーベンは、著名な童謡・唱歌の作家であることも付け加えておこう。日本でも「ぶんぶんぶん（ハチがとぶ）」・「カッコウ（カッコウ、どこかで）」・「霞か雲か」等は、みんなが知っている懐かしい歌である。

一方、オーストリアは、第二次大戦後共和国として完全独立を果たし、国歌も「山岳の国、大河の国 Land der Berge, Land am Strome」と新しくした。作詞はプレーラドウィック、作曲はモーツァルト。フリーメーソンの小カンタータ「われらが喜びを高らかに告げよ」K・六二三の終曲に歌われる曲。ところが、これには異説も存在し、その終曲は仲間のヨハン・ホルツァーの作曲によるものだとも言われているのである。今から二百二十六年前に作られたもの……音楽界の二・二六事件！

そう言えば「モーツァルトの子守歌」も、ケッヘルによる整理番号K・三五〇とされていながら、実は別人のものというケースもあった。ハンブルクの図書館で発見された草稿に、「ゴッターの子守歌。ベルンハルト・フリース作、一七九六年刊」なる証拠品が見つかったのだ。しかし、永らくモーツァルトの曲として親しまれてきたので、曲名はそのまま使われているのが現状である。

シェーンブルン宮殿

シェーンブルン宮殿は、ウィーンの中心部シュテファン大聖堂から西に五キロメートルの所にあり、華やかな黄色の外観が印象的な建築物群である。ハプスブルク王朝の歴代君主が主に離宮として使った宮殿で、厖大《ぼうだい》な庭園群とともに一九九六年世界遺産に登録された。神聖ローマ皇帝マティアス（在位一六一二―一九）が、狩猟の途中に美しい泉（schön Brunn）を発見し、命名されたと伝えられている。

建物は千四百四十一室あり、両翼の端から端まで百八十メートルもの大きさで、正面右側には宮廷劇場まで設《しつら》えている。

キジの繁殖場を作り、七面鳥や孔雀などの珍しい動物類を集めたマクシミリアン二世、狩猟用の別荘を建築したレオポルト一世、そして、フランツ一世は宮殿脇にシェーンブルン動物園を設けた時代もあったという。宮殿の周りは、東西約一・二、南北約一キロメートルのフランス式庭園で囲まれ、一方の丘にはグロリエッテという、対プロイセン戦の勝利と戦没者の慰霊のために建てたギリシア建築の記念碑があり、この丘から周囲が一望できる。年間六百七十万人が訪れ、オーストリアで一番重要な観光資源になっているという。

一七六二年九月、マリア・テレージアの娘マリー・アントワネットがここに滞在している時、当時六歳の神童モーツァルトが招待され訪れる。この時、宮殿内で転んだモーツァルトをマリー・アントワネットが助け起こしたところ、モーツァルトが「僕と結婚して」とプロポーズしたという伝説が残っている。幼いモーツァルトは、王女に弟のように可愛がられたという話である。

序でながら、一八一五年にウィーン会議がここで開催され、一九六一年にはアメリカ合衆国のジョン・F・ケネディ大統領とソ連のニキータ・フルシチョフ首相との会談の場所にもなっている。

また、筆者が初めてシェーンブルン宮殿を訪れた時（一九八〇年）以来ずっと信じて疑わなかった、「マリア・テレージア・イエローは彼女の好みの色」というのは思い違いだったことを、ここで告白しなければならない。外壁は金を塗ろうとしたところ、マリア・テレージアが財政の状況を考慮して、黄金に近い黄色にしただけという切実な内情を、今回三十七年目にして知ったのである。トランプのようにはいかなかったか。

「楽しかったミュンヒェンの旅」（2013. 8. 5）

オランダの風車前で（2016. 3. 14）

織り込み隊

マルサの男《ひと》

一頃『マルサの女』という映画が流行した。マルサ（国税局査察部）に勤務する女性査察官と脱税者との戦いを描いたドラマで、確か日本アカデミー賞最優秀作品に輝いた感動ものだった。

それから二十年ばかり時は過ぎたが、私は『マルサの男《ひと》』になった。こちらのマルサは私が名付け親で、定年に到達していったん退職したのち、改めて雇用するという、いわゆる再雇用制のことだ。再任用とか再雇用とか「再」の冠が何となくいやらしく思え、「○《まる》サ」と言ってみたら、やけに受けたのだった。実のところ、半分の給料で、仕事は充分の内容で、それでも二年間、最有終助援男優賞をもらい続け、退職した。四十年の教師生活だった。

滑稽にも、「定年の夫は重宝ちょっと邪魔」と詠んだ人がいるが、我が家の法律《おきて》をもってすれば、邪魔者扱いなど考えられないことであった。

有閑人登録後もこれまで通り六時には起床し、コーヒーを淹《い》れ、妻の朝食代わりの果物を準備する。テーブルにはパーラー顔負けのフルーツ盛り合わせと、私用の朝食の皿が並ぶ。勿論、こちらは妻の料理に決まっている。

午前中は部屋に籠って読書・書き物・鑑賞・歌唱などで過ごすが、気がつくとすぐ昼になっている。

麺類好きの私は、昼は蕎麦・熱麦・冷麦・ラーメンの中から一人分を自分で作る。テーブルには、パンのみでなく、麺の丼や笊《ざる》が並ぶという不思議なロケーションである。

いよいよ食後はサスペンス・タイムがやってくる。別にサスペンスでなくても、韓《はん》ドラ・メロドラなどでもよさそうなものだが、二人の嗜好《しこう》が共通したジャンルというわけで、自ずからこのように決まったのだ。有難いことに、いつの間にか録画してストックしてくれている。蛇足ながらCM（コマーシャル・メッセージ）を飛ばす「ミルカモ」って、実に便利で心地よい。一、二時間のテレビ鑑賞は、食後のリラクゼーションにもってこいのデザートにもなるのだ。

それが終わると全くのフリータイムで、特別な予定でもない限りは近くのゴルフ練習場に出かける。幸いなことに、そこで知り合った達人にアドヴァイスを受け、目に見えて腕が上がるとともに、練習が楽しみにさえなってくるのだ。二時間余りで適度な汗を流すことは壮健維持にもってこいのスポーツではないかと、ゴルフができることに感謝している。

一風呂浴びて、楽しみの夕食がやってくる。二人だけだと夕餉《ゆうげ》の円居《まどい》とか一家団欒とまではいかないまでも、晩酌をとりながら、（但し休肝日週二日）昔話に花を咲かせたり、遅すぎるかもしれないが、夢を語り合ったりは実に幸せなひと時である。

とまあ、これが平常の日課で、週・月・シーズン毎の作業予定表は、備忘のためによく目につく所に掲示してある。参考までに列挙すると、掃除機がけ、ゴミ捨て、窓拭き、野菜土おこし、苔とり除草剤、タイヤ交換、融雪パイプ組立て・解体、雪囲い、除排雪……となるが、要するに力仕事を任された男と言えば解りやすいかも知れない。

自由時間が増え、やりたいことに時間を充てることがこんなに充実して幸せなこととは知らなかった。あれもしたいこれもやってみたいと思い続けてきたことをたっぷり楽しめる生活が、『そう、当の俺《わし》の傍《はた》の下に』訪れたのだ。万歳！

というわけで、『双頭の鷲の旗の下に』について少々。オーストリアの軍楽隊長で、行進曲の名作を残した（オーストリアのマーチ王）ヨーゼフ・フランツ・ヴァーグナー（Josef Franz Wagner 1856 - 1908）の行進曲『双頭の鷲の旗の下に』（Unter dem Doppel-Adler op. 159）は、よく運動会で耳にする有名な曲である。双頭の鷲は、二つの頭を持つ鷲の図柄で、神聖ローマ帝国・旧オーストリア帝国・ロシア帝国などが、皇帝権力の象徴として用いた。現在、アルバニアの国旗・日章として使用している。ヴァーグナー（オペラ作曲家のR.ヴァーグナーとは別人）はこの他に『雄鶏（Gigerl）op. 150』を残している。

鷲は空を飛べる最強の鳥であることから、世界制覇の意味につながっている。ゴルフ用語にもイーグル（鷲）が使われているが、パー（基準打数）より二つ少ない打数でホール・アウトすることを言う。『相当の技の旗の下！』だ。

『女心の日本製』

私はこれまでにいろいろな銭失いをしてきた。誰もが経験することで珍しくもないが、本物に出くわして初めて知る『値打ち』についてふれることにしよう。

刃先が磨耗しているわけでもないし錆びもない。しかも刃裏に糊などの粘着物がついているわけでもないのに、思うように切れない鋏ほどもどかしいものはない。また、毛抜きを使って、今度こそ上手く挟めたと思って引っ張り出すと、目当ての鼻毛が付いてなくて、痛みだけは加算され、うっすらと付着した鼻水が用無しの毛抜きに加担して自分を嘲笑っているかのようなむなしい瞬間。

さらに、買ったばかりなのに使うたびに「一抜けた♪、二抜けた♪」と仲間割れをしていくイノシシかイタチかテンかは判らぬが、脱毛症のボタン刷毛（髭剃り用ブラシ）……と一つ一つ数えるときりがない。

さて、ある時デパートで偶然目に入った『匠（たくみ）』の文字は私を虜にした。そこはオール・ステンレス製の各種鋏（理髪鋏・爪切り鋏・眉毛切り鋏）から始まって毛抜きに至るまでのいわゆるコスメティック（理容）・コレクションなのだ。店員の了解を得て触ってみた。割合小型で扱い易く、すり合わせが滑らかで、何よりもかしめ（二枚の刃がネジで止まっているところ）がしっかりしていて持ち易く、自由に調節できるという代物なのだ。毛抜きに至っては、先端がより薄めに研がれて、程好い反りがあり、一寸の狂いも無い位にぴったりと合う。

値段も普通の品の数十倍にも及ぶ高級品だが、背に腹はかえられぬ思いで手に入れることにした。

やっぱり使い勝手は良いし、長持ちするしで、正解だった。

ついでながらボタン刷毛は、美容院を経営する溝江兆子さんに事情を話して直接業者に選んでもらうことにした。さすがに抜け毛も変色も無く、二十年たった今も威容を見せ付けている。

シェイヴィング・ブラシはセイヴィング・ブラシになるのだ。

最後にもう一つ、『女心の日本製』！

雪の季節を迎える頃にはいつも玄関マットを買いに出掛ける。それは来客者（勿論自分たちも含む）が凍結した雪上で転んでもしたら…という心配からのもので、別に女心・男心とは関係ない。

陳列棚で「女心」の文字を目にした私は咄嗟に、ヴェルディのオペラ《リゴレット》の第三幕で、マントヴァ公爵（テノール）が歌う、移りやすい女心を歌った有名なカンツォーネ「ラ　ドンナ

エ　モビレ　クァル　ピューマ　アル　ヴェント（風の中の羽根のように、いつも変わる女心♪）」が脳裏をかすめた。弘前オペラではこれまで二回取り上げられたが、私はいずれも刺客（殺し屋）スパラフチーレを演じた。舞台上とはいえ、リゴレットの愛嬢ジルダを刺し殺し、その上袋詰めにするシーンは思い出すだけでも身体が縮むような冷気を感じてしまう。それは、カルメンを刺してしまうドン・ホセも同じ心境なのだろうか。などと考えている私に、現実の妻の声「どれにする？」が耳に入った。「やっぱりこの女心の日本製が気に入ったね！」の私の答えにキョロキョロあたりを見渡した後、「安心の日本製でしょう」と来た。「エッ」と驚いてよくよく覗いて見ると確かに「安心の…」と書いてある。私の目の高さからは冠の「ウ」が丁度隠れて見えたのだった。唯でさえ響く笑い声に「どうかしましたか？」と飛んで来た店員。今度は三人で腹を抱えての大爆笑となった。

「音痴」は治る

よく「方向音痴」とか「運動音痴」ということばを耳にするが、これは方向や運動感覚が鈍いことを指す。英語で、have no [a terrible] sense of direction ということからわかるように、世界中で使われていることばである。「運動音痴」はまた、スポーツについて何も知らない場合にも用いられることもある。

わたしはこれまで、「方向音痴」、「運動音痴」については笑って聞き流してきた。しかし、「私は音痴だから」とか「生まれつきの音痴なもんで……」には、『声楽発声学会員』・『声楽家』として黙って見逃すわけにはいかず、「この世に音痴はいない！」と言ってはその矯正・訓練に努めて現在に至っている。

私の勤務していた東奥義塾では、グリー・クラブの部員が毎朝三階の宗教主事室に繋《つな》がるギャラリーで礼拝を守る。聖歌隊の役割を担っているのだ。さわやかな朝、礼拝堂に鳴り渡る荘厳なオルガンの音に気を鎮め、心を高く揚げて讃美歌を歌う時こそ、至福のひと時となる。ところが朝一で高声を出すため、いきおいピッチが低かったり、突然オクターヴ下げて楽な道を選択する族《やから》が出現する。「讃美歌」のピッチや調性については讃美歌委員会で十分な検討を重ね、アルトやバスの低声の人でも歌えるように編纂されている（ということをご存知だろうか）。声楽家や専門的訓練を受けた人ならばともかく、どうしてどうして一筋縄ではいくものではない。いささか専門染みた話になるが、声帯は弾性繊維に富む二つの靭帯《じんたい》から成っていて、それを引き伸ばしたり、閉じたりする時に使う筋肉と深い関係がある。この筋肉も睡眠時ゆっくりと休んで（弛緩して）

いるので、朝、起き掛けは思うように働いてくれない。これは寝惚け眼《まなこ》や、早朝、起き抜けの話し声を想像してもらえばよく理解できよう。朝は特に念入りな発声練習・準備運動が必要なわけだ。

さて、声域狭小について触れることにしよう。歌唱時にいよいよ高音に差し掛かると、突然逃避してオクターヴ下を歌ったり、場合によっては、正確にオクターヴ下がれずにその辺りに落としたりしてすまし顔をしているケースによく出会う。逃避とは困難・窮地を逃げて避けるという意味だが、正に逃げの手法なのである。しからば、「逃げ」ないで困難に立ち向かうにはどうしたらよいか。ここで専門家オタスケマンの登場となるのである。

これまで試みてきた中で特に効果的な療法は、何と言っても「移動（調）唱法」であろう。即ち、各人に応じたピッチまで下げて、次第に半音ずつ移調してあげ、一定のメロディを自然にかつ自信を持って歌えるように仕向けるのである。魔法にかかったようにスムーズに歌えるようになること請け合いである。と同時に、高声発声に関わる呼気量の加減や、種々の筋肉の使い方も体得させることも必要である。

さらには、「生まれつき」とか「遺伝だから仕方がない」といった劣等感を取り除き、少しずつ努力をすれば必ず治る（上手くなる）という自信を持たせることが大切で、周囲の人々の協力や懇切丁寧な治療（指導）、つまり、環境と訓練がポイントになってくるわけである。

『この世に音痴はいない』を信じよう。

華燭の宴

いよいよ私共夫婦も来年は結婚四十五周年目を迎える。〝サファイア婚式〟と言うらしいが、妻は今更その指輪をプレゼントされて喜んでくれるのだろうか。

それはともかくとして、果たしてこれまでに何回結婚式に招かれたことだろう。多い月には二度・三度、それも同じ会場で同じ料理をいただく羽目になったこともあったが……これは他言無用か。

仕事柄、媒酌《ばいしゃく》・祝辞・祝歌・スピーチなど必ずと言ってよいほど役割が課せられるが、何といっても自由に食べて飲める立場が最高だ。

さて、四十数年経験してきた様々な〝華燭の宴〟を振り返ってみることにしよう。

その一　《愛の喜び》

結婚披露宴で祝宴を待つ間によく耳にする、マルティーニ作曲の《愛の喜び Piacer d'amor》は、甘くロマンチックなメロディーが、流れるような分散和音の伴奏に乗って演奏されるものだから、ついつい曲名の《愛の喜び》にだまされてあたかも愛の喜びを歌ったものと勘違いされている。私はこのBGMを聴くと、「困った！」と冷や汗状態になるが、ステージで祝歌として聞かされるときなど、マジ顔をしかめたくなるのだ。心ある声楽家なら、たとえ頼まれても絶対歌うべきでない曲なのだから。

愛の喜びは　ほんのひと時のこと
Piacer d'amor più che un di sol non dura:
愛の苦しみは　生涯続く
Martir d'amor tutta la vita dura.
彼女のために全てを忘れた、不実なシルヴィアのために
Tutto scordai per lei,per Silvia infida;
彼女はもう私を忘れ、他の男のところに走ってしまった。
Ella or mi scorda e ed altro amor sa'ffida.

（中略）

この曲はもともとPlaisir d'amour（プレズィール・ダムール）というフランス語による歌曲であった。作曲者のマルティーニ（一七四一―一八一六）はドイツ生まれで本名をヨハン・パウロ・エジディウス・シュヴァルツェンドルフ（Johann Paul Aegidius Schwarzendorf）といい、フランスで活躍した作曲家・教師・オルガン奏者である。パリ国立音楽院の監督官になり指揮者として活動。十二曲のオペラを始めレクィエム・教会音楽を残しているとされるが、この《愛の喜び》が格別有名である。

ところで、ある時、市内のホテルで働くボーイ長（卒業生）に思い切って、この曲は結婚式にはふさわしくない旨の直談判をした。あわてた彼は進行係の女性を引き連れて再び私のところへ戻ってきたが、驚くなかれ『結婚式用ＢＧＭ』のテープを持参したのだった。なるほどこれは市販されているんだ。それにしても、歌詞の内容まで吟味しているわけではないだろうし、縷々《るる》説明してとにかくその日は使用を控えてもらった。

それからというもの、殆ど耳にしなくなったと思っているのは私だけだろうか。

ついでながら、マルティーニの《愛の喜び》のメロディーをそっくり借用したポピュラー・ナンバーの《好きにならずにいられない》が、ひところ随分流行したものだと教えてくれたのは、どこかのスナックのママさんだったと思うが、思い出せない。

その二《船頭小唄》

「お〜れ〜は　かわら〜の　かれすすき〜♪」と歌い出した時、客全員の視線は一斉にステージに集中した。いくら余興とはいえ、この席はれっきとした結婚披露の祝宴。それにしても、コブシがよくきいて情緒たっぷりの歌唱力に会場はシーンと静まり返った。酒の勢いからか、はたまたウケ狙いかは知らないが、よく見ると新郎新婦は作り笑いをして複雑な顔つきだ。歌い終わったおじさん、実に得意げに両手を大きく振って愛嬌をふりまく光景が頭にこびりついている。

己《おれ》は河原の　枯れすすき
同じお前も　枯れすすき
どうせ二人は　この世では
花の咲かない　枯れすすき

死ぬも生きるも　ねえお前
水の流れに　何変《かわ》ろ
己もお前も　利根川の

舟の船頭で　暮らそうよ
枯れた真菰《まこも》に　照らしてる
潮来出島《いたこでじま》の　お月さん
わたしゃこれから　利根川の
舟の船頭で　暮らすのよ

なぜに冷たい　吹く風が
枯れたすすきの　二人ゆえ
熱《あつ》い涙の　出た時は
汲んでお呉《く》れよ　お月さん

作詞の野口雨情（一八八二―一九四五）は茨城県多賀郡磯原村《いそはら》（現・北茨城市）生まれで、この詩は馴染みのある利根川が舞台となっている。三節の「真菰《まこも》」は湿地帯に生えるイネの仲間で、しめ縄や筵《むしろ》などを編むのに用いられる多年草。また「潮来出島」は、潮来の町の南に広がるデルタ地帯のことで、この地域ならではの水郷とアヤメの花と船頭という風物詩は、江戸時代から長唄の「藤娘」などでよく使われていたという。

彼の作詞した童謡や民謡は驚くほどたくさん残っている。

作曲者の中山晋平（一八八七―一九五二）は長野県生まれで、東京音楽学校ピアノ科卒業。本居《もとおり》長世《ながよ》に師事し、レコード・流行歌作家としても一世を風靡した。

野口雨情・中山晋平コンビの作品は、《証城寺の狸囃子》《兎のダンス》《シャボン玉》《雨降りお月さん》《あの町この町》《波浮の港》など、童謡から日本歌曲に至るまで数十曲もある。

今でこそ結婚式と言えば、スマップの《世界にひとつだけの花》とか、《松ケンサンバ》、《永遠にともに（コブクロ）》、《TALI》、《祝い船》、《ロビンソン》、《結婚闘魂行進曲》など、取り上げられる歌も様変わりしてきたが、それでも根強く歌い継がれる《愛の賛歌》《世界は二人のために》《見上げてごらん夜の星を》などは、時代を超えて好まれている。

ただ《船頭小唄》は、ついこの間亡くなった森繁久弥の名唱で一躍世に広まったとはいえ、結婚式で耳にしたのはあの日の一回に限ったことであった。これからも経験することはあるまい。

その三　《結婚行進曲》と《婚礼の合唱》

教会や披露宴会場によって異なるが、一般的に新郎新婦の入場に使われる曲では、メンデルスゾーンの《結婚行進曲》が有名であることは論を俟《ま》たない。赤や白のヴァージン・ロード

(virgin road 和製英語)をゆっくりと足並みそろえて歩くのは、両人はもちろん親族・会衆にとっても最も厳かで緊張するシーンであろう。

この曲は付随音楽(戯曲の上演効果を高めるために作られた楽曲)《真夏の夜の夢》(全十二曲)中の八曲目に現れる行進曲で、もともとシェークスピアの喜劇に基づいてメンデルスゾーンが作曲したものである。

アマゾン女王ヒッポリタの婚礼の夜、アセンズ(アテネ)郊外の森で四組の結婚愛が成立するという幻想的な物語で、一八四三年(ポツダム新宮殿)初演。

この《真夏の夜の夢》は、後に演奏会用組曲(全五曲)にまとめられ広く親しまれるようになったが、そのヴァージョンでは結婚行進曲が最後に置かれている。管弦楽で演奏する場合は、完全な二拍子としてアレグロ・ヴィヴァーチェ Allegro vivace で進むが、教会などでオルガンで弾く場合は、周囲の状況を考えて少し遅めのほうがよい。繰り返しを入れて六分半ぐらいの曲であるが、会場の大きさに合わせ、うまく繰り返しを省いて縮めることも可能であろう。

メンデルスゾーンの《結婚行進曲》と並んでよく使われるのは、ワーグナーのマーチである。この曲は、正式には合唱曲《婚礼の合唱》であるが、私は今まで一度も結婚式場で合唱付きで聞いたことはない。それというのも、もともと歌劇《ローエングリン》の中で演奏されるものだから仕方がないことだろう。しかし、本格的なコーラスを使ってオケ版でこのマーチを演奏するような豪華な結婚式も世の中には存在するのかもしれない。すごいことだろうなあ。

ローエングリンは、聖杯伝説の英雄パルチヴァルの息子の名前。白鳥の引く船に乗ってブラバント公国の公女エルザを助けて結婚するが、エルザが禁を破って彼の名を尋ねたため、そのもとを去るという悲劇。

ワーグナーが作詞（ドイツ語台本）・作曲を手がけた三幕の歌劇で、一八五〇年、ワイマールの宮廷劇場でF・リストの指揮で初演された。六十分、八十分、六十分の三幕で、三時間二十分を要する（これに幕間の転換も加わる）大作である。

第三幕を開く華々しい合唱。城内の花嫁エルザの室に集まって、侍女や騎士たちが高らかに『真心をこめて先導します』と歌う。荘重極まる曲である。

いろいろな編曲のヴァージョンがあるようだが、結婚式でよく用いられるのは、中間部の関係調に転ずる静かな部分を省略している。

《ローエングリン》と言えば、ルードヴィッヒ二世（一八四五―八六）の建てた、今でも世界一美しいと言われる、ドイツのノイシュヴァンシュタイン城内に飾られた《ローエングリン》の壁画は、ため息が出るほどの圧巻だ。いかにワーグナーが国王の寵愛を受けていたかがよく判ろうというものである。ルードヴィッヒは十代に《ローエングリン》を観て、「白鳥の騎士（＝ローエングリン）」の虜になってしまった。その頃からワーグナーの論文を読みふけるようになり、すんなりパトロンになったのだった。

話がワーグナーに至ったついでに、この世で一番長いオペラについて触れることにしよう。演奏時間十五時間二十分という超大作《ニーベルングの指環 Der Ring des Nibelungen》をご存知だろうか。勿論ぶっ通しで上演するなど無理なことで、四日かけてゴールに至るという、言わば耐久レースのようなものだ。なにしろ、《ラインの黄金》二時間半、《ワルキューレ》三時間四十分、《ジークフリート》三時間五十分、それに《神々の黄昏《たそがれ》》五時間二十分と、気の遠くなるような四日間のバトル・ロイヤル並みのスタミナが要求される。

私は、ミュンヒェン留学中に、このチャンスを逃したら恐らく一生観ることはないだろうと思い、必死の覚悟で歌劇場通いしたことを思い出す。二日目までは何とかなったが、三日目・四日目になると正直億劫《おっくう》になる。「最早我慢比べ！」といわんばかりに意地を張って毎日家を出るが、帰宅してばたんきゅうの状態だった。ゲルマン民族大移動時代の伝説が素材になっている、ドイツ中世の英雄叙事詩だけに、物語が理解しにくいばかりか、長丁場だからほとほと参ってしまった。

その四　能『高砂』

『高砂』は相生《あいおい》の松に寄せて夫婦愛と長寿を愛で、人生を言祝《ことほ》ぐ大変めでたい世阿弥作の能の一つである。

あらすじは、肥後国（熊本県）阿蘇宮《あそみや》の神官が、都見物の旅の途中、播磨の国（兵庫県）高砂の浦に立ち寄った。のどかな春風を受けて浦の景色を眺めているところに、老夫婦が来て松の木陰を掃き清める。神官が、有名な高砂の松はどれか、また「高砂の松」と「住吉の松」とは遠く離れた場所にあるのに、なぜ「相生の松」と呼ばれているのかを尋ねる。すると、老翁は、その二本の松はたとえ遠く離れていても夫婦のなかは心が通うものだと、松の永遠、夫婦相老《あいおい》（相生にかけて）仲睦まじきを語る。そして、老夫婦は、自分たちは高砂・住吉の松の精であることを打ち明け、小舟に乗って沖の方へ消えて行った。その後、神官も松の精を追って船に乗って住吉に向かった。

この時、『高砂やこの浦舟に帆をあげて。この浦舟に帆をあげて。月もろともにいでしおの。浪の淡路の島かげや。遠く鳴尾《なるお》の沖すぎて、早や住の江につきにけり。早や住の江につきにけり。中略』と演奏される。

そして、能『高砂』の小唄ヴァージョン『高砂や』は次のようになっている。

高砂や　この浦舟に帆をあげて
月もろともに出潮《いでしお》の

波の淡路の島影や
遠く鳴尾の沖越えて
はや住の江に月にけり　月にけり

高砂や　この浦舟に帆をあげて
月住の江の　通い路は
尉《じょう》と姥《うば》とが　相生《あいおい》に
妹背《いもせ》の道も　通からず
枝に不断の　つまごとは
非情無情の　唄の声
変わらぬ色ぞ　ゆかしけれ

いつ、どなたの結婚の時だったかは定かでなくなったが、この謡《うたい》に合わせて、羽織袴と打掛姿の新郎新婦が颯爽と入場した披露宴は実に印象的だった。

ところで、ある時、落語の『高砂や』に出くわした時にはなぜか特別に親近感が沸き、声を上げて笑い出してしまったが、その後にまた例の披露宴の厳かなシーンが甦って来るのだった。

釣検1級への道

その一　ビギナーズ・ラック

私が釣り竿を手にしたのはいつのことだったかは定かでない。が、中学時代、兄に連れられて、青森市の郊外にある三内霊園の池でヘラブナに挑戦したことははっきり記憶に残っている。それも、道具から仕掛けまで全て手伝ってもらって、単純にヒキを楽しんだに過ぎない。練りエサはともかく、蚯蚓《みみず》のエサ付けは何ともはや薄気味悪く、平気で素手でチョン掛けする兄を見て、よく我慢できるものだと感心し、尊敬の念を抱いたものだった。

それから何十年過ぎたことだろう。（閑暇を得たら、）終日《ひもすがら》釣り糸を垂れて風流を解する姿……を何年も夢見てきたと言ったら大袈裟《おおげさ》だろうか。ところが驚くなかれ、満六十歳（敢えて「還暦」を使わない！）を迎えた九月のある日、とうとうその日がやってきた。

兼ねてから約束していた、名峰津軽富士・岩木山の麓にあるアクア白神ゴルフコースでプレイを楽しみ、ゆっくりと温泉に浸《つ》かった後、「イカ焼き」でやおら全国的に知れ亘っている由利《ゆり》久《ひさし》さん宅に招かれたのである。せっかく鯵ヶ沢まで来たのだからとお土産にイカ焼きでも持たされるのかと思いきや、夕暮れ時を待って、魚群探知機を装備した自家用小型漁船に乗り込み、いざ出帆というわけだ。予め用意されたフローティング・ベスト（救命胴衣）を身にまとえばたちまち気分はいっちょ前のアングラー。一本ずつ手渡された由利さん手作りのサビキ仕掛けのリールで竿を垂らすと、すぐさま来るわ来るわ、一挙に三、四匹、終《しま》いには鈴なり状態のアジがかかり、小一時間のうちにみるみる足の踏み場もないほどのアジだらけになり、爆釣《ばくちょう》の爽快さをアジわうことができた。

船の明かり取りが完璧なので夢中で釣り続けていたが、岩の灯火がかなり遠のいて、そろそろ戻ろうかというその時だった。不意にブルンブルンという感触が伝わってきたのだ。強いアタリから折れんばかりの竿のしなりへと続き、ついつい興奮して大声で助けを求めると、由利さんが飛んできて何やらドラグを調整して糸を送り込み、その上でこともあろうに私に竿を戻してよこした。さあ、いよいよ獲物との格闘が始まる。「休まないで！」、「しゃくって！」、「巻いて！」の掛け声に励まされながら、竿をぎっしり握りしめ一心不乱にファイトする。かすかに水面に浮かび上がった白みを帯びた大魚を見て「フクラゲだ！」と叫ぶ由利さん。アジ釣りのサビキにだしぬけに掛かったという珍しいケースだと言うが、タモ網の用意はないからと、「糸を切らずに、タイミングを見計らって、リズミカルに一気に釣りあげろ！」の言葉通り、渾身の力を振り絞って一思いに「ヨ・イ・ショ♫」の掛け声でザバア！と釣り上げたのだった。

体長五十センチはあろうかという大物のフクラゲ（出世魚・鰤《ぶり》の幼魚イナダ）。ビギナーズ・ラックとは言え、プロの由利さんが舌を巻くほどの事件が起こったのだ。『エビで鯛を釣る』とはよく耳にするが、『サビキでフクラゲ』と言うほどの事件が起こってしまったのだ。予期せぬ出来事に、最早我を忘れるほどの感動で、帰りの船路は余韻嫋嫋《じょうじょう》たるものであった。

その二　釣り場の夢

何歳の頃からだったかはわからないが、これまでに同じような釣り場の夢を見てきた。その数、十回は下るまい。子供の時に住んだわけでもないのに、決まって夢に現れる幻の家の納戸はこうなっている。

戸口近くの壁には、鍬《くわ》や鋤《すき》の農具から、竹や籐《とう》で編んだ大小の籠《かご》が掛かってある。やや黒ずんだ背負籠《しょいかご》の隣には、「御伽草子」に出てくる浦島太郎が腰につけていた魚籠《びく》が並び、数本の竹竿が斜めに立て掛かり、タモ網まで揃っている。不思議にも、まだ一度も使っていないと思われる真っ白な昆虫採集網がちょこんと置かれてあるのは笑える。

その納戸のある家の裏庭から、僅か二十メートルも行けば海岸に辿り着く。海岸と言っても砂浜ではなく、浅虫（青森市）にある東北大臨海実験場を思わせる、あまり水深のない磯地なのである。そこに小川が流れ込んで汽水域になっていて、結構なサイズの海魚と淡水魚とが河口に傾《なだ》れ込んでいる。その河口付近は幅広の石の蓋で覆われているが、なぜかガラス板の部分があり、そこから魚の往来の様子がよく見えるのである。

これは現実界の話だが、この場面にそっくりなところを目の当たりにした。それは親の結婚五十年の記念祝賀の旅行で出かけた秋保温泉（宮城県）での出来事だった。ホテル〈瑞鳳〉のロビーラウンジに立った瞬間『どこかで見たシーンだ』と感じ、妻に「以前ここに来た記憶がある」と語ると、「えっ、誰と来たの？」と一笑に付されたが、すぐさまあの汽水域の魚たちの戯れの景が蘇った。

体長五十センチクラスの色様々な錦鯉が朝日に輝きながら悠々閑々と遊泳する姿を見ていると、咄嗟に「あっ、納戸に戻ってタモ網を持って来なくっちゃ！」と本気で思ったのだった。歳の所為《せい》か、釣りをするようになったからかは判らないが、「納戸」の夢は見なくなったなあ。

その三　河豚こわい

河豚と言えば、あのポン酢醤油で味わう〝河豚ちり〟や、大皿いっぱい孔雀の羽根状に並べられた〝河豚サシ〟を思い浮かべるのが普通。ところが、釣り場（磯や岸壁）で掛かってくるフグは、餌にしてつけたアジや細魚《さより》をさっさと喰いちぎってしまうし、場合によっては、板状の鋭い歯で糸を噛み切ってしまうという経験までさせていただいた。

魚好きな猫でさえも跨《また》いで通り越すという意味から〝猫跨《ねこまた》ぎ〟と言われる魚があるようだが、河豚は猫はおろか鷗《かもめ》・カラスさえも見向きもしないのである。岸壁に放置されて、ギューギューと鳴きながら腹を膨らませている姿は悲哀この上ない。

四、五日前にも河豚中毒のため救急車で病院に運ばれたというニュースを新聞で読んだ。聞くところによると、全身が痺《しび》れ、これまで何人も命を落としているのだという。それでも懲《こ》りずまた味わおうとするのだから、食通には止められない美味なのだろう。『河豚喰う無分別、河豚喰わぬ無分別』とはよく言ったものだ。

そんなフグこそリリース（捕えた魚を放すこと）すればそれで済むことだが、背びれに猛毒を持つマオコゼ・オコゼ（虎魚＝流石に名前からして怖い）・オニカサゴなどにはこれまで何度も対面しているが、正直なところ釣り上げたら素手でというわけにいかず、フィッシュ・ホルダー（魚ばさみ）で勝負してしまう。特に、オニカサゴは〝サソリ魚〟の異名を持っていて、毒の強さは沖縄・奄美諸島に生息する毒蛇ハブの十五倍以上とも言われているほどだ。こうなれば命の洗濯どころか命取りになる。ああ河豚……。不具。

その四　お多魚《ため》さん

教師生活四十年を区切りに、やっとのことで自由な時間を持てるようになった私には、いくつかの課題があった。その一つが書棚の整理だった。必要があって私の手元にある冊子だから、廃棄する前にもう一度読み返し、その上でおさらばしようと心に決めた。

スタート・ダッシュは上手くいって一か月に十冊のペースで走り続けるうちに、とうとうスランプに陥りペース・ダウン。原因は、出口宗和《でぐちむねかず》著（二見書房）『読めそうで読めない漢字』なる二百五十ページほどの本との遭遇であった。もともと妻が購入して『きっと面白がるだろう』と預けられたものだった。「漢検（漢字検定）一級への道　音・訓編」に挑戦して×印をノートに書き出し、せめてこれくらいはしっかり征服しようと決意を新たにした。そのうちに、止せばいいのに〝読めれば楽しい漢字〟のキャッチフレーズについつい乗せられてしまった。ペースはこの辺りから超スローの Adagio で足踏みしているところに、〝これだけ読めれば大満足〟の項に魚の名前が現れ出た。寿司屋さんで見かける、あの魚偏の魚のオンパレードだ。県内の地名に使われ、よく目にする鯵《あじ》・鮫《さめ》・鯛《たい》・鰐《わに》などはともかく、鰆・鰍・鮗（読めました？敢えてルビをふりませんでしたが……）に至っては、どうして魚偏に夏はないのだろうかと逆に疑って漢和辞典で検索する始末だ。魚の名前を覚えようと何回も試みたが如何せん頭に入らないので、学生時代によくやった流行歌《はやり》に乗せる方法を取り入れてみた。つまり、昭和三十年頃に大流行した《お富さん》の替え歌というわけだ。眼で追っているだけでは面白さを味わえませんから、大きな声で歌いましょう。

お多魚《ため》（富）さん

作詞　熊木　晟二
作曲　渡久地《とくち》政信《まさのぶ》

一、粋な黒鯛《くろだい》　見越白鱚《しろぎす》に
　鰆《さわら》姿の蝦鶏魚《えびいさき》
死んだ鯵《あじ》駄津《だつ》虎魚《おこぜ》さん
生きて虹鱒《にじます》　眼張《めばる》箆鮒《へらぶな》　鰯《いわし》𩸽《ほっけ》の栄螺《さざえ》さん
エーサオー　真鯛《まだい》鮫《さめ》

二、過ぎた昔を　遍羅《べら》鯔《ぼら》眼仁奈《めじな》
鯊《はぜ》も鮭《さけ》鯖《さば》鮎《あゆ》　鰈《かれい》
久し鰤《ぶり》蛸《たこ》お河豚《ふぐ》さん
旗魚《カジキ》間八《かんぱち》　鱮《たなご》笠子《かさご》よ　鯉《こい》で太刀魚《たちうお》武鯛《ぶだい》さん
エーサオー　鯣《するめ》烏賊《いか》

三　かけちゃいけ鯛《たい》　山女《やまめ》の鰣《はす》に
鯰《なまず》鰻《うなぎ》に縞鰹《しまがつお》
愚痴は姫鱒《ひめます》伊当《いとう》さん
せめて鮎魚女《あいなめ》　穴子《あなご》　鮍《かわはぎ》　飲んで赤貝《あかがい》鱸《すずき》さん
エーサオー　蝦蛄《しゃこ》岩魚《いわな》

四、逢えば懐かし　鮪《まぐろ》も夢さ
誰が弾くやら障泥烏賊《あおりいか》
平目《ひらめ》平政《ひらまさ》羽太《はた》　鰊《にしん》
細魚《さより》蟹《かに》烏賊《いか》　秋刀魚《さんま》　鰙《わかさぎ》　鰉《ひがい》双魚《そうぎょ》の鯥《むつ》　魳《かます》
エーサオー　手長蝦《てながえび》

ある会合で、この歌詞カードを見ながら歌ったら、拍手喝采、大騒ぎでした。

『贈る歌』集

その一　二つの結婚式で

七年ほど前になりますが、私はある卒業生の結婚式に招かれて上京しました。

新郎のM君は高校時代グリー・クラブで活躍し、その後浪人こそしましたが、牧師になる志を立てて、『東京聖書学校』に進み、鳥取県の米子教会の副牧師を経て、現在は四国の愛媛県新居《にい》浜《はま》教会の牧師として働いています。

M君は弘前第三中学校時代にはいろいろな問題から不登校気味で、成績もほとんどクラスのビリでした。

高校に入学したM君は、あまり目立たない存在で、『吃（ども）り』の上に『リスプ（舌もつれ＝舌が自由に動かないために言葉のはっきりしないこと。例・「そして」→「そthて」、「あります』→「ありまth」）』でしたので、担任だった私は、それを治すためにグリー・クラブに入りなさいと誘いました。

毎日歌うことは不思議なほど『吃り』や『リスプ』を矯正するのです。（詳細については別の機会に譲ることにして）

そんなM君は、三年生になって突然『私は牧師になります！』と言い出しました。話下手で言葉にハンディを持ち、そのうえ英語などからっきし駄目のM君でしたから、親も教師も仲間たちも「まさか」と信じられなかったのです。ところが、志をしっかり立てたM君は、浪人生活に入り、不断の努力を重ね、ついに大学に合格するのです。そして、副牧師として採用され、先日これも副牧師の新婦と結ばれ、現在はおしどり夫婦の牧師として活躍しているというわけです。

中学時代に学校嫌いで不登校だったM君は、東奥義塾では三か年皆勤でした。そして、いつもニコニコして、苦しみや悩みを誰にも見せない人間に成長していったのです。

稲の品種にも早稲《わせ》と晩稲《おくて》（比較的遅く成長・成熟する稲）がありますが、まさにM君は奥手の人間だろうと思います。

コツコツと一つ事を最後までやり通し、そこで充実感とプロセスを体で覚えた人間は、次第に頭角を現し、大成するわけです。

二つ目の結婚式は、今から四年ほど前に遡ります。

むつ市で行われた教え子の結婚式で、懐かしい卒業生とその両親に会うことができました。彼は東奥義塾を卒業し、武蔵野音楽大学で声楽を専攻し、更に今もイタリアで歌の勉強を続けている、将来を期待される人材です。聞くところによると、彼はこの日の結婚式に出席するためだけの目的で、わざわざイタリアから駆け付けたそうなのです。驚きでした。

それほどまでに仲の良い二人ですが、実は今から十年前、高校に入学したての頃、取っ組み合いの喧嘩をして、病院で治療を受けなければならないほどの怪我を負った事件を起しました。グリー・クラブの部員同士の事件ということもあって、顧問の私の責任でもあり、二人の両親をも交えてゆっくりと話し合ったことを今更のように思い出します。

さて、二人は感情をむき出しにして喧嘩をしたために、そのあとでかえって理解し合い、兄弟のように親しくなり、家族同志のお付き合いが十年間も続いていたのだそうです。

誰にでも生涯の中に空白としか思えない時期があります。それは病気の時であったり、何かに失敗した時であったり、愛する親や友を失った時であったり、あるいは失恋の時であったりと、兎に角自分の思うようにいかない時期のことです。

しかし、その人にとって、このような空白の時期が無駄であったかというと、そうではありません。後になって考えてみると、その時期があったからこそ、その人にとって、却ってそれが発展につながったり、幸せに転じるわけです。

互いに忍び合い、責めるべきことがあっても赦し合いなさい。主があなたがたを赦してくださったように、あなたがたも同じようにしなさい。

（コロサイの信徒への手紙・三章十二・十三節）

もしかすると皆さんは、まだ開発されていない、秘められた力を持ち合わせているかもしれません。あるいは今まさに『空白の時期』の只中にいる人がいるかもしれません。永い人生です。物事を長いスパンで前向きにとらえて、ゆっくりと歩んでほしいと願っています。

その二　己の立てるところを深く掘れ

皆さんは、私が学生時代に音楽で「2」の通信簿をもらったことがあると言えば信じられるでしょうか。これは事実です。

声楽を専門に選んだ私が、実は「歌うこと」が最も不得意だったと言えば信じてもらえるでしょうか。

これも真実なのです。

そんな私が、どうして音楽の道を志し、声楽を専門に選ぶようになったのだろう、と自分自身不思議に思うことがあります。が、私は『人との出会い』がなせる技なのだろうと考えるようになりました。

幼少から剣道に親しんだ私は、剣道の名伯楽と言われた顧問（新岡精弥《にいおかせいや》先生）がいるという青森高校に進学しました。しかし、私の入学とすれ違いにその先生は転勤し、結局私は剣道部への入部を諦めました。

その頃、合唱部の先輩が私に入部を薦めてくれました。どうやら中学時代にＮＨＫ合唱コンクールの指揮をしていたことを知っていて、是非にと誘ってくれたのでした。

専門的に楽譜を読んだり、ピアノを弾いたりの経験がなかった私は、何でも先輩に教えられるままに、ひたすらくっついていくばかり。しかし、いよいよ二年生からは後輩を引っ張っていかなければならない立場になりました。そこで、このままではいけないと考え、中学時代の音楽の先生に相談に行ったのです。

この段階で『音楽の道』を専門にすることを強く勧められ、そこからまずピアノや歌の基本を教わることになりました。私の『音楽武者修行』はそこから始まったのです。

その時の音楽の先生、坂本雄二先生は東奥義塾の卒業生でした。

優しく、時には厳しく、ぐいぐいと私を誘い込んでくれましたが、その根底に流れる『愛』が東奥義塾で培《つちか》われたものだということに気付いたのは、私が本塾に赴任してからのことです。

何でも構いません。『己の立てるところを深く掘ってみること。そうするとそこに泉が湧いている』のです。

（二〇〇七年三月『義塾新聞』）

《メサイア》から生まれたもの

「年の瀬が迫り何かと気忙しい年末でも、これを聴かないと年を越せない」と口々に語られるほど、弘前市民クリスマス《メサイア》演奏会（以下《メサイア》）はすっかり市民に親しまれ、『冬の風物詩』となっている。その《メサイア》が四十年目を迎えたこの時、しばし佇《たたず》み、「《メサイア》から生まれたもの」について振り返ってみよう。

《メサイア》が四十年続けられた（東北で最も長い歴史）のは、歴史・組織・人材・地域の特殊性などいろいろな基盤の上に成り立っていることは言うまでもなく、これまで関わってこられた全ての方々に先ず以って衷心から謝意を表したい。

さて、四十年前（私にも若い時代があった！）、何もかも初めての年だけに、みんな大層な張り切りようだったし、あの異常なまでの緊張感と興奮度は当時の録音からはっきりと読み取れる。が、技術的な問題からテンポはおしなべてゆっくりだった。それにつけても経験者にしかわからない、あの生みの苦しみはいかばかりかと頭が下がる。また、毎年入れ替わるメンバーにとっては、発声訓練・英語の発音から始まってこの大曲演奏に漕ぎつけるまでの労苦は想像に余るものがあるが、よく続けてきたものだと感心する。「継続は力なり（一年でも休めば、一から出直し！）」を合言葉に、前年の反省を踏まえてレベル・アップを目指し、年ごとに新しい創造を四十年繰り返してきたことはまさに驚異的とも言えよう。

豪華客船《メサイア》号には、今でも信じられない程の日本を代表するヴィルトオーゾ（音楽家）たちが乗り組んで出帆した。それが大きな刺激になり、次第に音楽家を目指す若者も出始め、四十年を経た今では若手育成から地元中心の音楽会へと進展してきたことを、本日のステージが如実に物語っている。オーケストラも、プロのプレイヤーに客演をお願いしているが、地元の音楽家にとって自らを高める場となり、音楽向上につながる何よりの舞台となってきたのである。地方都市であっても、また素人であっても、志をもってすれば大きな芸術的達成感を得られるということを共感できる幸せに感謝しなければならない。こうして市民自らの手造りによって生み出された《メサイア》は、弘前の地を母港とし、今や市民芸術文化として新しい伝統ともいえるものとなったのである。

ところで、私と《メサイア》との出会いは、昭和四十五年（一九七〇）、第一回《メサイア》演奏会でマエストロ（巨匠）・金子《かねこ》登《のぼり》先生の指揮で独唱するという光栄にあずかったことからである。この運命的な出会いが私を大きく変えた。

当時、大学を卒業して県立高校に奉職していた私は、マエストロの御教示によって東奥義塾に移り、発声の権威者磯谷《いそがや》威《たけし》先生、東京芸大オペラ科主任教授原田茂生《はらだしげお》先生のレッスンに通い出し、ついにはドイツ留学という将来への道を示していただいた。生前、指揮法・楽曲分析・細部にわたる演奏の指示など、言ってみれば何から何までマエストロの教えを受けて、今の私が在ることは、一日片時《いちじつへんじ》忘れることはない。

ある日、「熊っ君、この本面白いよ。是非読んでみたまえ！」と一冊の英文の原書を持参して下さった。辞書を片手に僅かずつ訳し読んでいくうちに、「これはソリスト・コーラス・オーケストラのメンバーのヒントになる！」と考え、全訳に挑戦することになった。そして、《メサイア》が全国各地で頻繁に演奏されているにもかかわらず、それに関する書物がほとんどないことから、この訳本を出版すべきであると強く勧めてくれたのが、他でもないマエストロであった。

共訳者の玉田由紀子さん（弘前学院聖愛高校）は、長年に亘って共に《メサイア》の指導に携わっていた方である。フォレ・エノ神父（初回からの実行委員、当時カトリック学生センター司祭）の丁寧な助言・指導を得て出版した『《メサイア》とヘンデルの生涯』（ペーター・ジェィコビ著）は、まさに弘前《メサイア》から生まれた訳本と言えよう。

実は私には訳本がもう一冊ある。メサイアの権威者山田実《やまだみのる》先生のもとでの最初のレッスンで、「メサイアのソリスト必携の書！」と言ってだしぬけに渡された『The singers manual of English dictions』。苦労の末に訳した原稿を、床上百八十センチメートルの水害に遭って流失したりの難行苦行の末、『声楽家のための正しい英語表現』（マドレーヌ・マーシャル著・音楽之友社）が生まれた。この訳書が全国の《メサイア》の合唱指導者・合唱団・独唱者の大きな道標になってくれたことは、望外の喜びである。

そして、奇しくも今日発刊された拙著『ヘンデル《メサイア》必携—用語解説と演奏のポイント—』（教育出版）は、私の《メサイア》と共に歩んだ四十年の労作で、必ずやこれからの《メサイア》のヘルパー役を担ってくれるものと確信している。

私のこれからの夢は、《メサイア》号がやがて世界初演の地、アイルランド・ダブリンの港に辿り着くことです。高らかに《弘前メサイア》を響き渡らせる日を見据えながら、更に帆を高く揚げなければいけないのです。

（第四十回記念公演プログラム原稿）

《ある日の卓話》から

その一　『地上のものではなく、上にあるものに心を留めて生きる』

みなさんは、『私が一度死んだ人間である。』と言えば驚くことでしょう。今日は私の体験から得たことを話してみます。

今から二十年前の一九七七年八月五日。皆さんはまだ生まれる前ですが、私はまもなく三十歳になろうとしていました。

降り始めてからの雨量が二百五十ミリという大豪雨。地面を滝のようにたたきつける雨は止むところを知らず、とうとう弘前市樹木《じゅもく》・茂森新町《しげもりしんちょう》の道路は濁流と化して流れ出したのです。四歳になる娘の「パパ、お靴が泳いでいるよー」という声に驚いて玄関に飛び出すと、すでに廊下まで水が増し、外では自家用車が小舟のように浮いてひとりでに走り出しているという有様。

そのうちに道路が川になり、渦巻く水は逃げ回る私たちを追って、隣家の二階踊り場ぎりぎりまで押し迫ってきた。

「助けて！」の悲鳴に外を見ると、プロパン・ガスのボンベにしがみついた女性が、激流の中を流されて行った。結局、家屋もろとも押し流され、泥まみれの痛ましい姿で発見された一家四人をはじめ、死者八名、行方不明者一人の犠牲者という大惨事を招いた寺沢《てらさわ》川洪水は、鋭い爪痕を残して立ち去った。

惨状の中、このままでは我々の命も危ないと悟った妻の「死ぬなら三人一緒。どんなことがあっても握った手を離さないで！」という迫真のことばを最後に、全て諦めて川の字になって横になり、周りの喧騒を避けるように毛布の中で目を閉じた。

それからどれくらい時が過ぎたのだろう……。階下に叫び声がすると思った瞬間、「先生！先生！生きてましたか？」と階段を駆け上る音にふと我に返った私は、『あっ、菊地君の声だ』とすぐに判り、毛布を剥《は》いで入り口に目をやった。

何と、踊り場に突っ立った大男に、まばゆいばかりの後光《ごこう》が射しているではないか。これまで写真でしか見たことのない金色の輝きのそれをはっきりと実眼で見たのだった。

こうして私は、この惨事の中、辛うじて生き延びることができた。そしてこの体験から大きな教訓を得、これを契機にものの考え方が大きく変わった。

それは、『人々の愛情』・『物欲のはかなさ』・『生きることの意味』であった。あれが欲しい、もっと高価なものを……という物欲は、流されたり壊れてたりしてしまうと何も残らない。もっと大切なものは、『地上のものではなく、上にあるものに心を留める』ということであった。

（一九九八・六・一二）

その二　『礼拝のとき』

皆さんは毎日礼拝堂に入って「礼拝」を守っていますが、今日はその「礼拝」をなぜ行なっているか、どんな心構えで守るべきかについて少し考えてみたいと思います。

今から七十七年前、一九二二年四月七日に東奥義塾は再興され、その開校式が行われました。その日を迎えるに当たって、初代塾長の笹森順造先生が「礼拝」について語られたことが当時の弘前新聞の四月一日号に掲載されているので、判り易く訳して簡単に説明してみようと思います。

『世間では誤解しているようですが、「礼拝」はみんなが考えているような窮屈なものでもイヤなものでもありません。むしろ非常に味わい深く、為になるもので、本当の人格的教育はここから出発するのです。

今日《こんにち》、知識階級の犯罪が大変多く、学校を卒業したからといって、そのまま安心してその人たちを雇うわけにいかないのはなぜかというと、そこに教育上見逃せない一大欠陥があるからです。即ち今日の教育は知識偏重に傾き、人格的訓練を欠いているのです。人格の根底は宗教心を育てなければ完成することができません。

「礼拝」はそのためにするのであって、毎朝三十分間生徒が一堂に会し、聖書朗読・讃美歌合唱等をする。同時に校長の訓話もする。生徒に対するいろいろな報告もそこでする。

アメリカ・ヨーロッパでは、讃美歌とともに校歌を合唱するので、「校風」というものは礼拝時間において最もよく表れ出て、最高に高められていくのです。

（中略）

考えてみますと、私は早稲田大学を出て渡米してから、丁度十年になりますが、その間の一番楽しい思い出で、自己の人格形成に一番力になった場といえば、この礼拝時間であったと信じています。それだから実際「礼拝」を行うことで義塾の「塾風」がここから起こってくるに違いないと思っているのです。』

皆さん。この「礼拝のとき」を各々の思いで静かに大切に守りましょう。

（一九九九・二・四）

その三　よき師に出会う

皆さんはこれまでによき師に出会えたでしょうか。

よき友はできたことでしょう。気の合う仲間もいることと思います。しかし、「仰ぐべきよき師」と言える人物を見出しているでしょうか。

それは校内にいる先生や身近な人ばかりではなく、歴史上の人物でもいいのです。この人の言うことに感銘する、この人のようになってみたいと思う人がいるかどうかです。

さて、今日は新約聖書の「四人の漁師を弟子にする」話をしましょう。

イエス様が漁師たちを見て「私についてきなさい。人間をとる猟師にしよう」と言われたところです。このことばをかけられただけで、そこにいた四人の漁師たちがすぐさま網を捨てて従って行くという、実に潔《いさぎよ》い、ある意味では信じられない、突拍子もない話が記されているのです。なぜこんなに簡単に従ってついて行ったのだろうと不思議に思いませんか。もしかすると何か新しいことを願っていたとか、誰か師と仰げる人を探していたのかもしれません。

いずれにしてもこの四人はイエス様に従ってついていったのです。しかし、そんなに簡単に従っていけるものではありません。結果的には、四人ともイエス様を見捨てて逃げ去るのです。それでも、最後にはこの師を心から仰いで、人々に教え、さとし、助け、救うという、文字通り「人間をとる漁師」になりました。そこに到達するまでは並々ならぬ努力と紆余曲折《うよきょくせつ》がありました。そして、実はガリラヤ湖のほとりでイエス様に出会ったこの四人は、本当に「よき出会い」をしていたのだということが理解できます。

皆さんも「よき師に出会う」旅はすでに始まっています。簡単には出会えないかもしれません。しかし無駄に見えても、上手くいかなくても、その努力は、いつか意味を持つという確信を持って欲しいと思うのです。

（一九九九・一一・一七）

その四　讃美歌『主よ、みもとに近づかん』

東奥義塾は歴史の匂いがします。特に、図書館の古書室には明治期の学問書や書物がたくさん所蔵してあり、青森県はもとより、日本でも貴重とされる資料が保管されています。

ところで、今月、六月二十八日は東奥義塾の創立記念日ですが、皆さんは東奥義塾が開学して何年経ったか知っていますか。驚くべきことに百二十八年なのですね。そこで今日は創立間もない頃の東奥義塾に関する話をしたいと思います。

創立間もない一八七七年、東奥義塾はジョン・イングというアメリカからの宣教師の取り計らいで、当時の優秀な生徒五名をアメリカに送りました。その五名の中には帰国後侍従長伯爵を務めた珍田捨己《ちんだすてみ》や前特命全権大使を務めた佐藤愛麿《さとうあいまろ》等がいました。

アズベリー大学とドゥルー神学学校を卒業し、留学を終えた川村敬三《かわむらけいぞう》は、米国留学中の病が昂じて、ようやく横浜までたどり着きました。刻一刻と死期が近づくなか、その病気を見舞った佐藤愛麿は、病床で川村敬三の好きな聖句を読み、讃美歌『主よ、みもとに近づかん』を英語で静かに歌い上げたというのです。

主よ、みもとに（讃美歌二十一―434）

主よ、みもとに近づかん。
十字架の道　行くとも、
わが歌こそ、わが歌こそ、
「主よ、みもとに近づかん」。

この曲はアメリカでもよく愛唱されていて、一九〇五年九月、当時の大統領マキンリが死んだ時に最後の息を以ってこれを歌い、全米の教会がその追悼礼拝でこの曲を歌ったといわれています。

また、一九一二年巨船タイタニックが氷山に衝突した時、沈み行く船とともに、運命を共にした乗客たちによって歌われた最後の曲であることは皆さんも知っていることと思います。

留学生たちは、アメリカでの教会生活が長かったとはいえ、重病の友が今や息を引き取ろうとするときに、実にふさわしい讃美歌を選曲して共に歌い合う情景を想像するに、私はなんとも言えない感動を覚えました。そしてそれが明治の初めのことであり、東奥義塾で学んだ卒業生たちの出来事であったことに驚きと畏敬の念を抱くのです。

「天に登ろうとも　あなたはそこにいまし　陰府《よみ》に身を横たえようとも、見よ　あなたは　そこにいます。」と聖書は私たちに教えてくれます。

立派な先人たちを見習って、どうか一日一日の一刻一刻を大切にして生きて欲しいものだと思います。


（二〇〇〇・六・一五）

その五　再生した声

皆さんは、録音した自分の声を再生してみると、自分が知っていた声とあまりにも違うという経験をしたことがあると思います。いつも感じている自分の声は周りの人にも同じように聞こえているのだと考えてしまうのですが、実は違って聞こえているのですね。

逆に、相手の声は、本人にはそのように聞こえていないわけです。この不思議な現象はどうして起こるのでしょう。

もう音楽の授業などで判っているかも知れませんね。実は、自分の声は、骨格を通して感じている音と、耳殻すなわち耳を通して聞こえてくる音と二通りで感じているのです。

ちょっと声楽の専門的な話になりますが、よほどしっかりと訓練をしないと、自分ではよく響いていると思う声は、実は内にこもってしまって、遠くには響き渡らない声になってしまうのです。

ですから、アナウンサーや声楽家たちはとにかく自分の声をテープレコーダーに録音して、客観的に「いい声」を作り上げる訓練をしているのです。

さて、このテープレコーダーのなかった時代、例えば日本の平安の頃などは、自分の声が、まさか他人が聞いている自分の声と違っているなど、夢にも思わなかったに違いありません。これを言い換えれば、自分だけが自分の正しい声を知らないまま、だれもが一生を終えて行ったのです。テープレコーダーやレコードのような録音機材が発明されるまで、人類の歴史が始まって何十万年もの間、それは続いていたのではないでしょうか。

これと同じように私たちが話す『言（ことば）』も、時には相手に誤解されたり、ひいては相手を傷つけてしまうこともあります。

テープレコーダーで自分の声を聴くように、自分の言っていることを振り返り吟味してみることも大切なことではないでしょうか。

（二〇〇〇・一〇・一五）

その六　「嫌い」と言わない神父様

今日は、ある神父様のお話をします。神父様ですから毎日のように聖書を読むのですが、ある日不思議なことに気付きました。キリストは一度も『嫌い』という言葉を使っていないということでした。何回も何日もかけて調べたのですが、どこにも出てこなかったというのです。見落としたのかも知れないというわけで、学生たちに「どうぞ聖書を調べてみて下さい。もしキリストが『嫌い』と言っている個所を見つけたら、一か所につき一万円をあげます」と言って約束しました。学生は血眼《ちまなこ》になって捜したそうですが、全て徒労に終わりました。

そこで、神父様はキリストに倣《なら》って『嫌い』という言葉を使わないことにしたというのです。最初は口が滑ってついつい『嫌い』と言ったそうですが、そのうちに全く言わなくなったのだそうです。それは心の訓練でもあったそうです。

また神父様は最初、納豆が大嫌いだったようです。外国人にとっては当たり前のことだろうと思うのですが、「私は納豆が嫌いです」という言い方は、納豆好きの日本人には多少きつい日本語に聞こえるのですね。「納豆の味を覚えていません」というほうが正直で、しかも柔らかい表現になるでしょう。そう言うことによって『優しさ』が生まれてくるというのです。そして、心が変わるというのです。

神父さまは、「納豆嫌い」と言わなくなってから、時々食べるようになったといいます。箸からスプーンに変えたり、納豆巻きにしたりしたら、むしろ美味しいと思うようになったというの

（二〇〇一・一・三一）

です。

その七　《マタイ受難曲》

血しおしたたる（讃美歌二十一―311）

血しおしたたる　主のみかしら、
とげに刺されし　主のみかしら。
悩みと恥に　やつれし主の
痛ましきさま　だれのためぞ。

マタイによる福音書といいますと『求めよ、そうすれば与えられるであろう。探せ、そうすれば見い出すであろう。門を叩け、そうすれば開けてもらえるであろう。』（七・七）とか、『狭い門から入れ。滅びにいたる門は大きく、その道は広い。』（七・一三）など誰もが耳にしたことのあるいわゆる『山上の説教』が有名です。

しかし、この福音書の最後の部分には、イエス・キリストが十字架につけられ、死んで墓に葬られ、復活するという部分が記されてあります。

今日は、その二十六章・二十七章をもとに作曲された《マタイ受難曲》についてお話しましょう。

受難曲とは、新約聖書にある四つの福音書（マタイ・マルコ・ルカ・ヨハネ）のいずれかによる、キリストの十字架上の受難物語を音楽化したものです。中世期以来、さまざまなスタイルの受難曲が数多く作曲されていますが、J・S・バッハの《マタイ受難曲》がその最高峰をなすものです。冒頭に掲げた、受難節に歌われる《血しおしたたる（讃美歌・二十一―311）》（旋律はハスラーの世俗歌に由来）はこの受難曲に幾たびか現れるのです。

バッハの《マタイ受難曲》の初演は、一七二七年ライプツィヒの聖トマス教会でした。この曲は三時間以上に及ぶ大作で、オーケストラ二群、合唱も二群に分かれるといった大規模な編成で、バッハがいかに精力を傾けて作曲したか窺《うかが》い知ることができます。

聖書に書かれてある物語は、エヴァンゲリスト（福音史家）がドイツ語で歌ったり語ったりしながら進めていくのですが、登場人物のイエス、ユダ、ピラト、大祭司の他に、各パートの独唱者と合唱が加わりながら、受難の物語を描いていきます。

今日はイエス・キリストの死の直前の最後のことば、「わが神、わが神、なぜ私をお見捨てになったのですか」を皆さんにお聞かせして、お話を終わりたいと思います。

♪ Eli,Eli,lama lamasabthani? ♪
エリ、エリ、ラマ　ラマサブタニ

（二〇〇一・五・三一）

その八　《やすかれ、わがこころよ》

やすかれ、わがこころよ（讃美歌二十一―532）

やすかれ、わがこころよ、
主イエスはともにいます。
いたみも苦しみをも
しずかに忍び耐えよ。
主イェスのともにませば、
耐ええぬ悩みはなし。

この讃美歌《やすかれ、わがこころよ》は、フィンランドの作曲家シベリウスの作品、《交響詩フィンランディア》（作品二十六）からとられたものです。

私は、この夏、フィンランドの首都ヘルシンキで行われた第五回国際声楽指導者会議に出席しました。今日はそこで感じたことを二つだけ紹介したいと思います。

一つは、先程も話したヤン・シベリウスがいかに国民的音楽家として尊敬され、親しまれているかということです。シベリウス博物館・シベリウス音楽大学・シベリウス公園・シベリウス通りというように、彼の偉大な業績を称えた名前が至るところに付けられていました。

もう一つは、往年のソプラノ歌手ブリギット・ニルソンのことです。彼女はワグナーのオペラを歌わせたら世界ナンバー・ワンといわれた声楽家ですが、今は八十三歳です。昔の体格からは想像も付かないほどスマートになっていましたが、一度歌い出したら、マイクなしでホールの隅々まで響き渡り、「これが八十三歳の声か」と、世界から集まった声楽家たちは驚いてしまいました。若いときにいかに精進したかがわかる気がしました。

みなさん、一日一日の精進、一時間一時間の積み重ねが本当に大切です。来週は期末考査です。今からしっかり学習しましょう。

（二〇〇一・一〇・一一）

その九　コインの行方

私は、毎日家に帰ると、ポケットの中のコインを取り出して貯金箱に入れるのが習慣になりました。ドイツから帰ってのことですから、もう二十年程にもなります。

皆さんも知っているように、日本の硬貨は五百・百・五十・十・五・一円と六種類あるのですが、中でも五百円硬貨は大きく、特別重いのです。買い物をして家に帰ると、ポケットが膨らんで、ガチャガチャ音がするので、早速取り出して貯金箱に入れると正にすっきりするのです。

さて、何気なくチャリンチャリンと貯金する五百円硬貨は、十万円というまとまったお金になるまで一体どれくらいの年数がいると思いますか。―間―

勿論貯め方にもよるでしょうが、私の場合はおよそ三年ほどです。従って、これまでに貯まった金額はおよそ五、六十万円にもなりました。

このお金は本来ならば私のものですが、実は自分のためには遣わないのです。というよりも、五百円玉が私の手に入ったその段階から、それは自分のものではないと思うことにしているからです。十万円というまとまった金額になると、それは誰か役立つところに届けられます。

東奥義塾ではペンテコステ・クリスマスの際に『献金』をして、それがいろいろなところに役立てられています。この教育は、他校にはない大変意義あることだと思います。

日頃から五十円でも五円でもストックして、ペンテコステ・クリスマスの献金として捧げられたら……本当に豊かな気持ちになるだろうと思うのです。

（二〇〇二・二・七）

その十　苦難・忍耐・練達から希望へ

　東京オリンピックが開かれたのは私が高校二年生の時で、一九六四年のことでした。マラソンで優勝したのはエチオピアのアベベ選手でしたが、二番目に国立競技場に姿を現したのが日本の円谷幸吉《つぶらやこうきち》選手でした。

　今でもそのシーンが目に浮かびますが、疲れきって今にも倒れそうです。それを追うようにしてイギリスのヒートリー選手が力強い足取りでとうとう第三コーナーで抜いてしまいました。円谷選手にはもう抜き返す力はありません。目をつぶってフラフラと倒れるようにゴールしました。――三位。それでも、戦後のオリンピックでは日本人初のメダル獲得でした。

　円谷選手は福島県の出身で、高校時代（須賀川高校）は無名の選手でしたが、自衛隊に入ってからやっと強くなった選手です。無口でおとなしい割には頑張り屋で、どんな苦しい練習にも一度も弱音を吐いたことはなく、レースではお父さんの教えを守って一度も後ろを振り返ったことがありませんでした。

　その円谷選手に、ある日悲しい事件が起きました。メキシコ五輪の開かれようとする年、東京にある自衛隊体育学校の一室で手首を切って自殺したのです。机の上には、「父上様、母上様、幸吉はもうすっかり疲れきってしまって走れません」と書いた遺書がありました。二十七歳の短い生涯でした。

何が円谷選手を死に追いやったかは誰も知るところではありませんが、このニュースは私たちを非常な悲しみに誘いました。

聖書は『苦難は忍耐を、忍耐は練達を、練達は希望を生む』と教えています。

三年生は、今、特に難しいときに差し掛かっています。聖書のみことばの通り、苦難から忍耐、忍耐から練達、練達から希望が生まれることを信じて、日々を有意義に過ごしていきましょう。

（二〇〇二・五・三一）

その十一　パイプオルガン＝義塾の宝

皆さんが毎日の礼拝で耳にしているこのパイプオルガンは、ドイツのシューケというオルガンメーカーのものです。一九九〇年におよそ一か月半の時間をかけて部品がドイツから運ばれ、更にこの礼拝堂に備え付けられるのに一か月半かかりました。パイプの合計が千三百六十二本あるこの大きなパイプオルガンであれば、そのくらい時間がかかるのは当たり前だと思いますね。では、讃美歌室にあるくらいの小さなオルガンが、約百三十年前に東京から弘前まで持ってくるのにはどれくらい時間がかかったと思いますか。今日は、明治時代に弘前市内の小学校に初めてオルガンが入った時のお話をしたいと思います。

まだ東北自動車道や、『はやて』といった新幹線がなかった明治二十三年、和徳小学校の三上《みかみ》徳之助《とくのすけ》校長は、弘前からわらじ履きの徒歩で岩手県一関市に着き、そこから船で川を渡り、蒸気船を利用して塩釜まで行って、そこの駅から初めて見る汽車に乗って東京入りをしています。約一週間の旅でした。東京でオルガンを注文し、それが弘前まで届くまでまた一週間、組み立てるのに数日もかかったと記録されています。

オルガンが入る前は、唱歌や国歌を歌う時に伴奏がなかったために、「一、二、三、それ！」というかけ声で歌い始めていたそうです。この出来事がきっかけで、多くの学校にオルガンが普及し、西洋音楽が青森県全体に広がっていったということは、皆さんにも良く判ると思います。

今、私たちが毎日素晴らしいオルガンの音を聞きながら礼拝を守れることは、非常に恵まれていることなのです。

百三十年前には想像もつかなかったすばらしい環境の礼拝堂で、心静かに礼拝を守ってみようではありませんか。

（二〇〇三・二・一〇）

その十二　あわや！　風邪？

私は先月の中ごろ、ドイツのローテンブルクに招かれて、ベートーヴェンの《第九》のバリトンを独唱してきました。世界一流のミュンヘン・フィルハーモニー管弦楽団と共演出来るという、夢のような出来事でした。

その演奏会の様子は、丁度昨日と今日の二日にわたって陸奥新報に掲載されていますので、もう既に読んだ人もいるかもしれません。今日はその記事からは想像もつかない裏話しをすることにしましょう。

問題は、成田空港からドイツのフランクフルト行きの飛行機に乗ったあたりに起きました。「どうも喉の調子がおかしい。」――どうやら風邪をひいてしまったらしいのです。歌い手にとって風邪は天敵で、風邪をひくことは致命傷なのです。

フランクフルトまでおよそ十二時間。狭い機内では体温調節もままならず、体調はますます悪化するばかりでした。丁度『サーズ』ばやりで、もしかすると日本人初のサーズ患者に……などと本気に考え込んでしまいました。

ドイツに着いて、「まあ、一晩寝れば次の朝は大丈夫だろう」と回復を信じてベットに入りました。ところが時差ボケも手伝ってよく眠れません。私はこのとき「ああ、せっかくのドイツでの《第九》のチャンスも、ガラガラ声であえ無く失敗に終わるのか。そして、私の声楽家としての人生もこれが最後かも……」と、半ば諦めかけていました。

翌日、すぐ近くの聖ヤコブ教会に行きました。祈りました。感謝しました。そのとき思い出した聖句が、『あなたがたを耐えられないような試練に遭わせることはなさらず、試練とともに、それに耐えられるよう、逃れる道をも備えていてくださいます。』（コリントの信徒への手紙一・十・十三）でした。

平安な気持ちでホテルに帰りました。するとどうでしょう。その後、それまでの睡眠不足もあってか十二時間もぐっすり眠り続けました。そして、ものすごい寝汗でした。

翌日の本番は不思議なくらい落ち着いて、朗々と歌いきることができ、演奏は大成功でした。神様に見守られた幸せを感謝したものです。

皆さん、時あたかも若人の祭典『高校総体』を直前に控えております。どうかこれまで培《つちか》った力を十分発揮して、試練に打ち勝ってほしいと願っています。

（二〇〇三・六・五）

その十三　『心の貧しい人』

『心の貧しい人は、幸いである、天の国はその人たちのものである。』（マタイによる福音書五・三）

私がこの聖句に初めて対面したのは随分前のことでした。小さい頃でしたので「心の貧しい」とか「天の国」とかを自分勝手に解釈していました。「天国は嫌なところなんだ」という偏見を持っていたのです。（このことは今日初めて告白します。）

前出の聖句は、イエス・キリストがガリラヤ湖畔の小高い丘の上で語られた「山上の説教」といわれる箇所の一部です。

主イエスは山に登られた。その足許には何十人何百人という人々が群れをなして集まり、主イエスの話に耳を傾けている。今から二千年も前のユダヤの国のことですから、一般民衆の中にはやはり貧困の者も、あるいは悩みや苦しみ、悲しみに打ちひしがれていた人たちもいたことと思います。その人たちに向かって語られたのです。

「心の貧しい」というと、日本語では悪い意味にとられがちですが、ここでは「神の前で謙虚である」というよい意味で使われていると考えられます。

英語でも、who know they are spiritually poor, とか、the poor in spirit と表現しています。そして「幸いである」もまた、単に happy の意味ではなく blessed という単語を使って、神聖な・清められた・祝福されたという精神であることがわかります。

更に、「天の国」についてはどうでしょう。これも、単なる天国 heaven ではなく、the kingdom of heaven で、「神の国」あるいは「御国《みくに》」の意味になるようです。（ちなみに「天の国」という表現は、マタイによる福音書のみに出てくることばのようです。）

従って、「心の貧しい人は幸いである。天の国はその人たちのものである」ということは、「神の前で謙虚な人々は祝福された者である」という意味になるでしょうか。

更に、もう一つ付け加えておきたいことがあります。このマタイによる福音書の第五章の三節から八節までの八つの祝福は、もともとその当時の讃美歌の一節と二節であったのだそうです。これは、聖書を見ると、これらの八つの節が一つずつ行を改めて書かれていることからも理解できます。

今日は山上の説教について触れました。私たちは、毎日の礼拝で、世の学問的習得からだけでは得られない、霊的な生命の成長・成熟を図って生きたいものです。それが東奥義塾の魂を受け継ぐ精神だと考えるのです。

（二〇〇四・五・一四）

その十四　島原での体験

丁度一か月前の十月、私は仕事で長崎県を訪れました。長崎県島原市にある雲仙普賢岳《うんぜんふげんだけ》は、平成二年十一月に大噴火を起しました。たくさんの家や学校が土石流に飲まれ、大惨事になったことは私の記憶に新しいものです。

さて、この島原市で、道で会う人会う人に「こんにちは！」と声をかけられ、いささか驚きました。最初は、とっさに私の後ろの人にでも挨拶したのだろうと振り向くと、すぐ後ろには誰もいません。結局「こんにちは！」は私にかけてくれた挨拶でした。それがとてもすがすがしく、いい気分なのですが、なんとなく不思議に思えるようになってきました。島原滞在の二日目には市長さんと会う機会に恵まれまして、そこで思い切ってたずねてみたのです。

なるほど「こんにちは！」は、かなり以前からの当地の習慣になっている挨拶であることが判明しました。

何と今から二百十年前、天地も裂けるような大音響と共に激震が襲って、眉山《まゆやま》が大崩壊を起こし、土石流は民家や田畑を埋め尽くし、有明海に突入して津波が発生し、死者一万五千人という、わが国火山災害史上、類を見ない空前の惨禍《さんか》を残したのでした。

日本はもとより世界中から救援の手が差し伸べられ、島原市はようやく立ち直れたというのです。

その後、島原市は、島原城を始めキリシタンにまつわる多くの史料、天草四郎と島原の乱など数々の観光地として栄えました。そこで、眉山あるいは平成新山（雲仙普賢岳・改め）を求めて集まる多くの観光客に「こんにちは！」と感謝を込めて挨拶を交わしているのだそうです。島原の人たちは本当に明るく、被災者が抱く悲壮感などまったく感じられませんでした。あたかも聖句の「いつも喜んでいなさい。絶えず祈りなさい。どんなことにも感謝しなさい。」の教えの通りに生活しているのだと感心して帰ってきました。

（二〇〇四・一一・一六）

その十五　バレンタイン・デー

今日は、もうすぐやってくる二月十四日の「バレンタイン・デー」とキリスト教について触れてみたいと思います。

バレンタイン・デーは、英語でSt.Valentine's day、ドイツ語では、Valentinstagといい、もともと恋人たちの守護神とされる聖バレンタインを祀《まつ》る行事でした。聖バレンタインは三世紀ごろに実在したと伝えられるローマの司祭です。聖書に出てくるクラディウス一世の次の二世は、兵士の結婚を禁止していました。理由は、恋人や家族、家庭があっては若者が戦に行きたがらず、強い軍隊を作れないからでした。しかし聖バレンタインはそれを無視して兵士たちの結婚式を行なっていたのです。

当時はキリスト教が禁じられていたこともあり、バレンタインはそのため牢獄に入れられ、判事の取調べを受けることになりました。

さて、この判事には目の見えない娘がいました。ここでバレンタインは奇跡を起こします。バレンタインの祈りによって娘の目が見えるようになったのです。

判事はバレンタインに大いに感謝し、一家揃ってキリスト教に改宗しました。とまあこういった経緯です。

最終的には判事一家もバレンタインも処刑されてしまうのですが、その後、中世ヨーロッパではこれを記念して、二月十四日を恋人たちの守護神としてまつるようになったのです。

日本では昭和十一年（約七十年前）、チョコレート会社がチョコレート・セールを行なったのが始まりのようで、五十年程前から急激に流行して現在に至っています。

女性が男性にチョコレートを贈るというのはどうやら日本だけの話で、もともとは愛する人に（特に女性が）小さなプレゼントやカードを贈る習慣があるようです。

東奥義塾に学んでいる皆さんには、バレンタイン・デーが単にチョコレートをやり取りする日ではないということを認識していただきたいのです。


（二〇〇五・二・四）

注

1. 1981年2月9日　東奥義塾ＰＴＡ新聞
2. Tale of Manhattan1942、21世紀フォックス社　モノクロ、118分
3. 弘前学院90年史
4. 笹森順造編『東奥義塾再興十年史』東奥義塾学友会　1931年　P.94
5. 聖愛高校学校要覧　1998年5月
6. 弘前学院90年史　弘前学院九十年史編集委員会1980年
7. 弘前学院百年史　弘前学院百年史編集委員会編1990年
8. Draper, Fehr
9. "Syracuse University Vol. 1 The pioneer Days", W Reeman Galpin Syracuse University Press.1952, p.177
10. 同上p.178
11. "The Book of A Thousand Songs", Albert E. Wier, Carl Fischer
12. Jonah Chang Mr.
13. 東奥義塾再興　校歌
14. なつかしの弘前　笹森貞二　森山泰太郎　千葉寿夫　東奥日報社 P.97
15. Ira Eugene Cutler
16. "The new Grove Dictionary of American Music Vol.1", Edited by H.Wiley Hitchcock Stanley Sadie,　York Grove's Dictionaries　of Music 1986

使用した楽譜の出典

"Chi Psi Song Book", published by The Executive Council of the Fraternity, 1934

"The Most Popular College Songs", Hinds, Noble & Elderdge, New York

"Songs Of All The Colleges", Horace Gillette Lozier, Richard Walton Tully, Hinds, Noble & Elderdge, New York.

東奥義塾と聖愛高校の「両校の校歌のルーツを求める」調査を進めて行くうちに、アメリカ国内で11州・15大学と、随分たくさんの関連校の校歌が見つかった。まだまだ存在すると考えられるが、ここで一区切りの意味で「伝播図」を載せることにする。

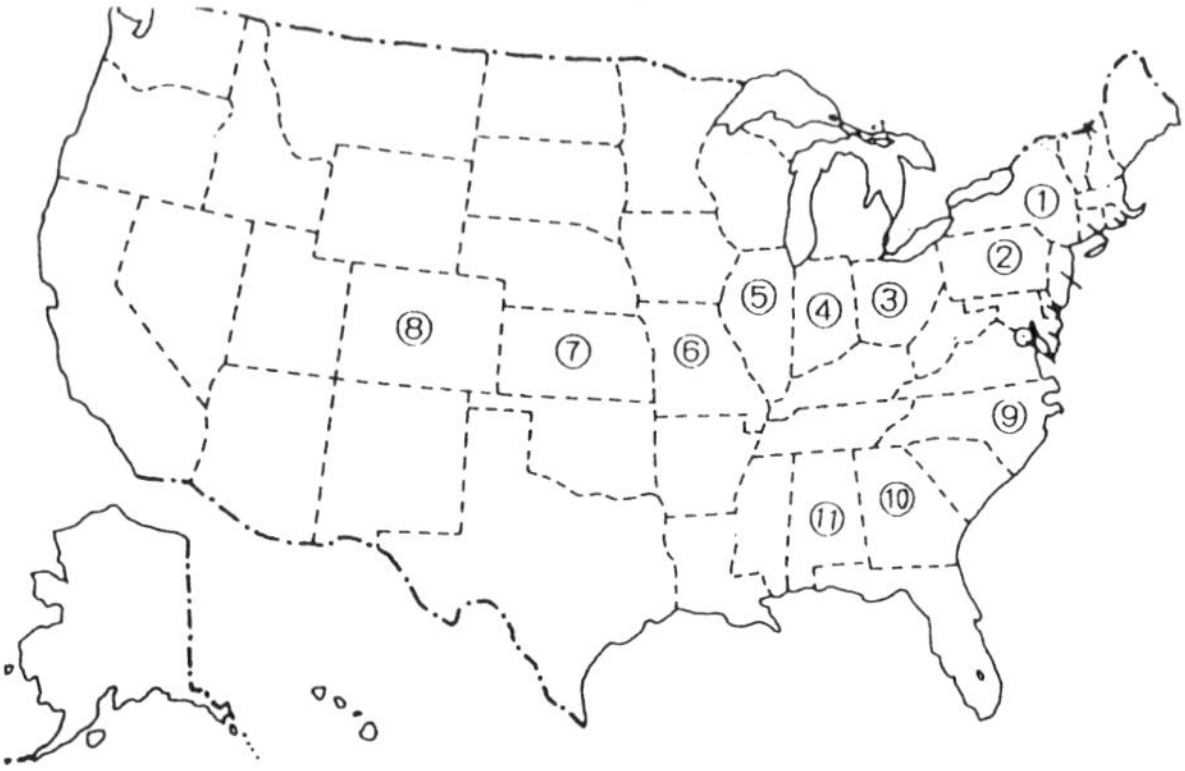

①ニューヨーク州
（コーネル大学）
（シラキュース大学）

②ペンシルヴァニア州
（スウォルトモア大学）
（モラヴィアン・カレッジ）
（リーハイ大学）

③オハイオ州
（バクテル大学）

④インディアナ州
（インディアナ大学）

⑤イリノイ州
（イリノイ大学）
（グリーンヴィル大学）

⑥ミズーリ州
（ミズーリ大学）

⑦カンザス州
（カンザス大学）

⑧コロラド州
（デンヴァー大学）

⑨ノース・カロライナ州
（ノース・カロライナ大学）

⑩ジョージア州
（ジョージア大学）

⑪アラバマ州
（アラバマ大学）

最後になったが、この一文をまとめるに当たり、アメリカのデンヴァー大学図書館のブラウン氏、コーネル大学音楽図書館のコーラル女史、カリフォルニア在住の、ジョナ・チャン牧師には多忙にもかかわらず貴重な資料を提供していただき、ご親切なご教示を賜った。また、本塾教諭の古川亜湖女史には大変な作業を献身的にご協力いただいた。この紙面を借りて深謝申し上げる次第である。

これを基にして分類したものが次の表である。

東奥義塾と聖愛高校の校歌のルーツ

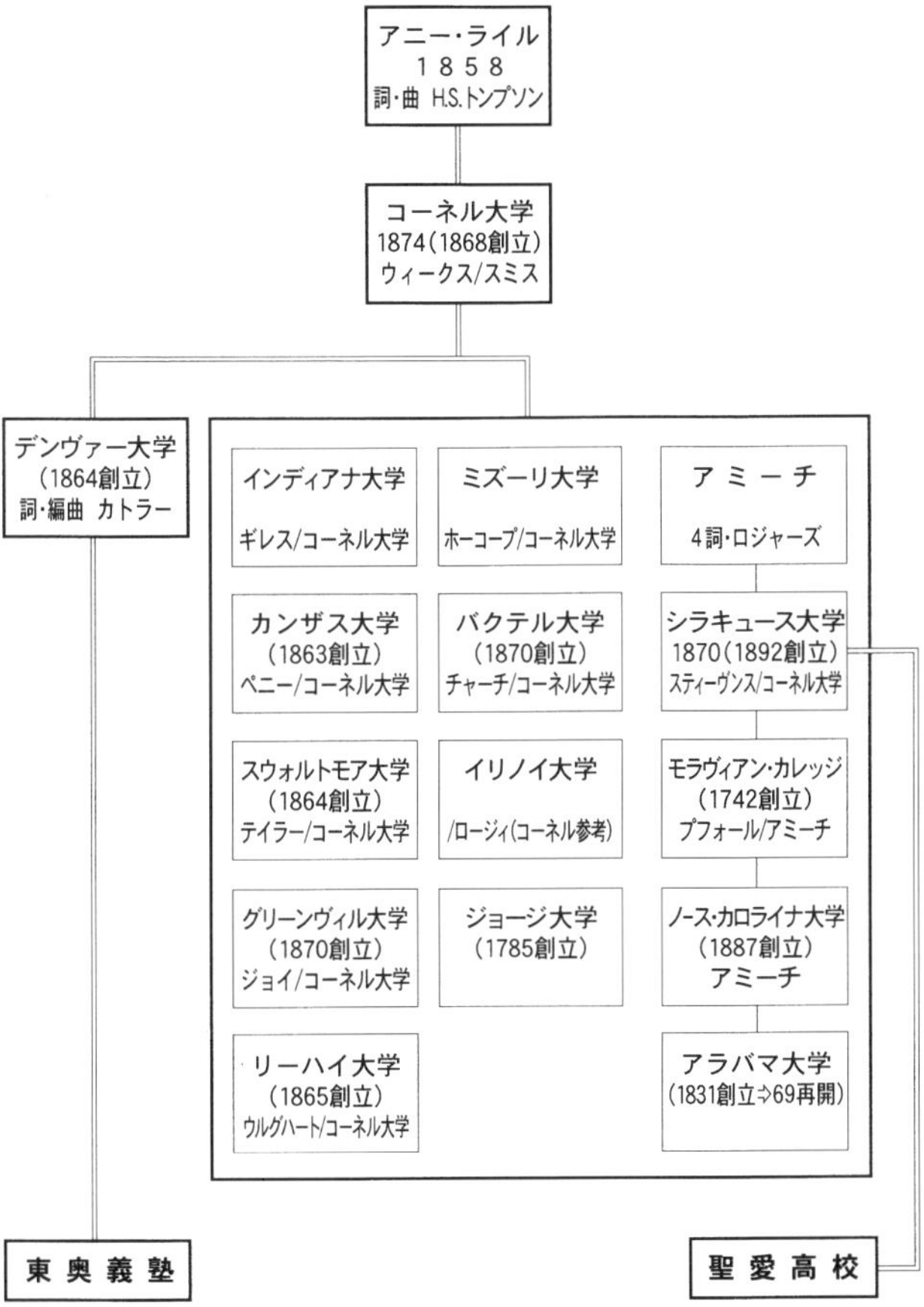

C
D
A
C
D
A
C
D
A

おわりに

筆者が東奥義塾に赴任した当初、ご親切にも「常盤の老松」を、「弘前公園から眺望できる仏舎利塔方面の常盤坂の松」と教示してくれた先輩の先生がいた。それから何人の生徒に間違ったまま教えていたのだろうか。「常緑の松」と知った時は全身から汗が吹き出すほど恥ずかしい思いをした。この間違いは作詞者の意図なるものが残存していれば起こり得ないことなので、今後のために少しでも参考になればと思い歌詞の意味を記した。

また、本稿には同じような楽譜が何ページにも亘って掲載してあるが、その一曲一曲が伝播・編曲の過程などの点で大きな意味を持っていると考えられるので割愛できなかった。（アラバマ、ジョージア、カンザスの三大学については未だ楽譜を入手していないことを断っておく。）これを契機に、より多くのカレッジ、ハイスクールが加わり、その関連の輪が大きく拡がることを期待したい。

これまでアニー・ライルからコーネル大学、デンヴァー大学のルートでこの弘前まで繋がっているのが東奥義塾の校歌であり、コーネル大学、シラキュース大学のコースを辿ったのが聖愛高校の校歌であることを述べてきた。そのルーツを簡単に示すために、コーネル系、デンヴァー系、アミーチ系の３つの系列に分類する。各々の特徴は楽譜を比較すると明らかである。

コーネル、デンヴァー、アミーチ系の比較

（音符の書かれていない小節はコーネル大学と同じ）

CHORUS.
Treble.
Wave wil - lows, mur - mur wa - ters, Gold - en sun - beams smile;
Alto.
Wave wil - lows, mur - mur wa - ters, Gold - en sun - beams smile;
Tenor.
Wave wil - lows, mur - mus wa - ters, Gold - en sun - beams smile;
Bass.
Piano.
REPEAT CHORUS.
pp
Earth - ly mu - sic can - not wak - en Love - ly An - nie Lisle.
Earth - ly mu - sic can - not wak - en Love - ly An - nie Lisle.
Earth - ly mu - sic can - not wak - en Love - ly An - nie Lisle.

決して忘れない　この世で口ずさんだ甘く聖なる調べを
この世のものとは思えぬ美しさを纏い　私をみて微笑んでいる
アニー・ライルのあこがれに満ちた魂を
(折り返し)
母さんあなたの腕で私を抱き上げてください
もう一度見せてください　蒼く揺らめく柳を　流れる小川を
耳を傾けてよく聞いてください　天上の天使の奏でる調べを
愛しい母さん　私は逝きます　本当に　神は愛なのです

ANNIE LISLE.

POETRY and MUSIC By　　H. S. THOMPSON.

アニー・ライル（Annie Lisle）

コーネル大学校歌の原曲が『アニー・ライル』であることは前ですでに述べたが、ここでは『アニー・ライル』についてもう少し触れることにする。

この曲はH.S.トンプソン(H.S.Thompson)が作詞・作曲をした。1858年1月9日にマサチューセッツ州ニューベリーポートのモールトン&クラーク社から出版されたものが初版であるとされている。「揺れよ柳　流れよ水　燦々と照る日の光　この地上の調べは愛しいアニー・ライルを起こせない……」と、衰弱して遂には死に至る結核のヒロインを物語ったバラードで、エドガー・アラン・ポーの『アナベル・リー(Annabel Lee)』に似た詞の内容をもつ。この詩が初めて世に出たのは、ヘンリー・ランダル・ウエイトが編集したCarmina Collegensiaの109ページに"Air…Annie Lisle"と出てきたもののようだ。尚、H.S.トンプソンの伝記的な情報は見つかっていない。

最後に、『アニー・ライル』の私訳を記す。

柳揺れるところ　日光が当たる下　せせらぐ水の向こう側に
愛しのアニー・ライルが住んでいた
森に咲く百合のように清く　悪を思うことを知らない
(折り返し)
揺れよ柳　流れよ水　燦々と照りつける日の光
この地上の調べは　愛しいアニー・ライルを起こせない
(折り返し)
心地よい聖なる鐘　安息日の鐘　朝の風はあの森の谷間まで吹いていた
痛みと苦痛の床に　愛しのアニー・ライルは臥していた
かわいらしい面影は変わり　笑顔も失せていた
(折り返し)
安息日の朝に鐘が鳴る

カンザス大学【カンザス州（1861年加盟）】

カンザス州立の共学の大学。1863年創立。668エーカー（2.7㎢）の敷地をもち首都トピカ（Topeka）の近郊のマンハッタン（Manhattan）にある。学生数約21,000人。1885年コーネル大学卒業のジョージ・バーロウ・ペニー（George Barlow Penny）教授は、1891年グリークラブとマンドリンクラブの演奏旅行で校歌になるような曲を捜していた。丁度出発の折り、コーネル大学の校歌『Far above Cayuga's Water』を思いつき、カンザス風に歌詞を変えてグリークラブに指導した。それ以来『Crimson and the Blue』としてキャンパスで歌われるようになった。

歌詞私訳

1）金色の谷の向こう　雄大な眺め
気高い母校　青空に聳える
（合唱）
歌声響け　大空に
万歳わが母校　カンザス大学

2）遥かに轟く　繁栄の街
天に向かって　誇りある姿

3）学びし母校は　気高く真実
我ら永久に称えん　カンザス大学

ジョージア大学【ジョージア州（1788年加盟）】

ジョージア州立の共学の大学。ジョージア大学システムの一つ。1785年創立。1,289エーカー（5.22㎢）で、州都アトランタ（Atlanta）近郊のアテネ（Athens）にあり、学生数約20,000名。

歌詞私訳

1）ジョージアの北の丘
母校の気高い校舎が輝く
勢いあるジョージアの学生は
聖なる誓いを立てる
（折り返し）
母校よ、汝を誇り
賛美と栄光を称えつつ
ジョージア大学万歳

2）松の木の堂々とした影の側
母校の類いまれな豊かさが拡がる
愛しい母校よ　学生たちは
宝を分かち合うのだ

3）女子学生が母校に加わる
しっかりした場所に
共に未来へ向かって
同じ夢を胸に抱いて

バクテル大学【オハイオ州（1803年加盟)】

教養学部として発足。1870年創立の後公立の大学になり、Hunicipal U.of Akronと校名変更。ただバクテル(Buchtel)の名前は残したようだ。

歌詞私訳

1）カヤオーガ湖の近く
琥珀色の流れ　古きバクテルの上に
偉大な流れは金と青
(折り返し)
バクテル万歳！
誇りある音色
大風の上に祈る　母校バクテル万歳！

2）ギリシャはオリンパスの山の歌
パンジャーブ（地名）の誉れ
古い歌を歌おう
永遠の古き歴史を

3）汝が校舎の光　豊かにさえ
楽し母校を思うとき
若きし時は孝行

ALMA MATER.—BUCHTEL.

Words by A. B. Church.

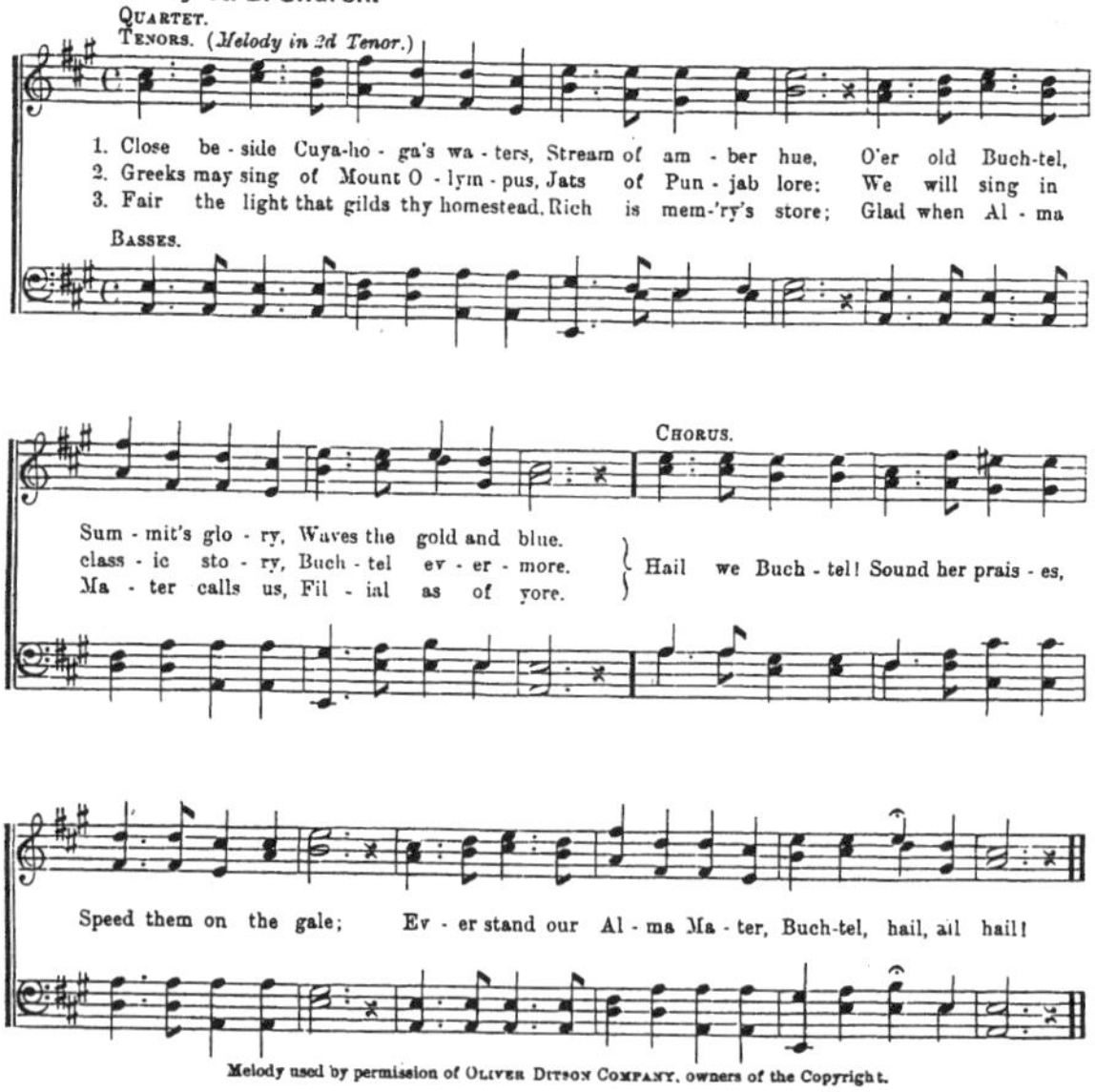

Melody used by permission of OLIVER DITSON COMPANY, owners of the Copyright.

Hark The Sound Of Tar Heel Voices

(NORTH CAROLINA)
Moderato
VERSE
Air: Amici
1. Hark the sound of Tar Heel voic - es ring - ing clear and true,
2. 'Neath the oaks thy sons true heart - ed hom - age pay to thee,
3. Though the storms of life as - sail us, still our hearts beat true,
Sing - ing Car - o - li - na's prais - es, shout - ing N. C. U.
Time worn walls give back their ech - o, hail to U. N. C.
Naught can break the friend-ships form'd at dear old N. C. U.
CHORUS
Slowly
Hail to the bright - est star of all, clear its ra - diance shines;
Tempo I
Car - o - lin - a, price - less gem, re - ceive all prais - es thine.

ノース・カロライナ大学【ノース・カロライナ州（1789年加盟）】

ノース・カロライナ州立の共学の大学でノース・カロライナ大学システムの一つ。1789年創立。789エーカー（3.19km²）の敷地をもち、ラーレイ・ドゥルハム（Raleigh-Durham）近郊のチャペル・ヒル（Chapel Hill）にあり学生数約37,000人。

歌詞私訳

1）聞けよタール・ヒールの歌声を
はっきりと真実に鳴り響き
カロライナを褒めたたえて歌え
万歳N．C．U．！
(合唱)
きらめく星を讃え
さらに輝き
大切な宝なるカロライナ
全ての誉れなり
(折り返し)
吾はタール・ヒールに生まれ
タール・ヒールで育ち
死ぬときもタール・ヒール
ラララ　カロライナ大学

2）カシの木の下で
忠誠を誓い尊敬をした
古びた壁は昔を偲ばせる
万歳N．C．U．！

3）人生の荒波荒ぶ時
なお心清く
友情を高めよう
万歳N．C．U．！

ALMA MATER.—SWARTHMORE.

Words by Ernest J. Taylor.

Melody used by permission of OLIVER DITSON COMPANY, owners of the copyright.

スウォルトモア大学【ペンシルヴァニア州（1787年加盟）】

共学の私立大学。1864年創立。330エーカー（1.34km²）の敷地をもち、フィラデルフィア（Philadelphia）近郊のスウォルトモア（Swarthmore）にある。学生数約1.600名。

歌詞私訳

1）美しのキャンパスの眼前
堅固でグレイに聳える大学
我らを守る気高い精神も
恵みあふれる
(合唱)
その栄光満ちるを
歌をもって讃えよう
スウォルトモア大学
母校万歳！

2）母校の一つ一つの石は
思い出深いもの
クラム湖のさざ波は
明るく挨拶をしてくれる

3）ここを離れる悲しい時も
なお陽気に笑い
我らは思い出を提供し
古きものから借りる
そこで古き卒業生たちが
昔を偲んで歌を聞く
スウォルトモア大学
母校万歳！

COLLEGE TIES CAN NE'ER BE BROKEN.

MORAVIAN COLLEGE.

Words by J. K. Pfohl. Arranged.

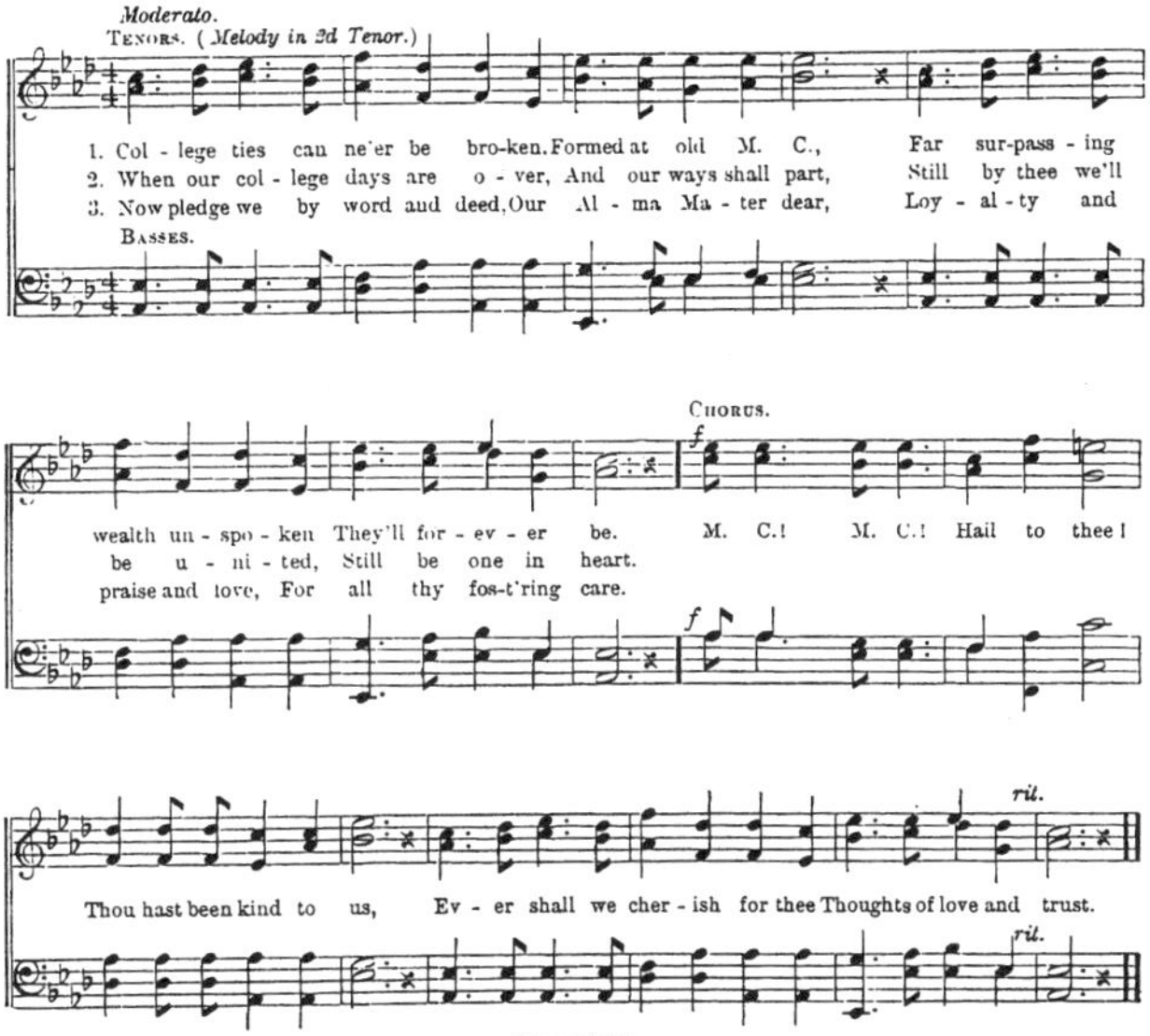

By permission.

アラバマ大学【アラバマ州（1819年加盟）】

アラバマ州立の共学の大学。1831年創立だが南北戦争のため1869年再開した。主要キャンパスはタスカルーサ（Tuscaloosa）にある。バーミンガム（Birmingham）とハンツヴィル（Hantsville）とともに単位の決定をし自主的である。それに加えて、ガーズデン（Gadsden）ドータン（Dothan）モンゴメリー（Montgomery）市にも存在し、46,000エーカー（186.2k㎡）の広大な敷地をもつ。

ALMA MATER.—LEHIGH.

Words by C. K. Urg'uhart.

リーハイ大学【ペンシルヴァニア州（1787年加盟）】

1865年創立のフィラデルフィア（Philadelphia）近郊のベツレヘム（Bethlehem）にある共学の私立大学。1.600エーカー（6.48k㎡）の敷地をもち、学生数約5,500名。

歌詞私訳

1）リーハイの岩の早瀬が
西から流れ出るところ
栗の木の生い茂る森の中に
蔦のからまる壁がある
（折り返し）
古き南部の山のふもと
空に向かいしっかりと
我ら気高き母校は建つ
我らのいとしのリーハイが建つ

2）山にいる見張り人のように
母校は壮大に力強く建つ
天地の秘密の追求は
宝の如くに積み重ねられる

3）我らはずっと母校を愛し続け
その名を褒め讃えるのだ
我々の人生や名声を
母校の名声にしていくのだ

モラヴィアン・カレッジ【ペンシルベニア州（1787年加盟）】

フィラデルフィア（Philadelphia）近郊のベツレヘム（Bethlehem）にあるモラヴィア兄弟団の共学の私立総合大学。1742年創立。70エーカー（0.28k㎡）の敷地をもち学生数約2,100名。

歌詞私訳

1)懐かしのモラヴィアン・カレッジで生まれた
絆は決して切れることはない
その絆は永遠に
語られることのないすばらしい宝
（折り返し）
M.C.！　M.C！万歳
母校は我らを慈しんできた
母校のために慈しもう
愛と信頼の精神を

2）学生生活が終わり
我々の進む道が分かれるとき
母校によって我々は一つになる
そんなときも心は一つなのだ

3）言葉と行いで新たな誓いをたてよう
我らがいとしの母校よ
忠誠心と称賛と愛は
母校が育んできたもののためにある

MISSOURI.

UNIVERSITY OF THE STATE OF MISSOURI.

Words by George Hauchope.

By permission.

HAIL TO OLD I. U.

INDIANA UNIVERSITY.

Melody used by permission of OLIVER DITSON COMPANY, owners of the copyright.

インディアナ大学【インディアナ州（1816年加盟)】

インディアナ州立の共学の大学でインディアナ大学システムの一つ。1820年創立。1878エーカー（7.6㎢）の敷地をもち、州都インディアナポリス（Indianapolis）近郊のブルーミングトン（Bloomington）にある。学生数約28,000名。

歌詞私訳

1）きたりて歌え
力強く精一杯叫ぼう
我が愛する母校
母校を褒め讃え歌おう
（折り返し）
栄光、いつまでも真実であれ
母校はインディアナの誇り
インディアナ大学万歳

2）4年、3年、2年、1年
我らは皆一緒だ
歌声を高らかにあげよ
州立大学

3）敬意を表しよう
我らが愛する白と深紅の旗に
その旗は苦境にある我らを導き
我らの成功を証明してくれる

ミズーリ大学【ミズーリ州（1821年加盟)】

ミズーリ州立の共学の大学でミズーリ大学システムの一つ。1870年創立。284エーカー（1.15㎢）の敷地をもち、州の中央にある小さな街コロンビア（Columbia）にある。学生数約5,500名。

歌詞私訳

1）懐かしのミズーリ公平なるミズーリ
愛しい懐かしい大学よ
我らの使命は母校愛
さあ乾杯しよう
（折り返し）
お前は一流の美しさを誇る
誉れ高い過去の
名誉、使命のスローガンと共に
高い名声は衰えることなし

2）男も女も皆
喜びの歌を歌おう
歌声をのせた風が
再び吹き寄せてくるまで

ALMA MATER.—GREENVILLE.

Words by W. A. Joy.

QUARTET.
TENORS. (Melody in 2d Tenor.)
1. In the midst of roll - ing prai - ries, 'Neath fair skies of blue, Stands our no - ble Al - ma Ma - ter, Glo - ri - ous to view.
2. Let the cho - rus swell in an - thems, Far, and loud and long, Green-ville Col - lege and her glo - ry Ev - er be our song.
3. Tho' from here our paths may sev - er And we dis - tant roam, Still a - bides the mem - 'ry ev - er Of our Col - lege home.
BASSES.
CHORUS.
Lift the cho - rus, speed it on - ward, O - ver vale and hill, Hail to thee! Our Al - ma Ma - ter, Hail! al! hail, Greenville!

By permission.

ALMA MATER.—ILLINOIS.

(FOR MIXED VOICES.)

Arranged by George Rosey.

1. Ris - ing midst the gold - en corn - field, Grand - ly to the view,
2. Where the bound - less roll - ing prai - rie Joins the earth and sky,
3. For our love, O Al - ma Ma - ter, Time can ne'er de - stroy;
Reach - es our dear Al - ma Ma - ter Proud - ly to the blue.
There our love will cen - ter ev - er, Love that can - not die.
We will ev - er sing thy prais - es, Dear old Il - li - nois.
CHORUS.
Swell the cho - rus ev er loud - er, Full of cheer and joy;
Hail to thee, our Al - ma Ma - ter, Dear old Il - li - nois.

コーネル大学の校歌と『アニー・ライル』を参考にして作られた校歌が数曲見つかった。以下はそれらの歌詞及び楽譜である。

イリノイ大学【イリノイ州（1818年加盟）】

イリノイ州立の共学の大学でイリノイ大学システムの一つ。1867年創立。1,470エーカー（5.95km²）の敷地をもち、学生数約30,000人でウーバナ（Urbana）にある。

歌詞私訳

1）黄金色のとうきび畑の中に聳える
壮大な眺めの
我がいとしの母校
堂々たる姿
(折り返し)
歌声を更に大きくあげよう
喝采と喜びに満ち
万歳我が母校
愛しいなつかしのイリノイよ

2）果てしなく広がる大草原の
大地と空が交わるところ
そこに我々の愛が集う
絶えることのない愛が

3）我々の愛のためにああ母校よ
時は消えることなどないのだ
褒め讃え歌い続けよう
愛しいなつかしのイリノイよ

グリーンヴィル大学【イリノイ州（1818年加盟）】

イリノイ州の共学の私立学校。キリスト教主義の小規模校。

歌詞私訳

1）広大な草原の真ん中
澄みきった青空の中に
我らが堂々の母校は建つ
壮大な眺め
(折り返し)
声高らかに響かせよ
谷や丘の向こうへ
万歳我が母校
万歳グリーンヴィル

2）頌歌のコーラスの声を響かせよ
遠くへ大きくはっきりと
グリーンヴィル大学の栄光は
永久に歌われる

3）我らの進む道は厳しく
離れ離れになるとも
思いではいつまでも
わが家のように過ごした大学

3．コーネル大学の校歌（Alma Mater of Cornell U.）

コーネル大学の校歌は、′72 年卒の A.C. ウィークス（Archibald Croswell Weeks）が、彼と同室の友であった′74 年卒の W.M. スミス（Wilmot Moses Smith）とバラード『アニー・ライル』をもとに作った。正午を告げるチャイムに最初に音楽をつけたのはコーネル大学であると主張している。

次に歌詞の私訳を記す。（歌詞；C．K．ウルグハート）

1）紺碧の波立つ
カユガの湖水に聳え立つ
気高い母校　雄大な眺め
（折り返し）
声高らかに　前進
万歳わが母校　コーネル大学！

2）繁栄の町　人込みの彼方
天の門に向かい合う
誇りある姿

3）湖と谷の向こう
見張り兵のように聳える
王者の姿をなす門は
嵐のときも　永久に見守る
雲行きのあやしさや
暗闇の中で
きらりと光る高楼の光
過ちを正し
善の光を表す

Far Above Cayuga's Waters

Words by
WILMOT MOSES SMITH '74
ARCHIBALD CROSSWELL-WEEKS '72

(CORNELL)

式や祭典、体育行事の時に応援の目的で使われる公式の、もしくは伝統的な歌※17」のことで、目的にあった歌がそれぞれ存在するようだ。これらを目的別に分類してみると“Alma Mater”(優しい、或いは恵み深い母という意味) 或いはSchool Anthem, Fight Song, Nostargic Songsなどが挙げられる。主に日本で校歌として挙げられるものはアメリカではAlma Materと呼ばれ、大学での公式の式典などでも歌われているようだ。このようにして考えてみると日本の大学の校歌も公式の場で歌われることがあり、校歌の他に寮歌、応援歌、酒を飲む席で歌う歌もあるのだから、大学に限定していえば日本もアメリカもさほど違いはないように思われる。

では、校歌の制定の過程はどうだろう。一般に日本の大学の校歌は作詞者と作曲者を依頼し、詞を学風及び学校周辺の雰囲気に合うように作詞してもらい、その後その詞に曲をつけてもらうパターンのようである。

一方アメリカの大学の校歌、或いはカレッジ・ソングは、その制作の過程には主に二種類の方法がとられている。まず一つ目の方法は、日本と同様に特別に作曲の依頼をして作られる方法で、マサチューセッツ州ウィリアムストーンカレッジの校歌が代表として挙げられる。二つ目の方法は古くからあるメロディーを編曲して校歌にする方法で、その代表格ともいうべきものが、コーネル大学の校歌であり原曲となったのが“Annie Lisle”である。

2. コーネル大学

コーネル大学 (Cornell University) はニューヨーク州イサカ(Ithaca)市にある非宗派、共学で経営の一部を州の援助を受けている私立大学である。設立資金を州議員E.コーネルの寄付とモリル法※18の公費助成の2本立てという珍しい形態により1868年創立された。現在総面積28平方キロメートル、学生数14,000人で合計8つのスクールとカレッジ大学院を持つ。

先ずＡとＢのメロディーを比較してみると、Ａの１・５小節目はドレミレだがＢはドレミド、Ａの６小節目はファファミミだがＢはファファファミ、そして、Ａの10小節目はドレミファだがＢはドドレミとなっている。また、ＡとＢのリズムを比較してみるとＡの10・11小節目はがＢはとなり、Ａの13・14小節目はがＢはとなっている。このＡＢともにアイラ・ユージン・カトラー（Ira Eugene Cutler）※15がコーネル大学の校歌（Alma mater of Cornell U.＝Far above Cayuga′s Water）を編曲し作詞をしたものであるが、東奥義塾の校歌はＢ版を用いていることが分かる。尚、一般に校歌の原譜は校長室や事務室の金庫に大切に保管されるべき物であろうが、残念ながら本校には残っていないことを付け加えたい。

コーネル大学・その関連の校歌

１．カレッジ・ソング（College Songs）

前章では、聖愛高校と東奥義塾の校歌及びそれぞれの校歌の元歌について述べてきた。ここではそれらの原曲となる曲と、それに関連する曲についても述べていくことにするが、その前にアメリカの大学における校歌の役割について簡単に触れていきたい。

まず、アメリカの大学にはカレッジ・ソング（College songs）という位置付けの曲がどの大学にも数曲存在している。このカレッジ・ソングとは、「感動の精神や士気の昂揚、或いは学校のスポーツクラブの儀

Hail To Denver U (B)

Words by
IRA EUGENE CUTLER

Music Arranged by
I. E. C.

1. Come, let's join in song to - geth - er, Shout the glad re frain;
2. Col - lege stu - dents, friends and com - rades, All to - geth - er we
3. Cheer the ban - ner red and gol - den, En - sign that we love;
4. Here's to her whose name we'll cher - ish Ev - er in our song;
Qur be - lov - ed Al - ma Ma - ter, Praise we once a - gain.
Sing in cho - rus loud and glor - ious, Den - ver 'Var - si - ty!
It has led us, and shall lead us As we on - ward move.
Hon - or, love and heart's de - vo - tion, All to her be - long.
CHORUS
Col - o - ra - do's sons and daughters, E'er to her be true,
She's the pride of Col - o - ra - do— Hail to Den - ver U.!

HAIL TO DENVER U. (A)

Words and music by I. E. Cutler.

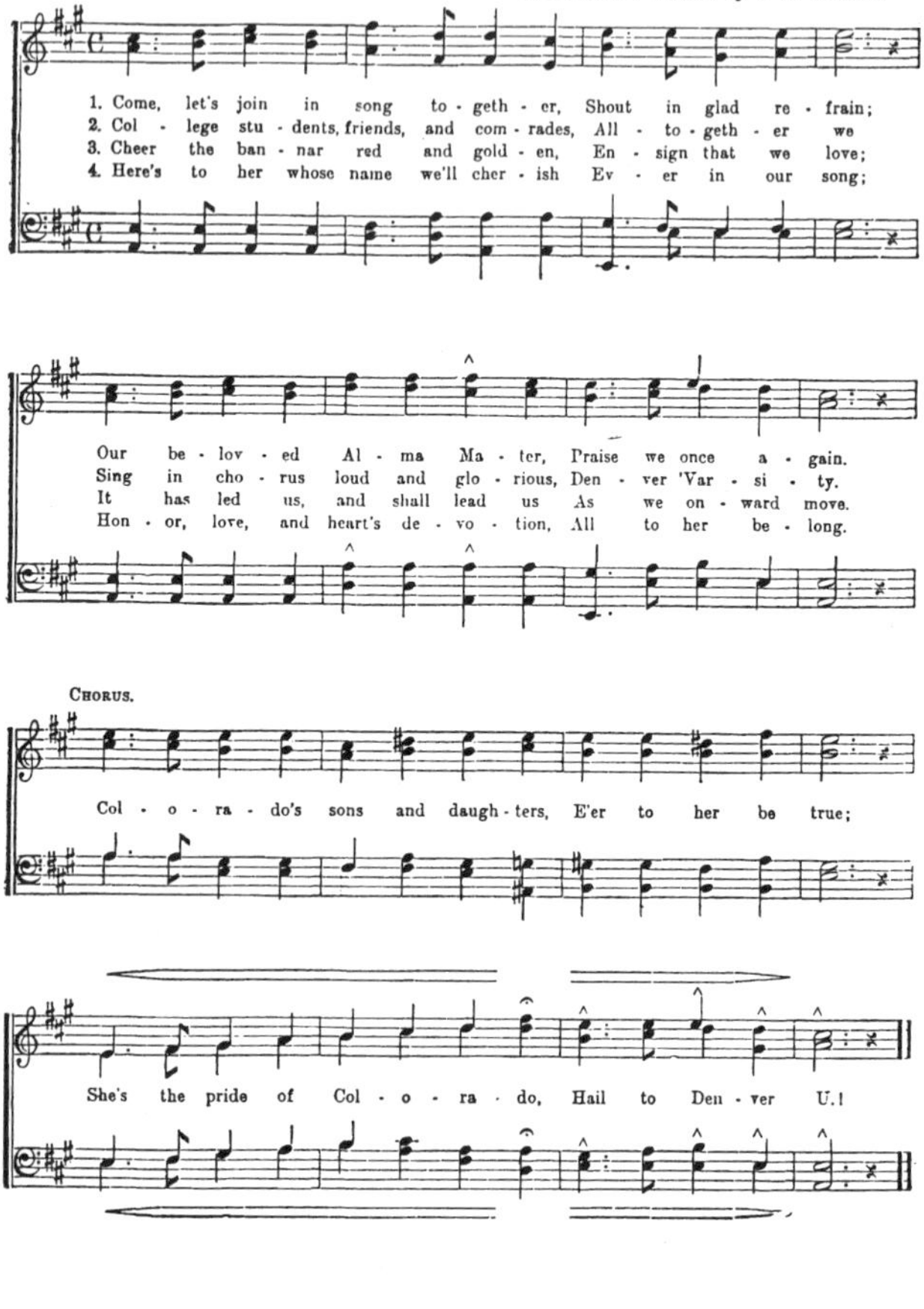
1. Come, let's join in song to - geth - er, Shout in glad re - frain;
2. Col - lege stu - dents, friends, and com - rades, All - to - geth - er we
3. Cheer the ban - nar red and gold - en, En - sign that we love;
4. Here's to her whose name we'll cher - ish Ev - er in our song;
Our be - lov - ed Al - ma Ma - ter, Praise we once a - gain.
Sing in cho - rus loud and glo - rious, Den - ver 'Var - si - ty.
It has led us, and shall lead us As we on - ward move.
Hon - or, love, and heart's de - vo - tion, All to her be - long.
Chorus.
Col - o - ra - do's sons and daugh - ters, E'er to her be true;
She's the pride of Col - o - ra - do, Hail to Den - ver U.!

デンヴァー大学は1864年創立、125エーカー（0.51km^2）の敷地をもち約5,500人の学生が学ぶ共学の私立大学である。

次に歌詞の私訳を記す。

（作詞：アイラ・ユージン・カトラー）

1）来たりて共に歌え
喜び叫べ
愛する母校を　讃えよう
(折り返し)
コロラドの同胞　永久に真実
コロラドの誇り
万歳　デンヴァー大学

2）学びの友　我ら共に
高らかに賛美しよう
デンヴァー大学

3）我らが愛する朱と黄金の旗は
勇気を奮い立たせ
その御旗は今も導く
向上目指し

4）常に我ら歌い
慈しみを抱き
誉れと愛と奉仕とを
教え導くもの

面白いことに、デンヴァー大学には同じ歌詞で、メロディーとリズムが少しずつ異なる楽譜が二つ存在する。両者を比較してみたい。

東奥義塾校歌

笹森　順造　作詞
デンバー大学校歌より

注

(注)1．むらさき[紫]＝色の名。ムラサキ科の根で染めた色。赤と青との中間色。古代紫。(広辞苑)

(注)2．にお[匂]う＝赤などの鮮やかな色が、光を放つように華やかに印象づけられること。色が明るく映える。(国語大辞典)

(注)3．ひさかたの[久方の]＝「あめ（天)」「あま（天)」「そら（空)」にかかる枕詞。転じて天空に関係ある語にかかる枕詞。(広辞苑)

(注)4．かみのみね[神の峯]＝岩木山。明治の人は親愛というよりも神の鎮まる山として畏敬の念を持っていた（笹森貞二※15)

(注)5．えびす[夷]＝①「蝦夷」に同じ。②都から遠く離れた開けぬ土地の住民。田舎人。③荒々しい武士。特に京都人が東国武士を指していった語。あずまえびす。(広辞苑)

(注)6．かため[固め]＝①堅くすること。たしかにすること。またそのもの。警備。守護。③固い約束。ちぎり。(広辞苑)

(注)7．ちよ[千代]＝千年。また、非常に長い年代。ちとせ。(広辞苑)

(注)8．ときわ[常磐]＝（トコイワの訳）①常に変わらない岩②永久不変。③松、杉など木の葉の常に緑色で色を変えないこと。(広辞苑)

(注)9．おいまつ[老松]＝年経た松。長寿の象徴とされる。(広辞苑)

(注)10．いらか[甍]＝①家の上棟。②屋根の棟瓦。また瓦葺（かわらぶき）の屋根。③屋根の妻の下の三角形の壁体部分。(広辞苑)

(注)11．お[織]りなす＝「錦織り成す」のように、織って布や模様などを作る。(国語大辞典)

(注)12．あい[藍]＝青より濃く、紺より淡い、あいいろ。(広辞苑)

を根底として簡単なる訓示ありて後開校式当日の校歌の練習あり……(以下略)」

残念ながら、この曲についての資料は極めて少なく、楽譜が発見できていないので歌詞のみを記すことにしよう。明治20年代の唱歌は一般的に歌詞が7・5調4句が主流であり、まれに7・5調5句という例もみられるが、再興以前（当初まで歌われた）の校歌は8・6調4句の3節で構成され、その時代の流れから見ると極めて珍しいものである。

1）はてなきあほそら　つづく田の面
むらさきの深山　みどりののべ
うるはしひのもと　かみのめぐみ
うけたるひのもと　よにうるはし
2）アジアにひかりを　しめすために
なやみをいとはぬ　このくにたみ
きよしやひのもと　かみによりて
けたかきみわざを　なすべきくに
3）くにをばあいする　たみのこころ
みかみはいみじと　よみしたまはん
ひのもとひのもと　ああうるはし
せかいにみむねを　なすべきたみ

2．現行の校歌

現行の東奥義塾の校歌は再興の1年後にあたる1923(大正12)年6月6日に制定された。作詞は再興初代塾長の笹森順造である。早稲田大学卒業後アメリカのコロラド州デンヴァー大学(Denver U.)に学んだ氏は留学時代に慣れ親しんだ校歌(Hail to Denver U.)に作詞を試みた。

1）紫※①匂へる※②久方の※③
御空に真白き　神の峯※④
(おりかえし)
ひときわ立てるは陸奥の
こころの故郷　我母校
2）東※⑤のかため※⑥に千代※⑦経たる
常磐※⑧の老松※⑨高き城
3）甍※⑩の姿を織りなし※⑪て
藍※⑫に染めたる水の面
4）紫に映ゆる花牡丹
白きは輝くわが御旗

歌詞は４節まであり、３節までの作者は未詳だが、４節の作詞はアーサー・ロジャーズ（Arthur Rogers）である。折り返し部分はラテン語を用いているが、そのラテン語、Amici usque adarasは文法的に正しいラテン語ではないようだ。ジョナ・チャン氏※13によると、「Amiciはfriends, usque adarasはeven to the altears,i.e.to the last extremityで、簡単に訳すとBest friends最高の友達」の意味になるようである。

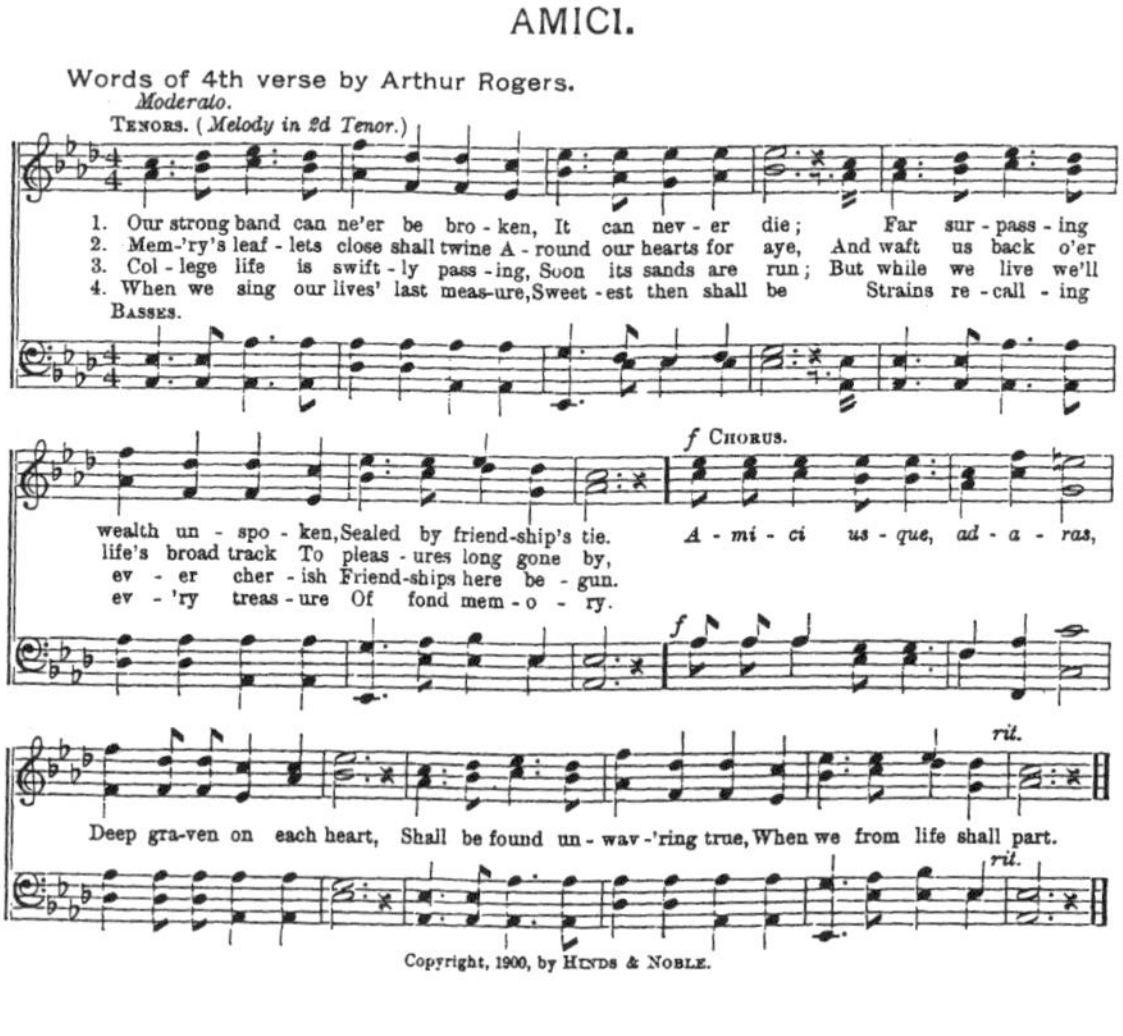

東奥義塾校歌

１．再興以前の校歌

東奥義塾には現行の校歌以前に使われていた校歌が存在していた※14。1922（大正11）年に再興された時、４月７日に開校式を行っているが、その前日の予行のことを弘前新聞は次のように報じている。

「東奥義塾にては愈々来る七日午前九時より開校式を挙行することとなり（中略）笹森塾長より自治精神を以て万事に当たるべしと云うこと

ところでシラキュース大学の校歌は、シラキュース大学で独自に作曲されたものではなく、コーネル大学の校歌“Far Above Cayuga's Waters”のメロディーを用いている。歌詞は同窓生と在校生対象の10ドル懸賞(1891年1月頃)で、ジュニアス・W. スティーヴンス(Junias W.Stevens)※10のものが選ばれ、1893年3月15日にウィェティングオペラハウス(Wieting Opera House)での演奏会の最後のステージで同大学のグリークラブが初めて披露した。この時のプログラムは今も大学図書館に残っているようである※11。

校歌の制定された当時は歌詞の一部をとって“Frag We Love”と呼ばれていたこともあったが、その後“Song of Syracuse”というタイトルに変わり現在では“Alma Mater Syracuse”と呼ばれている。※12

次に歌詞の私訳を記す。

(作詞：ジュニアス・W. スティーヴンス)

1）オノンダーガの渓谷と東の空の
連なるところ
その丘の頂きに
偉大に聳えるわが母校
(折り返し)
愛するオレンジの
旧シラキュース
旗が永遠にひらめき
子孫も偲んで忠誠を誓う

2）黄昏から
夕闇迫る頃も
西砦に黄金色の陽の光が
永久に消え去ることなし

3）心荒ぶ
人生の黄昏のとき
されど若さと愛の光は
永久に絶えることなし

聖愛高校とシラキュース大学の校歌の関係を明らかにしたところで、もう一曲、聖愛高校の校歌に非常によく似ている曲を紹介したい。その曲は『アミーチ(Amici)』と言い、筆者は1986年夏に初めて楽譜を見た曲である。ホームスティの引率で渡米した際、本塾の第5回卒業生の益子貞雄氏に戴いた『名歌1,000曲』※12から偶然にみつけた曲である。

シラキュース大学の校歌はリフレイン（折り返し）を用いているが、聖愛高校の校歌はそれを用いていない。しかし作詞者の宮崎きみは作詞の段階でシラキュース大学の校歌を参考にし、音節の関係をかなり綿密に調べあげていると考えられ、ほぼ似たような音節の配置であることが分かる。

また、デンヴァー大学の校歌は確かにシラキュース大学の校歌に似ているように思えるが、厳密にはデンヴァー大学の１小節目、５・６小節目、13・14・15小節目のメロディーと13・14小節目のリズムはシラキュース大学の校歌と異なっている。従って聖愛高校の校歌はデンヴァー大学ではなくシラキュース大学をもとにしていることが証明できよう。

ALMA MATER.—SYRACUSE.

まず、宮崎きみの作詞した詞とシラキュース大学の校歌の詞の音節を比較してみることにする。

（1段目；シラキュース大学校歌，2段目；その音節，3段目；聖愛高校校歌）

1）Where the vale of Onondaga Meets the eastern sky,
ウェア ザ ヴェイル オヴ オノ ドンガ ミーツ ザ イースタン スカイ
の こ れ る ゆき もー し ろ が ね の
Proudly stands our Alma Mater on her hilltop high.
プラウドリー スタンズ アワー アルマ マーター オン ハー ヒルトップ ハイ
は る に かが やく い わ き や ま
(Refrain)
Flag! we love! Orange! Float for aye Old Syracuse, o'er thee
フラッグ ウィ ラヴ オレンジ フロート フォア エィ オールド シラキウズ オヴァ ゼー
た か き そら よ り た れ たも う
May thy sons be leal and loyal to thy memory.
メイ ザィ サンズ ビ リール アンド ローヤル トゥ ザィ メ モ リー
お ほ み お し え は あ い と じ ひ

2）When the evening twilight deepens And the shadows fall,
ウェン ゼ イヴ ニング トワイライト ディープンズ アンド ザ シャ ドーズ フォール
ひ と し く よ ば み そ な わ す
Lingers long the golden sunbeam on thy western wall.
リンジャーズ ロング ザ ゴールデン サン ビーム オン ザイ ウェスターン ウォール
か み の み こ こ ろ む ね に し て
Flag! we love! Orange! Float for aye Old Syracuse, o'er thee
フラッグ ウィ ラヴ オレンジ フロート フォア エィ オールド シ ラ キウズ オヴァ ゼー
な つ の まひるの あ つ さにも
May thy sons be leal and loyal to thy memory.
メイ ザ サンズ ビ リール アンド ローヤル トゥ ザィ メ モ リー
う ま ず す す まん ひ と のみち

聖愛高校・シラキュース大学校歌

弘前学院聖愛高等学校の校歌は、1922（大正11）年6月26日の開校記念日に発表された※3。先に開校した東奥義塾の校歌［1923（大正12）年6月6日制定］※4よりもおよそ1年早く制定されたことは極めて興味深い。

聖愛高等学校の校歌は、現在の学校要覧によると、宮崎きみ作詞、浅野ふみ作曲※5となっている。また、長い間アメリカ・コロラド州のデンヴァー大学（Denver U.）の校歌と考えられて表示されていた※6が、そうではなく実は、ニューヨーク州にあるシラキュース大学（Syracuse U.）の校歌を二部合唱に編曲したものである。シラキュース大学は1870年創立で、200エーカー（0.81㎢）の敷地をもつ学生数約15,000人の共学の私立大学である。

それでは、聖愛高等学校の校歌の原曲はデンヴァー大学の校歌ではなく、シラキュース大学の校歌であると言えるのだろうか。聖愛高校（当時は弘前女学校）が校歌の制定に取りかかった時代、弘前には弘前学院の経営する若葉幼稚園と愛光幼稚園（両園は後に合併し、弘前学院聖愛幼稚園と改称し、1995年まで存続、現在休園中）※8という二つの幼稚園が存在した。その園長を勤めたのは、ウィニフレッド・フランシス・ドレイパー［Winnifred Frances Draper,1918（大正10）～1923（大正12）年在職］と、ヴェラ・ヨゼフィーネ・フェーア［Vera Josephine Fehr,1921（大正10）～1922（大正11）年在職］であり、そのうちドレイパーはシラキュース大学の出身である。彼女の両親、ギデオン・フランク［Gideon Frank Draper］とマリア・イーニッド［Maria Enid Draper］は共にシラキュース大学を卒業しており、親子共々シラキュース大学の校歌に慣れ親しんでいたと考えられる。

更にドレイパーとフェーアの両園長は高等学校でも教鞭をとっており※9、恐らく編曲者の浅野ふみと接触をもったと考えられる。両校の楽譜を比較すると、メロディー、リズム、和声まで殆ど同じであることがよく分かる。

静まり返り、やがて隅に陣取っていた数人の同級生が、いっせいに彼をコーラスで迎えたのであるが、そのコーラスがなんと義塾の校歌「紫匂へる………」のメロディーだったのである。「なるほどかれはデンヴァー大学だったのか」私は思わず画面に向かって口走った。（中略・原文のまま）』と記していた。

その映画『運命の饗宴』※2を何とかして見たいと考えた筆者は、長年に渡るさまざまな試行錯誤の後、ついにそのビデオテープを手に入れることに成功した。ところが彼が感動したというそのシーンには、東奥義塾の校歌ではなく聖愛高校の校歌が流れていた。恐らく彼は、東奥義塾校歌にあまりにもよく似ているメロディーを東奥義塾の校歌だと思い込んでしまったのであろう。それだけ両校の校歌は酷似していると言えよう。『運命の饗宴』の中のメロディーが聖愛高校の校歌と同じ曲であるということを知った時から、「両校の校歌のルーツを求める」調査を本格的に始めた。

本稿では、聖愛高校と東奥義塾の校歌のもとになったシラキュース大学とデンヴァー大学の校歌、そしてそれらの原曲であるコーネル大学の校歌とそれに関連したアメリカの各大学の校歌、更には、コーネル大学が元歌として用いた曲について述べていくことにする。

弘前学院聖愛高等学校校歌

東奥義塾・聖愛高校『両校の校歌のルーツを求めて』

東奥義塾史報第４号より
1999年（平成11）６月26日
東奥義塾史編纂委員会

はじめに

筆者が初めて聖愛高校の校歌を耳にしたのは1981年９月22日で、東奥義塾グリークラブと聖愛高校音楽部とのジョイント・コンサートのステージであった。そもそも《校歌》は一般に普及するのではなく、学校という限られた枠の中でしか適用しない。従って同じ弘前市にある同系列のミッションスクールである聖愛高校の校歌とはいえ、筆者がそれまでほとんど聞くことがなかったということはごく自然なことであろうと思われる。

しかし、日頃東奥義塾の校歌に慣れ親しんでいる筆者にとっては、聖愛高校のそれが拍子は勿論、小節数、メロディー、和声までが東奥義塾の校歌に酷似していることに大きな驚きを感じた。

この両校のジョイント・コンサートは1981年に続いて、1982年、1985年と催されたが、1982年９月25日（土）には、コンサートのオープニングで両校の校歌を同時に歌わせることを試みた。その時には、演奏した高校生たちは勿論のこと聴衆も非常に驚き、会場が騒然となった。なにしろ、当時東奥義塾のほうはデンヴァー大学の「学生歌」、聖愛高校のほうは同じくデンヴァー大学の「校歌」と楽譜に記されていることから、これら２曲はなんらかの関係があるはずだと思い、その頃から両校校歌の関連性について関心を持つようになったのである。

また、卒業生で作家の今官一の、『運命の饗宴』というタイトルのエッセイが掲載されているのを見つけた※1。彼はそのエッセイの中で、『さて、ロビンソンが古着屋のフロックを着て会場に現れると、会場は一瞬

著者紹介

熊木晟二（くまき・せいじ）

1947年青森県生まれ。1969年弘前大学卒業。1979年よりミュンヘン国立音楽大学・大学院にてオペラ、オラトリオ、リートを研鑽。滞独中より数多くの演奏会に出演する他、帰国後も国内、アメリカ、ヨーロッパでの演奏会にも招かれ、幅広い活動をしている。

主な公演は1995年ミュンヘン、ギュンツブルク、ニュルンベルクにて《天地創造》、2000年にはオランダのアムステルダム・コンセルトヘボウ・ホールにて、2003年にはドイツ・ローテンブルク音楽祭の《第九》、2012年にはヘンデルの生地ハレにおける《メサイア》のソリストとして出演。

1975年青森県芸術文化奨励賞受賞。2008年全日音研功労賞受賞。長年にわたり、東奥義塾で教鞭をとるかたわら東奥義塾『グリー・クラブ』、『弘前市民クリスマス《メサイア》演奏会』指揮者を歴任。

著書に『わが歌の旅』（津軽書房）、『ヘンデル《メサイア》必携』（教育出版）、訳書に『声楽家のための正しい英語表現』（音楽之友社）、『《メサイア》とヘンデルの生涯』（日本基督教団出版局）がある。

現住所：〒036-8227　青森県弘前市桔梗野４－９－18

続《ぞく》 わが歌《うた》の旅《たび》

二〇一七年九月三日　発行

定価はカバーに表示しております

著　者　熊木晟二

発行者　伊藤裕美子

発行所　津軽書房

〒036-8332 青森県弘前市亀甲町七十五番地
電　話〇一七二―三三―一四一二
FAX〇一七二―三三―一七四八

印刷・ぷりんてぃあ第二
製本・エーヴィスシステムズ

ISBN978-4-8066-0237-8